中国式现代化

何谓与何为

毕国帅　唐爱军◎著

中央党校出版集团　大有书局

图书在版编目（CIP）数据

中国式现代化：何谓与何为 / 毕国帅，唐爱军著
. — 北京：大有书局，2023.6（2023.11 重印）
ISBN 978-7-80772-128-4

Ⅰ. ①中… Ⅱ. ①毕… ②唐… Ⅲ. ①现代化建设 – 研究 – 中国 Ⅳ. ① D61

中国国家版本馆 CIP 数据核字（2023）第 094220 号

书　　名　中国式现代化——何谓与何为
作　　者　毕国帅　唐爱军　著

策划编辑　李瑞琪
责任编辑　李盛博
责任印制　袁浩宇
出版发行　大有书局
（北京市海淀区长春桥路 6 号　100089）
综 合 办　（010）68929273
发 行 部　（010）68922366
经　　销　新华书店
印　　刷　北京盛通印刷股份有限公司
版　　次　2023 年 6 月第 1 版
印　　次　2023 年 11 月第 2 次印刷
开　　本　710mm × 1000mm　1/16
印　　张　21.5
字　　数　254 千字
定　　价　56.00 元

序

推进中国式现代化研究深化发展

商志晓

自党的二十大突出“中国式现代化”问题并予以系统阐述以来，“中国式现代化”成为人们关注、谈论的高频词，有关“中国式现代化”的一系列理论问题与实践问题成为人们思考、研究的热门话题。这是一种好现象，预示着有关此问题的理论研究和实践探索正在向广度、深度开拓，并将不断取得愈加丰硕的成果。恰是在这样一种背景下，由青年学者毕国帅、唐爱军撰著的《中国式现代化——何谓与何为》一书出版发行，对一系列关涉中国式现代化的基本问题予以系统梳理并阐释论证，可谓恰逢其时，可喜可贺！

何谓中国式现代化？中国式现代化何为？这不仅是基础性问题，也同样是根本性问题。放眼回望，“现代化”一词我们虽常挂嘴边，但若深究其内蕴，往往难以准确言说；“中国现代化”尽管已谈及数十年（从新中国成立以来）甚或上百年（中国近代以来），却也多是被大而化之概述，唯有“四个现代化”一词广为人知；尤其是“中国式现代化”一说，早年虽由邓小平提起，但多被视为与“中国现代化”“四个现代化”类同，或为对“小康社会”在另一种意义上的表达，故而未予以特别对待。党的十八大以来，习近平总书记多次论及“中国式现代化”，更在党的二十大报告中重磅阐述、高调彰显，置之于重要地位而备受瞩目。由此，我们需要系统研究现代化、中国现代化、中国式现代化的基本内涵、历史演进、本质特征，需要深入探析中国式现代化的中国特色、本质要求、重大原则；要以扎实有力、完备创新的理论思考和体系建构，形成总结经验、反映现实、预见未来的认识体系和逻辑思维，用以促进指导社会主义现代化强国建设健康发展、步步登高。

从远处说，现代化是人类从农业社会迈进工业社会的启程，是人类社会由传统进入现代的发展阶段，是人类社会向更高阶段发展提升的重要标志和动能力量。世界现代化发端于资本主义社会母体，是资本作为一种力量通过市场化途径、力求达至工业化进而走向现代社会的一种方式与一段行程。这样一来，作为人类文明成果的现代化与其孕育形成的资本主义社会就有了比较紧密的联系。在发生学意义上，现代化从启程之初，就被赋予并呈现出资本化、工业化、市场化包括殖民化的特征。由此可见，与资本主义相联系的现代化，既是人类文明的新要素、新动能，不啻为社会发展的新创造、新阶段，同时又是以文明外衣包装起来的“野蛮”发展方式，甚至是人与人新的不平等状态的再次升级。这是我们了解把握世界现代化发生及其特征的一个基本背景。

从中国看，一般意义上的中国现代化，是从中华民族深受现代化影响，即西方列强以坚船利炮打开中国国门，以强力侵入的方式迫使古老中国进入世界现代化潮流之中肇始。鸦片战争之后的中华民族，民族灾难深重，日益滑向率先走上现代化之路的西方资本主义列强的附庸地位。此后，洋务运动、戊戌变法、辛亥革命等，虽然均可视为中华民族自主追求现代化（亦可视为实现近代化）的尝试和探索，但均未获得实质性成功。只有在传入马克思主义科学理论、在科学理论指导下建立起先进政党之后，由中国共产党带领全国人民取得新民主主义革命胜利，中国现代化才找到了正确方向，以新中国的成立为之奠定根本社会条件。新中国成立，中国走上社会主义道路，我们开始独立自主地进行现代化建设。经过艰难曲折探索，我们通过改革开放走上中国特色社会主义道路，现代化建设得以突飞猛进，中华民族大踏步赶上时代并跨入新时代。党的十八大以来，我们不断实现理论和实践上的创新突破，成功推进和拓展了中国式现代化，打破了"现代化=西方化"的迷思，拓展了发展中国家走向现代化的路径选择，为人类对更好社会制度的探索提供了中国方案。由此可见，中国现代化从19世纪中叶至新中国成立，有一百年时间，可谓上半场，是中国式现代化的准备和前序阶段，主要任务是争取独立自主进行现代化建设的根本社会条件；新中国成立以来才是中国现代化的实质性开启，我们的现代化建设历经探索前进、飞速发展、创新提升，直至今日，已经开创出崭新的现代化道路，已经取得无与伦比的成就，已经形成十分鲜明且富有前途的中国特色。这样的现代化，深深植根于中华大地并呈现中国国情，展现出不同于西方现代化模式的新图景，是一种全新的人类文明形态。这样的现代化，作为一种新的样态、新的方式，作为一种新的创造、新的实践，已经形成独有"式"样、别样风采，可谓真正意义上的"中国式现代化"。

党的二十大报告指出：在新中国成立特别是改革开放以来长期探索和实践基础上，经过党的十八大以来在理论和实践上的创新突破，我们党成功推进和拓展了中国式现代化。由此，“中国式现代化”矗立在一个新的制高点上。有关中国式现代化的中国特色、本质要求、重大原则等，党的二十大报告予以系统阐发。中国式现代化的中国特色体现为人口规模巨大、全体人民共同富裕、物质文明和精神文明相协调、人与自然和谐共生、走和平发展道路等方面；中国式现代化的本质要求是坚持中国共产党领导，坚持中国特色社会主义，实现高质量发展，发展全过程人民民主，丰富人民精神世界，实现全体人民共同富裕，促进人与自然和谐共生，推动构建人类命运共同体，创造人类文明新形态；推进中国式现代化必须牢牢把握的重大原则，包括坚持和加强党的全面领导，坚持中国特色社会主义道路，坚持以人民为中心的发展思想，坚持深化改革开放，坚持发扬斗争精神。这样一些基本理论和重大论断，成为我们深刻把握、深入思考、深化阐释、深度研究中国式现代化的根本遵循。

正是遵循党的二十大报告的理论指引，贯通中国式现代化的历史由来与发展历程，统筹中国式现代化的理念认识和践行方式，着眼于为人们理解把握中国式现代化一系列问题提供思维引导和认知参照，《中国式现代化——何谓与何为》一书依据习近平总书记关于中国式现代化重要论述，运用历史与逻辑、理论与实践、事实与价值分析相结合的方法，从历史逻辑、理论逻辑、实践逻辑、价值逻辑四大方面探讨了中国式现代化的三十个基本问题。

《中国式现代化——何谓与何为》以中国式现代化为阐释对象，构架起内在相承、有机统一的四重逻辑体系，呈现了中国式现代化的“历史由来”“理论内涵”“实践方略”“价值贡献”，全面系统地回答了“何谓中国式现代化”与“中国式现代化何为”的问题。从历史逻辑来看，中国式现代化是中国共产党领导全国各族人民在长期探索和实践中历经千辛万苦、付出巨大代价取得的重大成果，是不断深化对现代化的思想认识、不断实现现代化的实践突破的必然结果，具有独特的发展历程、形成条件和历史方位。中国式现代化以马克思主义为指导，深深植根于中华优秀传统文化，借鉴吸收一切人类优秀文明成果，展现出不同于西方现代化的历史底蕴和乾坤气象。从理论逻辑来看，中国式现代化有着独特的理论内涵和鲜明的中国特色，是中国共产党领导的社会主义现代化。中国共产党领导体现了中国式现代化的本质要求，中国特色社会主义体现了中国式现代化的根本属性，以人民为中心体现了中国式现代化的价值取向，全面性发展体现了中国式现代化的运行特质。中国式现代化理论是科学社会主义的最新成果，积极构建中国式现代化理论体系是理论界和学术界的重要使命。从实践逻辑来看，中国式现代化有着独特的实践任务、系统的战略规划和明确的实践原则，贯穿着“并联式”发展的特殊逻辑。在新时代新征程推进中国式现代化，必须贯彻新发展理念，积极推进国家治理现代化，着力实现全体人民共同富裕，不断促进人与自然和谐共生，科学对待并妥善处理好资本的运作及其权力边界问题。从价值逻辑来看，中国式现代化作为社会主义现代化的全新类型和成功实践，对于中华民族、世界社会主义运动和人类社会都具有极为广泛和深刻的伟大意义。中国式现代化是对西方模式的根本性超越，是一种全新的人类文明形态，拓展了发展中国家走向现代化的路径选择，具有深远的世界历史意义。

细读《中国式现代化——何谓与何为》，可见如下突出特点。

一是系统完备。全书所列三十个问题，从历史演进开始，进展到理论内容和实践要求，再到价值意义，层层递进，逻辑展开，几乎囊括了中国式现代化所涉及的所有主要问题和重要问题。有些设题，体现出独特视角和认识深度，能够给人以启示，如中国式现代化与人类优秀文明成果的关系、中国式现代化理论是科学社会主义的最新重大成果、中国式现代化的“并联式”逻辑、中国式现代化进程中如何对待资本问题等。在设题力求系统完备的同时，该著作基于人们的关注，着重于应当搞清弄懂的基本道理，使整体架构自然而顺畅。把握了这些问题及其内在理路，也就从基本面上清晰地讲清楚了中国式现代化之所谓、之所为、之所指、之所向。

二是说理充分。作为一部较早阐释中国式现代化问题的理论著作，着力把蕴含其中的道理讲透彻、讲到位是很有必要的，这是立论成书的基点。该著作在这方面是经过认真思考、反复斟酌的，阐释的道理是有说服力的。如在把握中国式现代化之中国特色问题上，作者进一步概括出中国式现代化的六个具有独创性的内容，即主体层面的政党主导与人民主体相结合、要素层面的社会主义与市场经济相结合、方略层面的坚定原则与改革创新相结合、任务层面的经济中心与社会协调相结合、条件层面的对外开放与独立自主相结合、价值层面的和平发展与跨越提升相结合。这充分体现了中国式现代化的独创内容，集中展现了中国式现代化与其他现代化道路的显著区别。

三是例证有力。阐释中国式现代化的基本道理固然重要，但若只局限于逻辑上的论证，也就可能只见筋骨而不见血肉。作者显然很清楚这一点，且有意识去协调解决好。除了将中国式现代化纳入历史演进过程、纳入世界历史发展中审视把握，该著作更在联系实际、立足当下、紧扣实践方面，运用大量实例、数据、成效去说明问题，使要阐发的道理有血有肉、鲜活生动。如对世界上有代表性的国家发展成效的说明，对我国改革开放特别是党的十八大以来取得的现代化建设的巨大成就的分析，都不是单从道理上强调，而是结合充分有力的实践材料和具体变化予以解读，这就极大地增强了可信度和说服力。

四是见解新颖。在中国式现代化被聚焦关注的过程中，已经产出大量的文字和认识成果；进一步的深化推进，尤需具有创见性的新颖内容。该著作虽立足于解疑释惑、问答说理，但不乏创新性见解和探析性思考。在论述中国式现代化于资本问题上具有不同于其他现代化道路的目标取向、基本立场和实践原则问题时，作者认为，在目标取向上，中国式现代化追求对资本逻辑的“超越”，以“重构”作为现时代条件下超越资本逻辑的基本方式；在基本立场上，中国式现代化强调对资本逻辑的“批判”，以“鉴纳”为批判的题中之义，以“扬弃”为批判的实践指向；在实践原则上，中国式现代化坚持“利用”和“限制”相统一，既积极发挥资本的有益作用，又有效克服资本的负面效应。在中国式现代化坚持以人民为中心的发展思想问题上，作者认为，中国式现代化遵循的根本性逻辑有三，一是利益属人，强调“人民利益高于一切”；二是实践属人，强调“依靠人民推动国家发展”；三是价值属人，强调“促进人的全面发展”。这些见解，无论在表达上，还是在立意上，都内蕴着新的角度、新的思考。

祝愿毕国帅、唐爱军两位青年学者以《中国式现代化——何谓与何为》为基础，进一步深化对中国式现代化的思考研究，以取得更加丰硕优秀的学术成就！

是为序！

引言

深化研究和正确理解中国式现代化

“现代化”是一个内涵无比丰富的概念，是一个20世纪60年代以后在西方社会科学研究中逐渐流行的术语，五四时期谈论的“西化”和“欧化”指的就是现代化。广义而言，现代化是指人类社会从工业革命以来所经历的一场涉及各领域的急剧而深刻的变革；狭义而言，现代化是指落后国家通过有计划、高效率地学习和改革来追赶先发国家和适应现代世界环境的发展过程。[①]“现代化”是一个多义词，作为名词，指实现现代化的行为和实现现代化以后的状态；作为动词，指实现现代化的过程和行为，即成为现代的或满足现代需要的过程和行为；作为形容词，指已经现代化的，即具有现代特点的或满足现代需要的。[②]现代化起源于西方，欧洲国家率先经由科学革命、启蒙运动和工业革命开启了进入现代社会的大门，人类现代化的历史和成就也主要地呈现为资本主义现代化的历史和成就，这使人们习惯性地将现代化等同于西方化。其实，现代化作为社会历史发展

---

① 罗荣渠：《现代化新论——世界与中国的现代化进程》，商务印书馆2004年版，第17页。

② 何传启主编：《如何成为一个现代化国家中国现代化报告概要（2001—2016）》，北京大学出版社2017年版，第5页。

和文明进步的客观趋向，是全人类的共同事业，各个国家和民族都有权利和可能去追求实现自己的现代化。

长期以来，我们党在实践中不断深化对社会主义现代化建设规律的认识，形成了一系列具有原创性和开创性的理论成果，这些成果在新时代继续发展，并以“中国式现代化”的全新理论形式集中呈现出来。2021年7月，习近平总书记在庆祝中国共产党成立100周年大会上的讲话中明确指出：“我们坚持和发展中国特色社会主义，推动物质文明、政治文明、精神文明、社会文明、生态文明协调发展，创造了中国式现代化新道路，创造了人类文明新形态。”①这是我们党首次正式提出“中国式现代化”的概念。同年11月，《中共中央关于党的百年奋斗重大成就和历史经验的决议》再次指出：“党领导人民成功走出中国式现代化道路，创造了人类文明新形态。”②党的二十大报告明确概括了中国式现代化的中国特色、本质要求和重大原则，初步构建了中国式现代化的理论体系，使中国式现代化更加清晰、更加科学、更加可感可行。之后，习近平总书记在学习贯彻党的二十大精神研讨班开班式上发表重要讲话强调要正确理解和大力推进中国式现代化，对中国式现代化问题进行了专门阐述。在此过程中，理论界和学术界关于中国式现代化问题的研究和探讨也日益增多，“中国式现代化”现已成为最热门的话题之一，成为我们理解新发展阶段党和国家思想创新和战略安排的关键概念。

马克思曾指出：“问题就是时代的口号，是它表现自己精神状态的最

---

① 习近平：《在庆祝中国共产党成立100周年大会上的讲话》，人民出版社2021年版，第13—14页。

② 《中共中央关于党的百年奋斗重大成就和历史经验的决议》，人民出版社2021年版，第64页。

实际的呼声。”[1]习近平总书记也强调：“要有强烈的问题意识，以重大问题为导向，抓住关键问题进一步研究思考，着力推动解决我国发展面临的一系列突出矛盾和问题。”[2]矛盾是事物存在和发展的根据，问题则是事物矛盾的表现形式，发现问题、研究问题、解决问题，是共产党人认识世界和改造世界、创新理论和创新实践的内在逻辑过程。“中国式现代化”是我们党对中国的“现代化之问”的探索性回答，凝结着我们党对于“什么是社会主义现代化，怎样建设社会主义现代化”的整体性思考。以问题为导向展开研究，厘清并回答“中国式现代化”内蕴的众多基本问题，是我们深化研究和正确理解中国式现代化的基本原则和重要方法。

本书以中国式现代化为阐释对象，从历史逻辑、理论逻辑、实践逻辑、价值逻辑四大方面探讨了中国式现代化的三十个基本问题。其中，历史逻辑聚焦中国式现代化的历程和条件、中国共产党探索现代化的思想进程、中国式现代化的历史方位，以及中国式现代化与马克思主义中国化、中华优秀传统文化、人类优秀文明成果的关系，阐释了中国式现代化的“历史由来”；理论逻辑聚焦中国式现代化与中国式现代化道路的关系以及中国式现代化的中国特色、独创内容、领导力量、根本属性、价值取向、发展特质和理论体系，阐释了中国式现代化的“理论内涵”；实践逻辑聚焦中国式现代化的实践任务、战略规划、重大原则、“并联式”逻辑以及多方面实践要求，阐释了中国式现代化的“实践方略”；价值逻辑聚焦中国式现代化对于中华民族、世界社会主义运动、人类社会的伟大意义以

---

① 《马克思恩格斯全集》第40卷，人民出版社1982年版，第289—290页。

② 中共中央文献研究室编：《十八大以来重要文献选编》(上)，中央文献出版社2014年版，第496页。

及突破西方模式禁锢的超越意义、作为一种人类文明新形态的文明意义、拓展了发展中国家走向现代化路径选择的实践意义，阐释了中国式现代化的“价值贡献”。四重逻辑内在相承、有机统一，较为全面和系统地回答了“何谓中国式现代化”与“中国式现代化何为”的问题。

目　录

1

第一部分

中国式现代化的历史逻辑

从历史逻辑来看，中国式现代化是我们党领导全国各族人民在长期探索和实践中历经千辛万苦、付出巨大代价取得的重大成果，是不断深化对现代化的思想认识、不断实现现代化的实践突破的必然结果，具有独特的发展历程、形成条件和历史方位。中国式现代化以马克思主义为指导，深深植根于中华优秀传统文化，借鉴吸收一切人类优秀文明成果，展现出了不同于西方现代化的历史底蕴和乾坤气象。接下来，我们试就六个基本问题探讨中国式现代化的历史逻辑。

问题 1 如何认识中国式现代化的历程和条件

中国式现代化不是从外国进口的“舶来品”，而是“我们党领导全国各族人民在长期探索和实践中历经千辛万苦、付出巨大代价取得的重大成果”[①]，具有鲜明的历史性和民族性。在中国式现代化的探索历程中，我们取得了一系列伟大成就，这些成就是中国式现代化得以形成的必要条件。要走向历史的深处，基于现实的发展，立足时代的前沿，在历史、现实、未来的统一中准确、全面地认识中国式现代化的历程和条件。

一、中国现代化的早期探索

在西方先发国家快要完成第一次工业革命时，清王朝统治下的旧中国还是一个传统的落后农业国。鸦片战争强行打开了旧中国封闭的大门，将旧中国拖进了世界现代化的洪流之中。在列强侵略和农民起义的内忧外患中，清朝统治者感受到了深深的威胁，开始思索维护自身统治之道，一些有识之士也开始“睁眼看世界”，于是，以“自强”“求富”为旗号的洋务运动开始了。洋务运动是中国现代化道路早

① 《正确理解和大力推进中国式现代化》,《人民日报》2023年2月8日。

期探索的开始，以洋务运动为起点，旧中国的各阶级相继展开了救亡图存的探索活动，社会内部的现代性因素开始孕育生长，现代化也逐渐成为旧中国社会中渐趋主导性的发展流向。但是，“纵观整个中国近现代史，对于中国早期现代化有利的内部因素与外部因素虽然很弱，但始终没有消失，而对于中国早期现代化来说是阻碍性的内外部因素也始终存在着。这一切，决定了中国早期现代化的最为基本的特点是现代化的低度发展”①。

洋务运动是封建统治阶级的一场自救运动，其以“自强”“求富”为旗号，以大地主阶级为主体，试图通过学习西方的先进技术来抵御西方。从1861年建立安庆内军械所到1894年甲午战争的三十多年时间里，洋务运动以发展军事工业为主，同时通过官督商办的方式来发展运输业、采矿业、纺织业等，在一定程度上刺激了民族资本主义的产生，推进了中国的早期工业化。但是，由于运动本身具有封建属性和对外依赖性，作为运动主体的官僚资产阶级又十分腐朽，这场运动最终以失败告终。

甲午战争之后，列强对旧中国的侵略和掠夺进一步加剧，大量资本涌入国内，传统小农经济和手工业经济受到冲击而开始迅速瓦解，民族资本主义进一步发展，以康有为为代表的资产阶级维新派认为，旧中国的病症在于政治制度落后，主张效法西方实行君主立宪制，改良现有体制。维新派主张的政体改革本质上是资本主义性质的不触动清朝统治基础的自上而下的改革，这比洋务运动要深刻，但其改良主义思想实质上是一种庸俗进化论，既寄希望于统治阶级的自我变革，

① 吴忠民：《中国现代化论》，商务印书馆2019年版，第103页。

又“幻想中国可以依靠某几个帝国主义国家的力量来实现变法主张而达到富强的目的”[①]，必然不能改变中国千百年来形成的稳固保守的封建帝制，注定也要以失败而告终。

此后，以孙中山为代表的资产阶级革命派登上历史舞台，主张以暴力革命的方式推翻清王朝统治，建立民主共和国，并且成功地通过辛亥革命结束了中国两千多年的封建帝制，将民主共和国的旗帜树立在了中国大地上。但是，“就建立一个资产阶级民主共和国的目的来说，革命是以失败而告终了”[②]，中国依然是一个内部专制（袁世凯窃取了辛亥革命的胜利果实而实行个人专制）、外部受帝国主义列强压迫的半殖民地半封建国家。“辛亥革命的失败是由于资产阶级、小资产阶级领导者具有他们自己克服不了的弱点的缘故，是中国广大下层群众——主要是农民的革命力量得不到正确和坚强的领导，没有能充分发挥出来的缘故。”[③]半个世纪的各式各样的改革与革命实践表明，要彻底改变旧中国必须通过革命，并且革命必须要有先进政党领导，必须广泛调动一切力量，必须坚决反对帝国主义、封建主义和官僚资本主义，必须以实现民主共和为奋斗目标。随着工人阶级登上历史舞台和中国共产党成立，中国革命的面貌焕然一新，中国现代化道路的探索迎来了关键转机。

辛亥革命失败后，旧中国陷入军阀割据和混战之中，大军阀与帝国主义相勾结，中华民族与帝国主义的矛盾进一步加剧，与此同时，旧中国的思想界更加混乱，各种思潮交织碰撞。1915年，陈独秀在

---

① 胡绳：《从鸦片战争到五四运动（简本）》，华东师范大学出版社2014年版，第240页。

② 胡绳：《从鸦片战争到五四运动（简本）》，华东师范大学出版社2014年版，第406页。

③ 胡绳：《从鸦片战争到五四运动（简本）》，华东师范大学出版社2014年版，第408页。

《新青年》刊载文章，提倡“民主”与“科学”，反对封建文化，拉开了新文化运动的序幕，在极大解放国人思想的同时，也为马克思主义在中国的传播和五四运动的爆发奠定了思想基础。由于中国代表团在巴黎和会上外交失败，1919年5月4日爆发了反帝反封建的爱国运动，这场运动对中国民主革命的意义重大，不仅推动了马克思主义在中国的传播，并且使中国工人阶级作为一支独立的政治力量登上历史舞台，这就为中国共产党的成立创造了必要前提，自此，中国民主革命开始由旧民主主义革命向新民主主义革命转变，中国的现代化探索也开始步入“正轨”。

整体来看，从洋务运动到新民主主义革命结束这一时期，各种运动并非孤立，而是有着深刻的历史联系。从洋务运动到新民主主义革命，中国现代化道路探索的实践主体经历了“大地主阶级→资产阶级维新派→资产阶级革命派→无产阶级”的转变过程，这实际上是四种不同现代化模式即官僚垄断资本主义现代化模式、民族资本主义现代化模式、旧民主主义现代化模式和新民主主义现代化模式[①]的各自尝试和顺序升级。其中，洋务运动的失败是维新变法的直接原因，维新变法是“中国资产阶级领导的民主革命的前奏”[②]，新民主主义革命是对辛亥革命的继承与发展。洋务运动失败的根本原因在于封建统治阶级不可能自我革命，维新变法失败的根本原因在于改良主义路线无法改变旧中国，辛亥革命失败的根本原因在于没有广泛发动和依靠群众，在此期间的太平天国运动和义和团运动等农民革命失败的根本原因在于没有先进政党领导。在传统社会结构高度稳固和保守、外部帝国主义

---

① 严立贤：《现代化模式与近代以来中国历史进程》，九州出版社2010年版，第1页。

② 胡绳：《从鸦片战争到五四运动（简本）》，华东师范大学出版社2014年版，第228页。

势力侵略破坏和资本渗透的旧中国实现社会彻底变革，必须通过集革命性、先进性、群众性、独立性四个基本条件于一体的运动才有可能，就这个意义而言，新民主主义革命是旧中国的唯一出路，是近代中国社会发展必然的历史选择。

二、中国式现代化的成功开辟

在新民主主义革命时期，我们党团结带领人民，浴血奋战、百折不挠，经过北伐战争、土地革命战争、抗日战争、解放战争，推翻帝国主义、封建主义、官僚资本主义“三座大山”，建立了人民当家作主的中华人民共和国——一个现代意义上的集中统一的民族国家，为实现现代化创造了根本社会条件。“1949年革命胜利的意义在于，共产党通过社会动员和革命战争的手段，对外有效地争取到了国家主权独立和领土完整统一，在平等、互利、自主的基础上发展同其他国家的关系；对内按照民主集中制的原则建立了相对完备的国家政治与行政体系（各级人民代表大会制度和各级政府制度），使中央政府的政令通过遍布国中的党的组织网络贯彻到基层；在多民族国家条件下实行单一制的国家结构安排，在坚持中央政府统一领导和民族平等原则的前提下，形成了多民族的政治共同体，促进了民族间的整体融合和边疆地区的稳定；以阶级斗争和大规模的群众政治参与的方式重组了中国社会，实现了底层民众的政治经济平等，开展了有史以来最为深入广泛的国民政治训练。……共产党革命克服了社会低组织化状态和国家权力分散化状态，为中国现代化提供了坚实的权威基础。”[①] 总之，如果不建

① 陈明明：《在革命与现代化之间——关于党治国家的一个观察与讨论》，复旦大学出版社2015年版，第298页。

成这样一个集中、独立、统一的现代民族国家，中华民族就无法取得独立，无法自立于世界民族之林；中国人民就无法摆脱被奴役被压迫的命运，无法真正成为国家的主人；中国的现代化就不具备民族国家基础，无法真正开启探索历程。

新中国成立后，我们党团结带领人民完成了对农业、手工业和资本主义工商业的社会主义改造，消灭了在中国延续几千年的封建制度，确立了社会主义基本制度，实现了中华民族有史以来最为广泛而深刻的社会变革，建立起独立的比较完整的工业体系和国民经济体系，形成了“四个现代化”的重要思想，社会主义革命和建设取得了独创性理论成果和巨大实践成就，为现代化建设奠定根本政治前提和宝贵经验、理论准备、物质基础。

改革开放和社会主义现代化建设新时期，我们党作出把党和国家工作中心转移到经济建设上来、实行改革开放的历史性决策，大力推进实践基础上的理论创新、制度创新、文化创新以及其他各方面创新，实行社会主义市场经济体制，实现了从生产力相对落后的状况到经济总量跃居世界第二位的历史性突破，实现了人民生活从温饱不足到总体小康、奔向全面小康的历史性跨越，为中国式现代化提供了充满新的活力的体制保证和快速发展的物质条件。

党的十八大以来，我们党在已有基础上继续前进，不断实现理论和实践上的创新突破，成功推进和拓展了中国式现代化。我们在认识上不断深化，创立了习近平新时代中国特色社会主义思想，实现了马克思主义中国化时代化新的飞跃，为中国式现代化提供了根本遵循。我们进一步深化对中国式现代化的内涵和本质的认识，概括形成中国式现代化的中国特色、本质要求和重大原则，初步构建中国式现代化的理论体系，使中国式现代化更加清晰、更加科学、更加可感可行。我们在战略上不断完善，深入实施科教兴国战略、人才强国战略、乡村振兴战略等一系列重大战略，为中国式现代化提供坚实战略支撑。我们在实践上不断丰富，推进一系列变革性实践、实现一系列突破性进展、取得一系列标志性成果，推动党和国家事业取得历史性成就、发生历史性变革，特别是消除了绝对贫困问题，全面建成小康社会，为中国式现代化提供了更为完善的制度保证、更为坚实的物质基础、更为主动的精神力量。①

① 《正确理解和大力推进中国式现代化》，《人民日报》2023年2月8日。

问题 2

如何认识中国共产党探索现代化的思想进程

现代化是全人类的共同事业，社会主义现代化是一项全新事业。中国共产党关于现代化的认识有一个逐渐深化的过程，这一过程在理论上展现为中国共产党探索社会主义现代化的思想演进历程，大致可以划分为“国家工业化”“四个现代化”“社会主义现代化”“国家治理体系和治理能力现代化”“中国式现代化”几个主要阶段。

一、“国家工业化”

中国共产党自成立之日起就为着中华民族的解放而斗争，在与帝国主义、封建主义、官僚资本主义作斗争的过程中，中国共产党一方面推进着半殖民地半封建的中国走向独立；另一方面也深化着对于现代化的认识，而且这种认识主要是就国家现代化的工业化要求而言的。在现代化的军事斗争中，周恩来提出了实现军队和武器装备现代化的任务[①]，毛泽东从工业化的视角提出了国家现代化的任务：“要中国的民族独立有巩固的保障，就必需工业化”[②]，中国“民主革命的中心目的就

① 参见《周恩来军事文选》第二卷，人民出版社1997年版。

② 《毛泽东文集》第三卷，人民出版社1996年版，第146页。

是从侵略者、地主、买办手下解放农民，建立近代工业社会”[①]，进而建立工业化的社会主义国家。1945年4月，毛泽东在党的七大上作《论联合政府》的政治报告时指出：“中国工人阶级的任务，不但是为着建立新民主主义的国家而斗争，而且是为着中国的工业化和农业近代化而斗争。”[②]在全国革命即将取得胜利之际，毛泽东在西柏坡会议上着重强调，在全党工作重心由农村转入城市后，主要的工作就是把我国由落后的农业国转变为先进的工业国，由新民主主义社会转变为社会主义社会。1956年，刘少奇在中国共产党第八次全国代表大会上提出“使我们的国家由落后的农业国变为先进的工业国”[③]。整体来看，基于现代化战争实际和受苏联的影响，以毛泽东为代表的中国共产党人在革命时期主要是从工业化视角审视现代化，强调实现“国家工业化”。

二、“四个现代化”

1953年底，党中央制定了对农业、手工业、资本主义工商业进行社会主义改造的过渡时期总路线，社会主义改造虽然是以工业化为主体，但也包含着其他方面的内容，这体现出中国共产党对于现代化的认识已经不再局限在工业化这一个方面。1954年，毛泽东在阐述国家现代化问题时强调：“我们的总目标，是为建设一个伟大的社会主义国家而奋斗。”“要实现社会主义工业化，要实现农业的社会主义化、机械化。”[④]1957年，毛泽东进一步提出，巩固新生的社会主义制度，建设

---

① 《毛泽东文集》第三卷，人民出版社1996年版，第206页。
② 《毛泽东选集》第三卷，人民出版社1991年版，第1081页。
③ 《刘少奇选集》下卷，人民出版社1985年版，第206页。
④ 《建国以来重要文献选编》第五册，中央文献出版社1993年版，第1291页。

“具有现代工业、现代农业和现代科学文化的社会主义国家”[①]。1959年，毛泽东又指出：“建设社会主义，原来要求是工业现代化，农业现代化，科学文化现代化，现在要加上国防现代化。”[②]根据毛泽东的提议，1964年12月，周恩来在三届全国人大一次会议上正式提出，“要在不太长的历史时期内，把我国建设成为一个具有现代农业、现代工业、现代国防和现代科学技术的社会主义强国”[③]。至此，我国初步确立起比较全面的现代化目标，中国共产党关于现代化的认识也从“国家工业化”扩展为“四个现代化”。

关于如何实现“四个现代化”，周恩来在1964年《政府工作报告》中提出了分“两步走”实现“四个现代化”的战略构想。之后，又在1975年的《政府工作报告》中重申了全面实现“四个现代化”的战略目标和战略部署：“第一步，用十五年时间，即在一九八〇年以前，建成一个独立的比较完整的工业体系和国民经济体系；第二步，在本世纪内，全面实现农业、工业、国防和科学技术的现代化，使我国国民经济走在世界的前列。”[④]改革开放之后，中国共产党关于“四个现代化”的思想得到进一步发展。1979年，邓小平在会见日本首相大平正芳时强调：“我们要实现的四个现代化，是中国式的四个现代化。我们的四个现代化的概念，不是像你们那样的现代化的概念，而是‘小康之家’。”[⑤]1982年9月，党的十二大报告指出，中国共产党在新的历史

① 《毛泽东年谱（一九四九——一九七六）》第三卷，中央文献出版社2013年版，第106页。

② 《毛泽东文集》第八卷，人民出版社1999年版，第116页。

③ 中共中央文献研究室编：《建国以来重要文献选编》第十九册，中央文献出版社1998年版，第483页。

④ 《周恩来选集》下卷，人民出版社1984年版，第479页。

⑤ 《邓小平文选》第二卷，人民出版社1994年版，第237页。

时期的总任务是“团结全国各族人民，自力更生，艰苦奋斗，逐步实现工业、农业、国防和科学技术现代化，把我国建设成为高度文明、高度民主的社会主义国家”①。

三、“社会主义现代化”

1979年3月，邓小平在党的理论工作务虚会上作了《坚持四项基本原则》的讲话，强调实现“四个现代化”，必须坚持四项基本原则，从根本上明确了中国现代化的社会主义性质。他说：“我们要在中国实现四个现代化，必须在思想政治上坚持四项基本原则。这是实现四个现代化的根本前提。这四项是：第一，必须坚持社会主义道路；第二，必须坚持无产阶级专政；第三，必须坚持共产党的领导；第四，必须坚持马列主义、毛泽东思想。”②“如果动摇了这四项基本原则中的任何一项，那就动摇了整个社会主义事业，整个现代化建设事业。”③“现在我们搞四个现代化，是搞社会主义的四个现代化，不是搞别的现代化。”④1986年9月，邓小平在接受美国哥伦比亚广播公司记者迈克·华莱士的电视采访时再次重申：“我们搞四个现代化建设，人们常常忘记是什么样的四个现代化，是社会主义的四个现代化。”⑤正是借助对社会主义与现代化的“结合”思考，中国共产党人才能突破传统社会主义观念和模式，在实践中不断探索出了符合中国国情的社会主义现代化道路。

这里，我们不可能详细论述其形成原因、主要内容，但是可以通

① 《十二大以来重要文献选编》(上)，人民出版社1986年版，第13页。
② 《邓小平文选》第二卷，人民出版社1994年版，第164—165页。
③ 《邓小平文选》第二卷，人民出版社1994年版，第173页。
④ 《邓小平文选》第三卷，人民出版社1993年版，第110页。
⑤ 《邓小平文选》第三卷，人民出版社1993年版，第173页。

过“三对关系”透视社会主义条件下现代化的基本定向。一是初级阶段的社会主义与“发达社会主义”的关系。两者既有同一性，也有差异性。社会主义现代化建设既要从同一性中领悟坚持社会主义根本方向、基本原则的重要性，也要从差异性中把握一切从经济文化相对落后的基本国情出发的必要性。二是社会主义与资本主义的关系。中国的现代化重构了两者关系，它们是“空间上的并存”关系，是“既对立又统一”的关系。既要看到两者之间对立、斗争的一面，也要承认相互作用、相互影响的一面。社会主义现代化建设一方面要防止西化分化，另一方面要防止僵化封闭化，要扩大对外开放，占有资本主义创造的一切积极文明成果。三是社会主义与市场经济的关系。“不发达社会主义”与现代化的“结合”之逻辑效应，必然会解构“资本主义=市场经济”“社会主义=计划经济”的传统话语，并在“社会主义本质论”“三个有利于”等理论的支撑下，实现社会主义与市场经济“相兼容”的关系。走社会主义市场经济，是中国现代化道路的伟大创造。总而言之，中国共产党人带领中国人民在实现社会形态跨越的基础上，开启了非资本主义现代化的探索之路，并且改革开放以来，着眼于社会主义与现代化“结合”的理论思考，立足社会主义初级阶段基本国情，成功开辟了社会主义条件下的现代化建设之路，以“中国奇迹”有力回答了“马克思之问”。

四、“国家治理体系和治理能力现代化”

党的十八届三中全会提出了“完善和发展中国特色社会主义制度，推进国家治理体系与治理能力现代化”的全面深化改革目标，党的十九届四中全会将此作为专题进行研究，针对如何在保持中国特色社会主义制度和国家治理体系稳定性和延续性的同时，进一步坚持和完善相关制度，保持制度生机与活力提出了总体要求。将国家治理现代化作为国家现代化建设的重要目标，体现了现代国家治理实践科学化、规范化、法治化的要求，丰富了中国现代化的内涵，是应对国内社会转型、结构调整以及国际复杂形势的必然选择。

我们可以从三个方面理解国家治理现代化的基本内容：第一，从重要意义来看，“国家治理体系和治理能力现代化是国家现代化总进程的重要组成部分，是制约甚至决定其他领域现代化的关键因素”①，在新时代推进国家现代化建设，建构中国现代性，要充分发挥制度优势，补齐制度短板，提升治理效能，使制度体系越来越完善，制度优势越来越显著，治理结构和治理功能越来越优化，从而为中华民族伟大复兴提供强大制度支撑。第二，从具体内涵来看，“国家治理体系和治理能力是一个国家制度和制度执行能力的集中体现。国家治理体系是在党领导下管理国家的制度体系，是一整套紧密相连、相互协调的国家制度；国家治理能力则是运用国家制度管理社会各方面事务的能力”②。第三，从推进阶段来看，第一阶段是从建党一百年到二〇三五年，其目标是使各方面制度更加完善，基本实现国家治理体系和治理能力现代化；第二阶段是从二〇三五年到新中国成立一百年，其目标是全面实现国家治理体系和治理能力现代化，使中国特色社会主义制度更加巩固、优越性充分展现。在此进程中，要做到十三个“坚持和完善”，即要坚持和完善党的领导制度体系、人民当家作主制度体系、中国特

① 柏维春：《制度自信与推进国家治理体系和治理能力现代化》，《政治学研究》2014年第2期。

② 《习近平总书记系列重要讲话读本》，学习出版社、人民出版社2014年版，第42—43页。

色社会主义法治体系、中国特色社会主义行政体制、社会主义基本经济制度、繁荣发展社会主义先进文化的制度、统筹城乡的民生保障制度、共建共治共享的社会治理制度、生态文明制度体系、党对人民军队的绝对领导制度、“一国两制”制度体系、独立自主的和平外交政策、党和国家监督体系。

五、“中国式现代化”

在庆祝中国共产党成立100周年大会上，习近平总书记指出：“我们坚持和发展中国特色社会主义，推动物质文明、政治文明、精神文明、社会文明、生态文明协调发展，创造了中国式现代化新道路，创造了人类文明新形态。”[①]党的十九届六中全会审议通过的《中共中央关于党的百年奋斗重大成就和历史经验的决议》指出，“党领导人民成功走出中国式现代化道路，创造了人类文明新形态”[②]。党的二十大报告中指出：“从现在起，中国共产党的中心任务就是团结带领全国各族人民全面建成社会主义现代化强国、实现第二个百年奋斗目标，以中国式现代化全面推进中华民族伟大复兴。”[③]“中国式现代化”是中国共产党不断深化对本国现代化认识的重大成果，是关于中国现代化理论与实践的新时代表达，本书将对其丰富内容进行比较全面的探讨，在此不予详述。

---

① 习近平：《在庆祝中国共产党成立100周年大会上的讲话》，人民出版社2021年版，第13—14页。

② 《中共中央关于党的百年奋斗重大成就和历史经验的决议》，人民出版社2021年版，第64页。

③ 习近平：《高举中国特色社会主义伟大旗帜　为全面建设社会主义现代化国家而团结奋斗——在中国共产党第二十次全国代表大会上的报告》，人民出版社2022年版，第21页。

问题 3 如何理解中国式现代化的历史方位

审视和探讨中国式现代化问题，首先要分析和把握中国式现代化所处的历史方位。从发展状态来看，中国式现代化具有“晚发”性和“外生”性，是滞后的；从发展阶段来看，中国式现代化处于社会主义初级阶段，是未完成的；从历史选择来看，中国式现代化正在全面赶超先发国家，表现出强劲的发展势头；从现实基础来看，中国式现代化具有多重时空因素，展现出特有的矛盾图景。

一、“晚发外生”与现代化的滞后状态

现代化的生发从时间来看有早晚之分，从动因来看有内外之别，中国式现代化属于“晚发外生”型，其中，“晚发”是指中国式现代化在起步时间上晚于西方发达国家；“外生”是指中国式现代化的起步不是中国社会内部自然发育的结果，而是西方强国在殖民扩张过程中从外部输入所致。“晚发外生”从根本上决定了中国式现代化不同于西方现代化，有着自身独特的生长条件和发展逻辑。

对于“晚发外生”型现代化国家而言，往往面临发展的二难悖论：若融入资本主义主导的世界体系，就容易陷入对先发国家的依赖而沦为强国的附庸；若拒绝融入世界体系，就会永远滞留于现代化潮流之

外而无法拥抱现代性。中国在现代化过程中克服了这一悖论，既融入现代化潮流之中，也没有陷入对发达国家的依赖，成功走出了一条“独立自主”的发展道路。通过独立自主发展，中国式现代化建设取得了诸多成就：开辟和发展了中国特色社会主义，形成了中国式现代化道路；建立起党领导人民治理国家的制度体系，形成了党和人民的血肉联系，最大限度地汇聚起实现民族复兴的历史合力；建立起富有现代意识、极具权威性、强有力的中央政府，确保现代化建设科学、高效、有序；建立起系统完整的现代工业体系、国民经济体系和国防体系，形成了社会主义市场经济体制，实现了经济迅速发展和物质财富快速累积；全面建成了小康社会，历史性地解决了绝对贫困问题，人民生活的富裕程度和幸福指数不断攀升；等等。但是，中国式现代化的起步毕竟远远晚于西方，在先发国家进行资本原始积累时，封建的旧中国还在三跪九叩，改革开放四十年的发展奇迹使中国在经济体量上成为世界第二，但现代性的文化启蒙、制度建构、人性塑造、生活变革却难以在短时间内完成，中国式现代化建设依旧任重而道远。

20世纪70年代后，随着新技术革命的来临以及全球性产业结构的调整，欧美等西方先发国家开始进入“后现代化”“后工业化”时代，表现出诸多后工业社会的特征。美国学者丹尼尔·贝尔就曾提出后工业社会理论，从五个方面刻画了后工业社会：商品生产经济转变为服务型经济，专业和技术人员阶级处于主导地位，理论知识处于中心地位而成为社会革新和制定政策的源泉，控制技术发展，智能技术兴起。[①]从发达国家的产业发展现状来看，1969年英国服务业产值占国

① 何传启主编：《如何成为一个现代化国家——中国现代化报告概要（2001—2016）》，北京大学出版社2017年版，第40页。

内生产总值的51.0%，服务业的就业人员占全体劳动力的49.7%。同年，荷兰服务业产值和就业人员占比分别是51.6%、49.8%，意大利分别是51.7%、45.1%。[①]1994年，英国、法国、意大利、日本的第三产业就业比重进一步增加，分别达到69%、66%、60%、59%。[②]美国是“后工业”特征最明显的国家，美国的白领工人人数在1956年就超过了蓝领工人，第三产业在1995年已上升到70%以上。[③]从福利状况来看，1970年，英国、丹麦、比利时、法国、爱尔兰、联邦德国、意大利、卢森堡、荷兰9国社会福利开支占国民生产总值的平均值是18.1%，1981年上升到27%。1980年，美国社会福利开支占国民生产总值的18.2%。[④]相比之下，中国的“后现代”特征并不明显，与发达国家的差距还比较大，仍然处于现代化的“发展中”阶段，“相对滞后”是中国式现代化的基本事实。

二、“初级阶段”与现代化的未完成性

从世界现代化的客观过程来看，现代化始于西方，主要以资本主义的方式发展，资本主义代表着现代化的普遍形式和最高成就。无产阶级及其政党的革命实践将社会主义从理论变为现实，使社会主义作为与资本主义对立的现代化模式并存于当今时代，虽然在马克思看来，社会主义是比资本主义更高级的社会形态，但社会主义的现实产生既

---

① [美]丹尼尔·贝尔：《后工业社会的来临——对社会预测的一项探索》，高铦等译，新华出版社1997年版，第17页。

② 罗肇鸿：《高科技与产业结构升级》，上海远东出版社1998年版，第46、146页。

③ [美]克尔伯特·卡尔：《美国阶级结构》，彭华民等译，中国社会科学出版社1992年版，第86页。

④ 胡连生、杨玲：《当代资本主义的新变化与社会主义的新课题》，人民出版社2000年版，第102页。

没有以资本主义的充分发展为前提，也没有历经资本主义那样数百年的发育过程，因而在诸多方面难免落后于资本主义发达水平，这在中国式现代化实践中表现为社会主义的“初级阶段”和现代化的未完成性。

资本一经产生，就将人类社会带入一个新的时代，这个时代就是“以物的依赖性为基础的人的自由个性”时代，就是资本逻辑主导社会发展的资本主义时代。超越这个时代而完全进入社会主义社会，需要以资本将自身推动社会历史发展的能量释放殆尽为前提，这具有四个方面的基本要求：一是产品经济取代商品经济成为经济发展的主要形式；二是劳动取代资本成为生产的主导因素；三是公有制普遍建立，私有资本伴随私有制的废弃而被消灭；四是资本达到自身发展空间的极限，在世界范围内充分运作并彻底扬弃。就现实发展状况而言，现代民族国家内部还普遍处于商品经济发展阶段，资本依然主导生产过程，私有制也普遍存在，世界范围内的资本流通与运作还很不充分，这说明市场的潜力、资本的潜力还非常大，彻底扬弃资本还有很长的路要走。因此，当今时代仍然处于资本主义时代，资本主义依然代表着现代文明发展的最高水平。中国的社会主义现代化建设虽然取得了举世瞩目的伟大成就，但我们应当理性审视和清醒判断世界现代化进程，积极吸收发达国家的文明成果，充分借助资本的力量，在利用资本的同时有效驾驭资本，不断缩小与发达国家的现代化差距。

1956年底三大改造完成，意味着中国确立社会主义制度，进入社会主义社会。但是，中国的社会主义既“不发达”也“不够格”，是低水平的社会主义、初级阶段的社会主义。[①]社会主义初级阶段的现代

① 参见《邓小平文选》第三卷，人民出版社1993年版，第252页。

化，因为已经处于社会主义社会，所以在生产关系和上层建筑方面具有先进性，有着比资本主义社会更为优越的“社会形式”，但是在生产力方面相对滞后，不具备与先进生产关系和上层建筑相匹配的“物质基础”。这就是说，从现代化发展的社会形式来看，中国式现代化具有“超前性”，比发达资本主义国家的现代化还要优越，但从现代化发展的物质基础来看，中国式现代化具有“落后性”，甚至达不到一般资本主义国家的现代化水平，由此形成了中国式现代化“尴尬”的历史方位。因此，中国式现代化须以经济建设为中心，着力探索构建社会主义市场经济体制，充分借助和运用资本的力量来发展生产力，不断提升“物质基础”与“社会形式”的匹配程度，进而提高现代化水平。

党的十八大之后，中国特色社会主义进入新时代，现代化的历史方位发生了一定程度的变化，一方面，这种变化表现为“物质基础”的强化。我国生产力水平得到实质性提升，经济总量稳居世界第二位，对世界经济增长的贡献率超过30%，经济结构不断优化，经济发展质量不断提升。另一方面，这种变化表现为“社会形式”的完善。中国特色社会主义制度不断完善，各种体制机制弊端正在革除，基本经济制度、民主政治制度、先进文化制度、社会治理制度、生态文明制度和党的领导制度等各方面制度建设均取得重大突破。总之，我国生产力落后的状况得到实质性改变，由物质基础薄弱带来的现代化的“落后性”得到根本改观，现代化的“物质基础”和“社会形式”的契合度明显提升，现代化的历史方位取得了阶段性突破。但这种突破和变化只是局限于“社会主义初级阶段”大方位内部，没有从根本上改变我国现代化的历史方位，现代化建设的历史任务也远没有完成。

三、“全面赶超”与现代化的历史选择

西方发达国家由于其先发性和内生性，在现代化过程中既没有世界先进水平的“刺激”，也没有因处于落后状态而“急切”，因此较为“自然”和“从容”。“晚发外生”型现代化国家则不然，其往往因为外部刺激而倍感焦急，试图迅速赶超先发国家，这是正常而普遍的现代化心理。中国在追求自身现代性的过程中同样有此心理，难能可贵的是中国以理性的方式表达这种心理，通过科学实践有效推进着“全面赶超”先发国家的伟大历史进程。

中国在现代化进程中努力赶超先发国家，既是后发现代化国家普遍心理所致，也是中华民族自尊心使然。作为历史上的文明古国，中华民族曾一度领先世界，在思想文化、经济实力、综合国力等方面均取得过辉煌成就，这种民族自豪感始终流淌在中华儿女的血脉中，在现时代表达为“实现民族复兴”的集体诉求，内在激励和催促着中国共产党和中国人民在现代化征程上拼搏奋进。此外，发达国家展示的现代化景象、取得的现代化成就、呈现的现代化方式既刺激了中华民族，也为中国式现代化提供了有益启发和重要借鉴，客观上构成了中国“全面赶超”先发国家的外部条件。事实上，对于中国式现代化而言，“全面赶超”既是主观性选择，也是必然性选择，中国只有在资本主义主导的当今时代迅速摆脱落后状态，才能避免沦为西方发达国家的附庸，有效捍卫自身主权、尊严和发展利益，只有全方位超越先发国家，才能引领世界现代化潮流，维护世界和平与发展，切实为人类文明进步作出应有的贡献，这既是中国作为世界大国的应担责任，也是中国选择社会主义制度的必然使命。

从实践效果来看，中国已经成为世界第二大经济体，在综合国力和国际影响力上超越了绝大多数先发国家，取得了“全面赶超”的阶段性成就：一是实现了民族启蒙。率先实现民族启蒙，汇聚起民众的集体力量以进行现代化建设，是中国与西方的极大差异。近代中国遭受列强侵略的历史境况决定了中国必须首先解决民族独立问题，必须率先唤醒整个民族的现代意识，然后再进行个体启蒙。在中国共产党领导人民进行革命、建设和改革的过程中，中华民族的自尊心和自豪感被重新塑造，逐渐形成了以社会主义现代化强国建设为民族复兴目标的现代化实践规划，顺利完成了民族的现代性启蒙，为现代化建设奠定了广泛的社会基础。二是发展了市场经济。市场是现代社会发育的基本机制，市场经济发展水平在一定程度上决定了现代化的建设状况。从党的十四大提出“建立社会主义市场经济体制”的改革目标到党的十八届三中全会提出“使市场在资源配置中起决定性作用和更好发挥政府作用”，我国社会主义市场经济体制逐步健全，基本经济制度不断完善，这为社会发展带来了生机活力，创造了巨量物质财富。三是建立了先进制度。社会主义制度有着资本主义制度所不具备的优越性和先进性，代表着人类社会制度进步的大方向，中国式现代化以社会主义制度为“社会形式”，通过先进“社会形式”牵引“物质基础”发展，这既是现代化实践的伟大创举，也是中国式现代化建设的优势前提。

这些成就的取得主要得益于三个方面：一是在主体力量上有先进政党的强有力领导。后发国家要实现对先发国家的迅速赶超，一个首要任务便是整合社会力量，形成最大限度的历史合力，这就必然要求有一个极具现代意识和权威性的强有力的领导核心来组织、谋划、推动现代化过程。历史和人民选择了中国共产党，实践有力地证明，中国共产党担负起了这一民族使命，带领人民全面建成了小康社会，开启了全面建设社会主义现代化国家新征程。二是在发展原则上坚持独立自主。实现全面赶超的关键在于找到科学高效的发展道路，这种道路不可能是先发国家呈现的西方模式，而只能是后发国家通过自主探索形成的适合本国国情的新道路。这是因为，西方模式是“早发内生”的产物，以“自然发育”和“对外扩张”为基本特征，后发国家既无法如此从容地发展，也不具备扩张掠夺的条件，盲目照搬西方模式只会陷入对发达国家的依附。中国在现代化过程中始终坚持独立自主原则，成功走出了中国式现代化道路，为实现对先发国家的全面赶超奠定了道路基础。三是在发展策略上注重并有效进行文明借鉴。早发内生型现代化的主要手段是创新，后发外生型现代化的主要手段是采借。[①]采借能够迅速掌握先进文明成果，避免时间和资源的非必要耗费，“以日本为例，据计算，在1955—1970年，日本用引进的方法掌握了世界半个世纪中发明的几乎全部的技术。他们引进这些技术花了大约60亿美元，但如果这些技术全部由自己发明，大约需要2000亿美元，而且需要的时间也更长”[②]。改革开放以来，中国融入世界现代化进程之中，积极吸收借鉴现代化的成就与经验，注意总结和规避现代化的失误和教训，创造了体现共同价值、具有民族特色、融汇百家之长的人类文明新形态。但是客观而言，中国式现代化的“全面赶超”还有很长的路要走，以上三个方面的经验须始终坚持和不断发展。

在取得显著成就的同时，中国式现代化建设也面临一些风险和挑

① 孙立平：《后发外生型现代化模式剖析》，《中国社会科学》1991年第2期。

② 孙立平：《后发外生型现代化模式剖析》，《中国社会科学》1991年第2期。

战，这些风险和挑战构成了中国式现代化进一步推进的短板，具体表现在以下方面：一是前现代因素滞存。由于没有历经资本主义的充分发展而直接从半殖民地半封建社会进入社会主义社会（其间经历了极为短暂的新民主主义社会），大量前现代因素（如关系本位、权力本位、人治传统、封建礼教、保守主义等）被不可避免地留存下来，成为阻滞现代化进程的“历史包袱”。二是存在资本失控风险。社会主义市场经济体制是社会主义力量驾驭资本的有效机制，但随着现代化的推进和资本能量的不断释放，如果制度改革和调整跟不上，那么资本依然很可能会失控并统治社会，当代社会存在的两极分化、权力腐败、物质主义泛滥、人文精神失落、生态环境破坏等现象在很大程度上就是资本非理性运作所致，有效驾驭资本始终是中国式现代化建设的关键任务。三是外部敌对势力破坏。苏联社会主义现代化在西方国家的包围和“演变”中失败，社会主义国家的现代化建设一直都是“危机四伏”，中国作为现今最强大的社会主义国家，必然是西方强国的“眼中钉”和主要打击对象，要成功推进现代化建设，必须尽可能减少外部敌对势力的干扰和破坏，“于忧患中谋发展”理应作为中国式现代化建设的长期战略姿态。

四、“时空重叠”与现代化的矛盾图景

不同于西方现代化的“串联式”发展，中国式现代化是“并联式”推进，这种特殊的发展方式从根本上而言是由中国社会多种时空因素重叠交错的现实状况决定的。对于西方现代化而言，前现代、现代、后现代的因素依次出现并有着相对清晰的时空界限，中国式现代化则呈现出前现代、现代、后现代多种时空因素并存的景象，各种因素混

杂存在且时空界限较为模糊，这正如有的学者所言，“中国的现代性正处在一种‘时空倒错’的格局中，原本在西方依次出场的前现代、现代与后现代，在新全球化语境中于中国共时出场或错序出场”[①]。

具体来看，这种多时空因素重叠的状况表现在诸多方面：一是地区方面。前现代、现代、后现代的差异性表现为西部地区和农村地区、中东部内陆和二三线城市、东部沿海地区和大城市的地区性差异。二是行业方面。传统农业主要还是前现代经济形式，现代工业集中代表了具有现代属性的生产方式，高新技术产业和服务业则体现了后现代的行业特征。三是个体观念方面。领导集团、知识精英对于后现代的社会特征和价值理念往往有着超前的认识，产业工人、事业工作者的价值观一般与现代社会高度契合，落后地区的农民、失业者则会因为生活的局限而保留较多的前现代观念。四是生活方式方面。高收入群体讲求生活质量，进行高品位、超前性的后现代式消费，中等收入群体追求生活富裕，进行理性化的现代式消费，低收入群体关注温饱问题，进行单一、低端、保守的前现代式消费。五是社会结构方面。彰显后现代精神的公共性、服务性的理念和措施显著存在，体现现代化要求的民主政治、市场经济等发育良好，带有前现代性质的权力本位、关系本位等依然存在。前现代、现代、后现代多种时空因素混杂并存，彼此牵动，构成了中国式现代化的现实景象。

---

① 任平：《脱域与重构：反思现代性的中国问题与哲学视域》，《现代哲学》2010年第5期。

问题 4 如何理解中国式现代化与马克思主义中国化的关系

中国式现代化的开拓进程，就是中国共产党运用马克思主义解决中国现实问题的过程。“马克思主义指引中国成功走上了全面建设社会主义现代化强国的康庄大道”①，没有马克思主义，就没有中国式现代化。

一、现代化建设需要科学理论指导

现代化建设需要不断深化对现代性本身的认识，掌握现代化的一般规律，这在客观上要求进行理论层面的批判和创新，充分彰显理论的自觉性。理论自觉性是现代化主体的自我意识彰显，体现为对现代化发展规律、现代化建设原则的自觉探索与回应，构成现代化建设在理论层面的基本要求。

现代化建设是一个实践过程，客观上需要科学理论的指导。对现代化理论的需求内在催生出了理论的自觉性，理论的自觉性推动现代化理论不断创新，不断提升自身科学性和真理性，不断发挥出更大的指导现代化实践的价值。现代化理论主要是针对现代化的本质、特征、

① 习近平：《在纪念马克思诞辰200周年大会上的讲话》，人民出版社2018年版，第15页。

表现、动因、建构路径和实现方式等的规律概括和要义提升，体现了科学认识现代化和建设现代化的世界观与方法论。中国的现代化理论集有中华传统文化、马克思主义和西方文明的元素，经过了曲折的发展过程，其间产生出了“中体西用论”、“中西互补论”、“中国本位论”以及“全盘西化论”等多种理论倾向和成果，这些理论是主张不断发展、相互博弈，最终汇合成了中国式的现代化理论。中国式的现代化理论是以马克思主义为指导、继承中华传统文化精华、吸纳西方优秀思想成果的现代化理论，是反映现代化一般原则和基本规律、符合中国社会实际、利于中国现代化事业发展的科学有效的现代化理论，是马克思主义在中国现代化进程中不断与中国具体实际相结合并进行理论创新的结果，对中国现代化事业发展具有重要指导作用。

中国现代化的理论自觉主要体现为马克思主义中国化的理论创造。马克思主义是一种内在反叛和超越西方近代思想、蕴含着非西方价值与关怀并直接指向人类共同未来的现当代思想。也正是其面向时代的开放性与深刻的人类性，使马克思主义成为包括中国在内的东方社会获得现代化身份的思想武器。[①]马克思主义对科学认识和建设现代化具有重要理论指导意义，肯定了资本的积极作用而对现代性进行了“张扬”，批判了资本对劳动的占有、物对人的统治而对现代性进行了“批判”，倡导建立一个每个人都能自由全面发展的自由人联合体而对现代化进行了“超越”，[②]中国式现代化离不开马克思主义的科学指引。马克思主义在与中国具体实际相结合的过程中形成了中国化马克思主义（马克思主义中国化的理论成果），中国化马克思主义不断创新和发展，

① 邹诗鹏:《马克思主义中国化与中国现代性的建构》,《中国社会科学》2005年第1期。

② 韩庆祥:《现代性的本质、矛盾及其时空分析》,《中国社会科学》2016年第2期。

先后形成了毛泽东思想、邓小平理论、“三个代表”重要思想、科学发展观和习近平新时代中国特色社会主义思想。中国式现代化与中国化马克思主义的理论创新内在协调、密切统一、相互促成。一方面，中国式现代化需要理论层面的指引和支撑，中国化马克思主义能够科学地回应现代化进程中出现的问题，从而有效推进中国式现代化。另一方面，中国式现代化在客观上推动着中国化马克思主义不断创新和发展。在这个双向互动的过程中，现代化理论得以不断完善，中国式现代化得以不断发展。

二、中国式现代化与马克思主义中国化双向互动

中国式现代化与马克思主义中国化是双向互动、彼此促成的。其中，现代化建设过程是马克思主义与中国实际相结合而推进中国式现代化的过程，中国化马克思主义成果是现代化建设的重要成果和科学指引，现代化建设是马克思主义中国化理论创新的现实关照和现实动因。“现代化在中国的生成与建设，是与马克思主义中国化的历史联系在一起的：一方面，马克思主义传入中国，开启了现代思想和观念的变革，并造就了中国化的马克思主义。另一方面，中国式现代化的建设，也历史地确定了马克思主义中国化的起点、任务与方向——指导中国更好地实现社会主义现代化，促进中华民族的伟大复兴。”[①]中国式现代化与马克思主义中国化的历史关联使中国式现代化在中国化马克思主义指导下不断生长，使中国化马克思主义在中国式现代化建设中不断发展。

---

① 张琳：《马克思主义的中国化与中国的现代性建构》，《马克思主义与现实》2012年第6期。

中国式现代化在中国化马克思主义指导下不断推进。首先，中国化马克思主义解决了中国的革命问题，使中国实现了政治上的解放，实现了民族的独立，这为中国式现代化奠定了政治基础。中国共产党是马克思主义政党，中国共产党将马克思主义基本原理与中国革命实际相结合，形成了新民主主义革命理论，回答了“中国革命向何处去”的问题，推翻了压在中国人民头上的“三座大山”，改变了中国半殖民地半封建社会的性质，使中华民族获得了独立，中国式现代化必须以此为政治前提。其次，中国化马克思主义回答了中国的发展问题，使中国找到了适合自己的发展之路，从而开辟出了中国式现代化道路。新中国成立之后，中国共产党人将马克思主义与中国建设实际相结合，对社会主义建设进行了有益探索，取得了诸多成就，积累了宝贵经验。党的十一届三中全会之后，中国共产党人将马克思主义与中国改革开放和现代化建设实际相结合，开辟出中国特色社会主义道路，形成了中国特色社会主义理论体系，确立起中国特色社会主义制度，形成了中国特色社会主义文化，从理论和实践中解决和回答了中国式现代化发展的道路问题、理论问题、制度问题、文化问题，为中国式现代化找到了科学之路。在这两个前后相接的进程中，贯穿其中的是中国化马克思主义不断回答和解决中国实际问题，不断刺激中国现代性因素的增长，不断对中国人的个体意识和中华民族的群体意识进行启蒙，使中国的现代化建设在物质和意识两个层面同时进行，在思想和实践两个维度不断展开。

中国化马克思主义在中国式现代化建设中不断发展。中国式现代化内在规定了马克思主义中国化的现实任务，为马克思主义中国化的理论创新提供了现实根据，决定了中国化马克思主义的理论走向和发展逻辑，是中国化马克思主义不断发展的动因和依据。中国式现代化的逻辑进程是：先进行政治革命，获得民族独立，确立起新的国家政权和基本制度；再进行经济建设，发展生产力，不断夯实物质基础；最后进行文化提升和制度完善，实现现代化强国目标。这一逻辑进程内在决定了马克思主义中国化的现实任务，使中国化马克思主义在解决不同现实任务的过程中不断发展。其中，毛泽东思想适应了进行政治革命的现实需要，完成了实现民族独立的任务，使中华民族得以“站起来”；中国特色社会主义理论体系适应了进行经济建设的现实需要，极大地解放和发展了社会生产力，使中华民族得以“富起来”；“站起来”和“富起来”的任务基本完成以后，要实现中华民族伟大复兴，使中华民族“强起来”，为此，习近平新时代中国特色社会主义思想应运而生。这种理论发展的内在逻辑同时也决定了中国化马克思主义的未来指向：中国化马克思主义的创新和发展就是要朝着使中国大步赶上先发国家，在本世纪中叶建成社会主义现代化强国的目标前进。因此，中国式现代化是中国化马克思主义理论创新的动因和依据，推动着中国化马克思主义不断向前发展。

三、毛泽东思想与中国式现代化的奠基

如何审视和推进现代化，是近代以来中国社会发展的核心问题，也是无数仁人志士致力解决的根本问题。以毛泽东为代表的中国共产党人以马克思主义为思想武器和分析工具，带领中国人民在革命和建设实践中直面中国现代化问题，积极推进马克思主义基本原理与中国具体实际相结合，创立了毛泽东思想，从而有效解决了近代中国现代化的出路问题，成功实现了中国现代化的理论初创，开启了中国现代

化的历史进程。在毛泽东思想的指引下，党带领人民取得了新民主主义革命的胜利，建立起人民当家作主的新中国，为中国式现代化创造了根本政治前提；完成了社会主义改造，确立了社会主义基本制度，为中国现代化奠定了制度基础；推进了社会主义建设，为中国现代化积累了宝贵经验；推动了马克思主义中国化进程，为中国现代化提供了理论支撑。

在新民主主义革命时期，以毛泽东为代表的中国共产党人对中国现代化问题的求解策略、实质内容和实践出路进行了较为系统而科学的回答。近代以来，无数仁人志士接续探索救国救民之道，但都没能取得成功，其失败的重要原因之一就是没有找到有效诊断中国现代化问题的科学工具。中国共产党是以马克思主义为理论武装的政党，毛泽东提出并实践了“将马克思主义与中国实际相结合”的历史任务，找到并成功运用了“马克思主义”这一诊断和求解现代化问题的科学工具，既将审视和建设中国现代化引导至科学道路上，也使马克思主义作为现代化建设的指导理论在中国“落地生根”，从而为实现马克思主义与中国现代化的互动共生打下了坚实基础。依靠马克思主义这一科学工具，毛泽东对现实国情进行了分析，指出了近代中国社会的半殖民地半封建性质，从而抓住了阻碍中国现代化因素生长的两对基本矛盾——帝国主义和中华民族的矛盾、封建主义和人民大众的矛盾；明确了解放现代化因素的首要任务是推翻帝国主义、封建主义和官僚资本主义这“三座大山”，从而揭露了现代化问题的实质；强调“要把一个政治上受压迫、经济上受剥削的中国，变为一个政治上自由和经济上繁荣的中国，而且要把一个被旧文化统治因而愚昧落后的中国，变为一个被新文化统治因而文明先进的中国”[①]，从而指明了现代化发展的方向。在此基础上，毛泽东进一步回答了“中国革命向何处去，怎样进行中国革命”的问题，探索出新民主主义革命路线，紧紧依靠广大人民，以农村为根据地，通过农村包围城市，成功推翻了“三座大山”，为中国现代化的开启扫除了政治障碍。

新中国成立后，对于如何实现向社会主义过渡的问题，毛泽东进行了清醒的思考并明确指出了社会发展的实际趋向：一方面是资本主义因素的发展，另一方面是社会主义因素的发展，且随着无产阶级和中国共产党领导权、公有经济、有利的国际环境的发展，资本主义的前途会被避免，实现社会主义的前途将具有极大可能性。[②]这反映出毛泽东对于以社会主义方式进行中国现代化建设的明显倾向。从现实状况来看，新民主主义社会中存在社会主义经济、个体经济和资本主义经济三种主要的经济成分以及工人阶级、小资产阶级和民族资产阶级三种主要的阶级力量，社会主要矛盾表现为资本主义和社会主义两条道路、资产阶级和工人阶级两个阶级的矛盾，这要求以毛泽东为核心的党的第一代中央领导集体需要进一步推动社会主义因素发展，进一步明晰现代化建设的社会主义方向。为此，国家积极引导农民组织起来，走互助合作道路，遵循自愿互利、典型示范和国家帮助的原则，坚持积极领导、稳步前进的方针，制定正确的阶级政策，采取循序渐进的步骤成功进行农业的社会主义改造；采取积极领导、稳步前进的方针，通过办手工业供销小组、办手工业供销合作社和建立手工业生产合作社三个由低级到高级的步骤成功进行手工业的社会主义改造；

① 《毛泽东选集》第二卷，人民出版社1991年版，第663页。

② 参见《毛泽东选集》第二卷，人民出版社1991年版，第650页。

采取和平赎买的方法，通过实行初级形式的国家资本主义、实行个别企业的公私合营和实行全行业的公私合营三个从低级到高级的国家资本主义的过渡形式成功进行资本主义工商业的社会主义改造。三大改造结束了中国历史上长达数千年的剥削制度，初步确立起社会主义基本经济制度，为中国现代化沿着社会主义方向发展奠定了坚实制度基础，“正是在实现了从传统社会存在形态的‘脱域’以及确立了社会主义框架的指导性地位之后，毛泽东带领中国共产党和全国人民真正开启了关于中国现代化——一种新的社会主义现代化——的探索性实践之路，中国现代化的航船在现代化的迷雾（马克思主义现代化批判理论的宏大图景与西方现代化的冲击、影响所造成的视域混乱）之中驶向了远方”①。

现代化发端于西方社会，资本是现代化生长的关键动因，审视和建设现代化必然绕不开资本问题，对于资本和资本主义的认识是毛泽东现代化思想的重要内容。毛泽东对现代化问题的审视是以现存的殖民主义现代化为参照系而展开的，如何处理与资本主义的关系问题，内在构成了毛泽东求索中国现代化问题的核心一环。②一方面，现代化的一般逻辑驱使着毛泽东从正面维度对待资本和资本主义，对其抱有学习、利用的心态。毛泽东认为：“拿资本主义的某种发展去代替外国帝国主义和本国封建主义的压迫，不但是一个进步，而且是一个不可避免的过程。它不但有利于资产阶级，同时也有利于无产阶级，或者

---

① 张明：《现代性的中国方案：基于毛泽东的理论与实践探索研究》，江苏人民出版社2020年版，第127页。

② 张明：《现代性的中国方案：基于毛泽东的理论与实践探索研究》，江苏人民出版社2020年版，第129页。

说更有利于无产阶级。”[①]“可以搞国营，也可以搞私营。可以消灭了资本主义，又搞资本主义。”[②]这符合中国现代化建设的基本要求，因为中国社会长期滞于传统社会之中，物质基础十分薄弱，特别需要资本发挥推动生产进步的历史作用。另一方面，现代化的内在弊端及其殖民主义外在表现又使毛泽东对资本和资本主义始终保持着高度忧虑与警惕的态度。在毛泽东看来，无论怎样利用资本，公有制始终是不可僭越的底线和红线，社会主义始终是不可改易的前进方向，其他经济因素只是公有制的实现形式和发展方式，“要利用商品生产、商品交换和价值法则，作为有用的工具，为社会主义服务”[③]。以资本主义现代化为参照，以社会主义现代化为目标，既“依靠”资本又“防范”资本，构成了毛泽东现代化思想的显著特征，也是以社会主义方式推进现代化建设的重要经验。此外，党和人民还在社会主义建设中积累了诸多其他宝贵经验，如坚持实事求是的思想路线、坚持推进马克思主义中国化、坚持党的领导地位不动摇、坚持人民主体地位不动摇、坚持放眼世界与立足中国互为条件等，这些宝贵经验凝结着党和人民的集体智慧，体现了社会主义现代化的建设规律，是成功进行中国现代化建设的重要支撑。

在社会主义建设时期，毛泽东围绕如何以社会主义方式建设中国现代化（推进社会主义现代化）这一中心任务进行理论与实践创新，及时提出了实现马克思主义与中国实际第二次结合的任务，并且进行了多方面的有益探索，取得了重大的成就与进展。虽然其间发生了种

---

① 《毛泽东选集》第三卷，人民出版社1991年版，第1060页。

② 《毛泽东文集》第七卷，人民出版社1999年版，第170页。

③ 《毛泽东文集》第七卷，人民出版社1999年版，第435页。

种失误，没有实现第二次飞跃，但第一次飞跃的理论成果——毛泽东思想仍然在继续发展，并且产生了诸多宝贵的思想成果，从而为中国现代化建设提供了理论支撑。一是形成了调动一切积极因素为社会主义事业服务的思想。毛泽东在《论十大关系》中提出了“努力把党内党外、国内国外的一切积极的因素，直接的、间接的积极因素，全部调动起来”[①]为社会主义建设服务的基本方针。在毛泽东看来，充分调动一切积极因素，尽可能地克服和避免消极因素，努力化消极因素为积极因素，符合社会主义建设的一般要求，是社会主义事业前进的必然需要。二是形成了正确认识和处理社会主义社会矛盾的思想。马克思、恩格斯的社会基本矛盾理论揭示了人类社会发展的一般规律，阐明了人类社会客观存在的矛盾现象和推动社会向前发展的动力问题。毛泽东坚持和继承其中的基本理论和主要观点，结合革命实践经验和传统文化思想精华创新和发展了社会基本矛盾理论，认识到社会主义社会中依然存在矛盾，主张正确认识社会主义社会中存在的两类不同性质的矛盾，强调善于分析和把握主要矛盾以及矛盾的主要方面，实现了马克思主义矛盾思想的中国化。三是形成了建设社会主义现代化的思想。关于社会主义现代化建设的战略目标和步骤，毛泽东指出，社会主义现代化的战略目标是要把中国建设成为一个具有现代农业、现代工业、现代国防和现代科学技术的强国。战略步骤是“两步走”的发展战略，即首先建成一个独立的比较完整的工业体系和国民经济体系，然后全面实现农业、工业、国防和科学技术的现代化。此外，毛泽东思想还蕴含着国防建设和军队建设、实现国家统一、外交和国际战略、

① 《毛泽东文集》第七卷，人民出版社1999年版，第44页。

执政党建设等重要思想观点。这些宝贵的思想成果是毛泽东思想的重要组成部分，是马克思主义中国化的重要理论成就，是中国特色社会主义理论体系的重要思想来源，是中国式现代化的必要理论支撑。

整体来看，毛泽东思想作为马克思主义中国化的第一个理论成果，作为中国共产党人对现代化问题的首次科学回应，既构成了链接中国近现代以来社会发展与知识建设的重要中介，是中国近代以来思想史发展之核心命题——现代化问题的呈现形式，也以其特有的方式为此命题提供了一种重要的试纸功效，甚至以集中化乃至极端化的方式呈现了此命题的历史与现实价值，既勾连了中国近代现代化问题生发的原初语境，也有效链接了当下中国现代化建设的历史可能性空间，产生了一种思想史的理论效应。[①]正是基于毛泽东思想的现代化意蕴及其价值，中国共产党带领中国人民找到了适合中国现代化发展的科学道路——社会主义现代化道路，并且取得了一系列巨大成就，为改革开放以后中国现代化的发展打下了坚实理论基础、创造了必要实践条件。也正是以毛泽东思想为起始，中国共产党在推进马克思主义中国化进程中不断回应现代化问题、创新现代化理论、推进现代化实践，从而逐渐开辟出现代化建设的中国道路。

四、中国特色社会主义理论体系与中国式现代化的探索

党的十一届三中全会之后，中国改革开放拉开序幕，中国现代化建设进入崭新时期，中国共产党和中国人民对中国现代化的认识进入崭新阶段。在推进现代化建设过程中，中国共产党和中国人民开创和

① 张明：《现代性的中国方案：基于毛泽东的理论与实践探索研究》，江苏人民出版社2020年版，第192—193页。

发展了中国特色社会主义，先后形成了邓小平理论、“三个代表”重要思想和科学发展观，对改革开放和社会主义现代化建设新时期中国现代化的理论与实践进行了全面创新和深度发展。

党的十一届三中全会之前的十年，由于对形势的错误估计以及采取了错误的路线和政策，国家发展陷入徘徊倒退的局面，中国的现代化进程受阻。党的十一届三中全会之后，党和国家总结教训，突破“两个凡是”的禁锢，重新确立了解放思想、实事求是的思想路线，把党和国家的工作中心转移到经济建设上，重新开启了现代化建设之路，继续推进马克思主义中国化进程并形成了邓小平理论，从而实现了对现代化的“回归”。邓小平理论对中国现代化的“回归”体现在思想路线、工作路线、发展道路等多个方面。首先，邓小平理论实现了对思想路线的“回归”，强调解放思想、实事求是，从而重新确立党的正确的思想路线，奠定了重新开启现代化进程的思想基础。其次，邓小平理论实现了对工作路线的“回归”，使党的工作重心由“以阶级斗争为纲”转移到“以经济建设为中心”上来，回到了党的八大对我国社会主要矛盾的正确判断上来，明确了重新开启现代化进程的正确方向。最后，邓小平理论实现了对发展道路的“回归”，强调将马克思主义与中国改革开放和现代化建设实际相结合，建设有中国特色的社会主义，回到了科学推进马克思主义中国化的思路上来，找到了重新开启现代化进程的新的发展道路，即中国特色社会主义道路。以上三个方面的“回归”建立在邓小平理论对我国初级阶段国情和社会主义本质的科学认识的基础上，是在回答“什么是社会主义，怎样建设社会主义”的重大问题中找到的适合我国国情的科学的现代化发展道路。

“三个代表”重要思想在实现对现代化“回归”的基础上深化了对

于“什么是社会主义，怎样建设社会主义”的认识，紧紧围绕执政党建设这一时代课题回答了“建设什么样的党，怎样建设党”的问题。其一，强调中国共产党始终代表先进生产力的发展要求，这就从执政党建设层面深化了对于发展生产力的认识，将执政党建设与生产力发展内在联系起来，对于解放和发展社会生产力具有重要意义。其二，强调中国共产党始终代表先进文化的前进方向，这就从执政党建设层面深化了对先进文化建设的认识，将执政党建设与先进文化建设内在联系起来，对繁荣和发展社会主义先进文化具有重要意义。其三，强调中国共产党始终代表最广大人民的根本利益，这就从执政党建设层面深化了对维护群众利益的认识，将执政党建设与维护群众利益内在联系起来，对维护和实现人民群众利益具有重要意义。其中，生产力的发展、先进文化的建设和人民利益的维护需要通过党的建设来切实推进和保证实现，执政党自身建设是实现一切发展目标的关键保证。通过强化执政党自身建设来“释放”中国现代化的生产发展活力、文化发展潜力和群众实践伟力，是“三个代表”重要思想对中国现代化的重大贡献。

在“以经济建设为中心”推动现代化建设的进程中，我国生产力水平极大提高，经济实力极大增强，现代化的物质基础不断夯实。同时，经济的高速发展也带来了生态环境的破坏和社会关系的紧张，这是中国现代化建设需要解决的新问题。对此，党和国家领导人进行新的探索和思考，提出了科学发展观，在深化对于“什么是社会主义，怎样建设社会主义”的认识的基础上，回答了“实现什么样的发展，怎样发展”的时代课题，进一步深化了对社会主义建设规律的认识，这主要体现在价值取向、理念要求、根本方法三个方面。其一，强调

“以人为本”的价值取向。“以人为本”体现了马克思主义的价值立场和共产党人的性质宗旨，是社会主义社会的价值追求，是对我国市场经济发展带来的功利主义、拜金主义等错误倾向的“反思”，是对中国现代化的价值取向的根本规定。其二，主张“全面协调可持续”的理念要求。“全面协调可持续”意指中国的现代化不是单纯实现经济发展，还要求政治、文化、社会等多方面的进步，是全面发展而非片面发展，是协调发展而非畸形发展，是可持续发展而非一时发展。其三，坚持“统筹兼顾”的根本方法。“统筹兼顾”是针对“全面协调可持续”的理念要求提出的根本方法，意指中国现代化建设要统筹各领域各方面的发展，兼顾各方面利益，体现整体思维和全局意识。通过明确中国现代化的价值取向、理念要求和根本方法，科学发展观对中国现代化进行了科学“反思”，使中国现代化得到进一步发展。

五、习近平新时代中国特色社会主义思想与中国式现代化的开辟

党的十八大以来，以习近平同志为核心的党中央继续推进马克思主义中国化进程，推动中国特色社会主义进入新时代，形成了习近平新时代中国特色社会主义思想。习近平新时代中国特色社会主义思想既明确了中国现代化的中国特色和本质要求，也明确了中国现代化的重大原则和实践方略，初步构建了中国现代化的理论体系，成功开辟了中国式现代化。

中国特色社会主义进入新时代，意味着中国现代化建设进入新的阶段，习近平新时代中国特色社会主义思想正是对新时代中国现代化事业发展进行的新探索、新思考、新突破。其一，指出了坚持和发展

中国特色社会主义的总任务总目标，从而深化了对中国式现代化内在追求的认识。中国式现代化是以建成社会主义现代化强国、实现中华民族伟大复兴为目标的现代化。其二，指出了中国特色社会主义的本质特征和制度优势，从而深化了对中国式现代化特有形式的认识。中国式现代化是中国共产党领导中国人民不断探索而逐步建立起来的，中国共产党领导是中国式现代化的最本质特征和政治保证，中国特色社会主义制度是中国式现代化的制度保障。其三，指出了新时代我国社会主要矛盾，确立以人民为中心的发展思想，从而深化了对中国式现代化价值理念的认识。中国式现代化坚持以人民利益为根本，旨在不断解决人民需要和生产发展的矛盾从而不断为人民创造幸福美好生活。可以说，习近平新时代中国特色社会主义思想深化了对中国式现代化内在追求、特有形式和价值理念的认识，对中国现代化发展具有划时代意义。

在深化理论认知的同时，习近平新时代中国特色社会主义思想也回答了中国式现代化的重大原则和实践方略问题。其一，强调坚持党对一切工作的领导，坚持以人民为中心，从而确立起中国式现代化的原则依据。中国式现代化要在党的领导下进行，党是最高政治领导力量，要紧紧围绕人民展开，人民是历史的创造者，是决定党和国家前途命运的根本力量。其二，强调坚持辩证唯物主义与历史唯物主义，强调深化对共产党执政规律、社会主义建设规律、人类社会发展规律的认识，从而发展了中国式现代化的方法论。辩证唯物主义和历史唯物主义是无产阶级的世界观和方法论，三大规律是中国共产党人带领中国人民进行现代化建设而不断总结得出的科学成果，凝结着中国共产党和中国人民分析问题、解决问题的方式方法，对于指导中国式现代化建设具有重要方法论意义。其三，强调中国特色社会主义事业总体布局是“五位一体”，战略布局是“四个全面”，强调坚定“四个自信”，从而完善了中国式现代化的实践路径。“五位一体”涵盖中国式现代化的经济路径、政治路径、文化路径、社会路径和生态文明路径，具有全面性和系统性；“四个全面”强调通过改革路径、法治路径和治党路径实现奋斗目标，其重点突出、战略性强；“四个自信”意指在中国特色社会主义建设中做到自立自信自强，能够保持独立性和自主性，体现了中国式现代化的整体性战略要求。由此可见，习近平新时代中国特色社会主义思想明确了中国式现代化的重大原则和实践方略，对新时代新征程推进中国式现代化具有重要指导意义。

问题 5

如何理解中国式现代化与中华优秀传统文化的关系

中华民族是世界上伟大的民族，中华文明博大精深、源远流长、历史辉煌，是人类社会最持久、最完整、最丰富的文明成就之一。对此，梁漱溟先生曾总结道："历史上与中国文化若后若先之古代文化，或已夭折，或以转易，或失其独立自主之民族生命。惟中国能以其自创之文化绵永其独立之民族生命，至于今日岿然独存。"[①] 在5000多年的历史过程中，中华民族形成了讲仁爱、重民本、守诚信、崇正义、尚和合、求大同的核心思想理念，培育了自强不息、厚德载物、扶危济困、见义勇为、敬业乐群、尊老爱幼的中华传统美德，发扬了和而不同、勤俭自守、求真向善、美美与共的中华人文精神，这些优秀传统文化内容"积淀着中华民族最深沉的精神追求，包含着中华民族最根本的精神基因，代表着中华民族独特的精神标识，是中华民族生生不息、发展壮大的丰厚滋养"[②]。其塑造了中华民族最基本的价值理念、思维方式、心理结构，鼓舞、支持并引导中华儿女团结一心、攻坚克难、不断前行，以自身"独一无二的理念、智慧、气度、神韵，增添了中

① 梁漱溟：《梁漱溟自选集》，首都师范大学出版社2008年版，第190—191页。

② 《习近平总书记系列重要讲话读本（2016年版）》，学习出版社、人民出版社2016年版，第201页。

国人民和中华民族内心深处的自信和自豪”[①]，构成了中国式现代化的历史传统根基。

一、中国式现代化深深植根于中华优秀传统文化

历史是过去的现在，现在是历史的承续，历史和现在总是在某种程度上彼此连接，相互影响，难以隔断。中华优秀传统文化作为一种历史的过去，与现代化之间亦有种种关联，总是潜在地影响着现代化的进程。作为中华民族历史文明的集中概括，中华优秀传统文化具有诸多宝贵内容，这些内容主要包括灿烂辉煌的物质文化、特色鲜明的制度文化、丰富多彩的非物质文化与博大精深的精神文化，能够为推进思想现代化、文化现代化提供历史基础，为现代化科学高效进行提供历史助力，为解决现代化问题提供历史智慧。

第一，中华优秀传统文化能够为推进思想现代化提供历史基础。从传统到现代是一个对抗、继承和超越的过程，而且这一过程由作为社会实践主体的人来推进，以生产的发展和文明的进步为实现标志，人的思想的解放是这一过程的根本所在。在这一过程中，传统与现代之间既表现出一种矛盾和对立关系，同时也表现出一种继承与超越关系，因为现代化是在与传统的对立中启动，在不断冲破传统的束缚中推进，在不断继承和超越传统文明成果的过程中实现的。在中国推动和实现现代化离不开对中华优秀传统文化的继承和超越，中华优秀传统文化是实现思想现代化的基础。中华优秀传统文化是中华民族独特的精神标识，是中华儿女共有的精神记忆，深深地熔铸在每个中国人

① 习近平：《在中国文联十大、中国作协九大开幕式上的讲话》，人民出版社2016年版，第4页。

的骨髓中，深刻地影响甚至决定着人们的思维方式、价值观念、道德信仰，是人们无法摆脱的历史烙印。同时，这些优秀的成熟的思想理念和精神气质也构成了人们接触新事物和进行新创造的重要基础和先决条件，也正是在传统优秀资源与现实新鲜元素的碰撞交融中，人们实现了思想的解放和升华。

第二，中华优秀传统文化能够为推进文化现代化提供历史基础。现代化是全方位的，不仅包括政治、经济、科技、军事等现代化，还包括文化的现代化。与政治、经济等相比，文化在社会结构中处于更深层地位，对社会的影响也更加深远，在很大程度上代表了社会发展的程度，正如恩格斯所指出的“文化上的每一个进步，都是迈向自由的一步”①，所以，文化是决定现代化能否实现的最高层面，实现文化的现代化是现代化本身固有的内在诉求。且在当代中国的现代化建设实践中，经济现代化与文化现代化不同步是现代化进程存在的主要问题，如何在经济迅速发展并强大的同时建立起与之相适应的新文化是新时代推进国家现代化建设的必然要求。文化本身具有民族性、世界性和时代性。其中，民族性要求新建构的中国文化要很好地继承和弘扬中华优秀传统文化的优秀部分，做到“古为今用”；世界性要求新建构的中国文化要很好地吸纳世界文明的优秀成果，做到“洋为中用”；时代性要求新建构的中国文化要很好地顺应当下文化发展潮流、服务当今时代发展需要，也就是说，当代中国的新文化必然要在中西文化的交流、对抗、交融和整合中建立，必然是符合当今世界发展潮流并能够服务于当代中国现代化建设需要的文化。因此，要实现文化的现代化，

① 《马克思恩格斯选集》第三卷，人民出版社2012年版，第492页。

建构起当代中国的新文化离不开中华优秀传统文化的参与和贡献，中华优秀传统文化是塑造中国新文化的民族性的根本来源，是实现中国文化现代化的重要基石。

第三，中华优秀传统文化能够为现代化科学高效进行提供历史助力。中华优秀传统文化蕴含的丰富政治智慧、充沛价值理念、正心修身理念、完备人际规范、包容和谐思维是当代中国发展民主政治、培育价值观念、塑造时代新人、建设和谐社会、推动交流互鉴的宝贵借鉴，是新时代推动现代化建设科学高效进行的重要力量。中华优秀传统文化的优秀内容对现代化发挥借鉴作用主要有以下三种方式：一是对具有一般适用价值的优秀传统文化成果直接拿来借用，如爱国、仁爱、诚信、正义等；二是在原本内容基础上结合现实需要赋予新的时代内涵，如“小康”“实事求是”等；三是在坚持优秀传统文化基本精神不变的基础上变换和创新表达形式，以形成适用于现代的新思想文化，如从“民本”到“人本”和群众观、从“天人合一”到“美丽中国”等。可以说，中华优秀传统文化不仅具备为现代化建设提供有益借鉴的自身条件，而且具有为现代化建设发挥借鉴作用的现实可能，是当前我国现代化建设科学高效进行需要依仗的重要现实力量。另外，中华优秀传统文化能广泛凝聚人心，汇聚力量，助推现代化建设。中华优秀传统文化蕴含着深厚的民族精神，能够为现代化提供精神动力，从而推动现代化建设进程，实现现代化发展目标。中华优秀传统文化蕴含的民族精神内涵丰富，包括天下兴亡、匹夫有责的爱国精神，勤劳勇敢、自强不息的进取精神，不畏艰险、敢于牺牲的无畏精神等，这些重要的精神品质对巩固民族团结、维护社会稳定、促进社会发展具有重要作用。与西方国家的现代化相比，中国的现代化进程起步晚、基础差、外部压力大、内部问题多、矛盾也更加尖锐而集中，这就意味着中国共产党和中国人民肩负的现代化责任更加沉重，所要走的现代化道路也更加艰辛，因此，要经受住种种挑战和考验，实现现代化强国目标，必然要弘扬民族精神，凝聚国家力量。中华优秀传统文化是中华儿女的精神纽带，深深地流淌在中华儿女的血脉中，凝结在中华儿女的基因里，在中华儿女的心灵最深处潜藏着，能够广泛地凝聚人心，汇聚力量，充分调动各方面的积极性，形成攻坚克难、无往不胜的磅礴气势，从而为推进现代化建设提供强大的精神动力。

第四，中华优秀传统文化能够为解决现代化问题提供历史智慧。现代化作为一种社会发展潮流，代表了当今时代社会发展的前进方向，符合人类文明进步的根本要求，但现代化本身绝非完美无瑕，而是伴生着各种各样的问题。修正现代化的问题和偏颇，“不仅需要运用人类今天发现和发展的智慧和力量，而且需要运用人类历史上积累和储存的智慧和力量”①。就目前来看，现代化的问题和偏颇主要表现在三个方面，即人与自然、人与社会、人与自身的矛盾。对于人与自然的关系而言，生产力的发展不仅极大提高了人们适应环境、改造环境的能力，推动了社会进步，同时也造成了一系列生态环境问题，使人与自然的关系日益紧张。对此，中华优秀传统文化具有协调经济发展和自然生态保护之间关系的重要价值，其蕴含的生态伦理思想如“天人合一”“顺天应时”等都强调了人与自然的和谐关系，能够为当前科学处理诸多生态环境问题提供思想指引和理念支撑。对于人与社会的关系而言，市场经济一方面能够充分调动人的积极性和创造性，从而促

① 习近平：《在纪念孔子诞辰2565周年国际学术研讨会暨国际儒学联合会第五届会员大会开幕会上的讲话》，《人民日报》2014年9月25日。

进生产的发展；另一方面拉大了社会贫富差距，带来一系列社会问题，如社会人际关系紧张、人与人之间缺乏诚信与道义、功利主义和利己主义蔓延等。这种利益化、复杂化的人际关系直接影响社会的和谐稳定，甚至会成为诱发社会动荡的不安定因素。中华优秀传统文化蕴含着丰富的人际关系准则和为人处世原则，如仁爱、诚信、忠义、友善、无私等，这些思想理念和原则规范能够为协调和处理当代人日益功利化、复杂化的社会人际关系以及规避和化解社会矛盾冲突提供重要遵循，对推动社会健康发展具有重要作用。对于人与自身的关系而言，现代化带来了巨大的物质财富，这一方面使人们的生活变得更加丰富、更有质量；另一方面使人们的物欲被充分激发，过分注重追求物质财富而忽略精神境界的提升，出现一系列诸如精神迷乱、信仰缺失、道德沦丧等人的品质退败的问题，这些问题是现代化进程对人的思想和心理冲击造成的，在本质上是人的物质生活和精神生活的背离，是一种人与自身的矛盾，是人实现自身现代化必须解决的难题。中华优秀传统文化蕴含着丰富的伦理道德思想，如“孝悌忠信”“为仁由己”“见贤思齐”“正心笃志”“修齐治平”“俭约自守”等，其关注人的精神世界，强调人的自我修养，注重人的品性提升，是在物欲横流的当今时代引导人们反观自身，不断“向内看”而真正认识自我和把握自我，进而处理好自身物质生活和精神生活的矛盾，确保自身与时俱进提升精神境界、提高素质品行的重要基础。

二、中华传统文化在中国式现代化中再度青春化

中华传统文化本质上是一种农业文明，其理念、精神、原则、形式、制度等都被赋予了当时自然经济时代人们实践的特性，其中，自

给自足的小农经济是其存在的经济基础，皇权至上的封建制度是其服务的政治对象，这就从根本上决定了中华传统文化是一种维系社会稳定的保守型文化，难以起到推动中国社会发展变革的作用，亦无法解决近代以来国家的救亡图存问题。改革开放以来，中国的现代化建设步入快车道，而在推进现代化的过程中，需要借助传统的力量修正偏颇，解决问题，这就为中华传统文化的延存发展提供了广阔空间。从这种意义上说，中华传统文化重新走上历史舞台是时代的呼唤和现实的需要。中华传统文化要实现自身的新发展，离不开作为当代中国伟大实践的社会主义现代化建设的客观需要，离不开作为当代中国主流文化的社会主义先进文化的自觉吸纳，离不开作为执政党的中国共产党的有力推动，离不开作为文化创造和文化享受主体的中国人民的自觉实践。在现代化过程中，党引领文化发展的能力不断增强，人们的文化素养不断提升、文化需求不断增长，文化发展的社会环境不断优化，这都为中华优秀传统文化在当代中国实现新发展提供了时代机遇。

中华传统文化实现自身现代化必然要在实践上有所遵循，现代化本身就为中华传统文化提供了遵循。这些遵循主要体现在以下两个方面：一是以服务现实为原则。中华传统文化之所以能在当代中国重新焕发生机，其根本原因是中华传统文化能够为当代中国的现代化建设服务，而服务现实正是中华传统文化实现自身现代化的基本原则。中华传统文化从根本上是与现代工业文明、信息文明相区别的，不能直接适用于现代社会，亦不能成为现代社会的主流文化，其如何在当代具有生命力，或者说，其在当代存在和发展的合理性是什么，是实现中华传统文化现代化必然回答的问题。事实上，在现代化过程中，中华传统文化作为一种历史文明逐渐彰显出巨大的时代价值，作为一种服务现实的力量越来越成为推进现代化不可或缺的重要因素，客观上拥有存在和发展的现实基础。二是以科学阐发为关键。历史传统是人们所持有的一种潜在观念，传统本身是开放的，传统的很多内涵和价值是被主观赋予和决定的，也就是说，传统的生命在于现代人如何去理解、阐释和把握传统。理解和阐释传统需要站在现代的角度，着眼于现实问题的解决，致力于现代社会的发展和现代文明的推进，而不应从历史出发，就传统论传统。事实上，传统的部分内容客观地融入和影响着现代化进程，同时，现代化的主体也在自身文化价值观念和思维方式的规定下主观地理解、判断和选择传统，正是在这一过程中，中华传统文化被不断赋予新的时代内涵而实现新发展。

中国式现代化的伟大实践为中华传统文化现代转型提供了丰厚现实土壤。文化是人们进行社会实践的产物，其发展离不开社会实践的推动，社会实践是文化发展的必要土壤。中国式现代化是当代中国的伟大实践，其目标鲜明，致力于实现中华民族伟大复兴；涉及广泛，涵盖经济、政治、文化、社会、生态文明多个方面；优势明显，在中国共产党的领导下科学推进；完全创新，是一次有别于传统社会主义和西方资本主义的全新探索。“当代中国正经历着我国历史上最为广泛而深刻的社会变革，也正在进行着人类历史上最为宏大而独特的实践创新。这种伟大实践必将给文化创新创造提供强大动力和广阔空间。”①

中国式现代化的思想文化为中华传统文化现代转型提供了氧化剂。中华传统文化是一种农业文明，现代思想文化是一种工业文明、信息文明，较中华传统文化而言，现代化孕生出的思想、文化、理念更加

① 习近平：《在中国文联十大、中国作协九大开幕式上的讲话》，人民出版社2016年版，第15页。

先进，它们能够克服中华传统文化的局限，呼应中华优秀传统文化的精华，从而为中华优秀传统文化提供新鲜元素，注入新鲜血液。现代思想文化在很多方面表现出对中华传统文化的超越性，如中华传统文化偏向封闭保守，现代思想文化更加开放创新；中华传统文化缺乏民主意识、自由意识、平等观念、人权理念，但这些都是现代思想文化的基本精神要求。这充分说明，现代思想文化本身就能够成为中华传统文化发现和纠正自身缺陷的参照对象，能够成为中华传统文化反观和超越自身局限的榜样力量，借助现代思想文化的精华，中华传统文化蜕变升华，最终实现自身现代化。

问题6 如何理解中国式现代化与人类优秀文明成果的关系

中国式现代化不仅以马克思主义为指导，深深植根于中华优秀传统文化，而且充分借鉴和吸收了一切人类优秀文明成果。人类优秀文明成果与马克思主义、中华优秀传统文化一道构成了中国式现代化得以生发的基础和依据。理解好中国式现代化与人类优秀文明成果的关系，对于把握中国式现代化的历史逻辑具有重要意义。

一、中国式现代化吸收借鉴现代资本文明的一切积极成果

从起源看，现代文明是西方甚至是西欧的地域性文明。现代文明的一般原则表现为“西方原则”。韦伯甚至认为，现代文明的要素都是西方产物，尤其是基督教文明的产物。地域性、特殊性文明为何能扩展至全球，具有“世界历史意义”，并一度被冠名为“现代文明”？这就涉及西方文明背后的根本逻辑，也就是现代文明的本质——以资本为基本建制的资本主义文明。从本质上看，现代文明就是资本文明，本文统一表述为“现代资本文明”。与一些学者将资本或资本主义视为现代社会某个部分（如“经济结构”“精神气质”）的观点不同，马克思把资本视为一个总体性概念，现代文明社会也就是“资本处于支配地位的社会形式”。近代以来，中国不断被抛入现代资本文明体系

当中，这使在实践过程中不断孕育和发展的中国式现代化呈现出双重向度的文明逻辑：一是中国式现代化必须吸收现代资本文明的一切积极成果，以实现从传统农业文明到现代工业文明的转型。二是它必须对现代资本文明持批判性和超越性姿态，开启一条新文明类型的实践道路。

"资本不过是文明的另一名称。"[①]马克思对"资本文明"（或资本伟大作用等表述）的论述不少，这里引用四段典型的论述：第一处是，"资本的伟大的历史方面就是创造这种剩余劳动……由于资本的无止境的致富欲望及其唯一能实现这种欲望的条件不断地驱使劳动生产力向前发展，而达到这样的程度，以致一方面整个社会只需用较少的劳动时间就能占有并保持普遍财富"[②]。第二处是，"由此产生了资本的伟大的文明作用；它创造了这样一个社会阶段，与这个社会阶段相比，一切以前的社会阶段都只表现为人类的地方性发展和对自然的崇拜"[③]。第三处是，"在资本的简单概念中必然自在地包含着资本的文明化趋势等等，这种趋势并非像迄今为止的经济学著作中所说的那样，只表现为外部的结果。同样必须指出，在资本的简单概念中已经潜在地包含着以后才暴露出来的那些矛盾"[④]。第四处是，"资本的文明面之一是，它榨取这种剩余劳动的方式和条件，同以前的奴隶制、农奴制等形式相比，都更有利于生产力的发展，有利于社会关系的发展，有利于更高级的新形态的各种要素的创造"[⑤]。从马克思的相关论述，我们

① 《马克思恩格斯全集》第三十卷，人民出版社1995年版，第587页。

② 《马克思恩格斯文集》第八卷，人民出版社2009年版，第69页。

③ 《马克思恩格斯文集》第八卷，人民出版社2009年版，第90页。

④ 《马克思恩格斯文集》第八卷，人民出版社2009年版，第95—96页。

⑤ 《马克思恩格斯文集》第七卷，人民出版社2009年版，第927—928页。

可知，现代资本文明的本质在于资本所具有的“文明面”或“文明化趋势”。大致说来，资本“文明面”表现在四个方面：一是极大促进了生产力的发展以及科学技术在生产领域的广泛应用；二是有利于社会关系的发展；三是培养了人的社会属性，创造了更多的自由劳动时间，促进了人的发展；四是促进了新社会因素的产生。

“资产阶级，由于一切生产工具的迅速改进，由于交通的极其便利，把一切民族甚至最野蛮的民族都卷到文明中来了。”“它迫使一切民族——如果它们不想灭亡的话——采用资产阶级的生产方式；它迫使它们在自己那里推行所谓的文明，即变成资产者。一句话，它按照自己的面貌为自己创造出一个世界。”①资本文明在现代世界中获得了它的“绝对权利”。落后民族绝不是通过自由竞争、市场分工和平等交换等主动加入现代资本文明体系当中的，而是通过西方殖民主义被抛入这个体系中。19世纪50年代，在关于东方社会的一系列评论中，马克思实际上指出，东方文明在遭遇西方文明的过程中，毫无招架之力，落后的东方文明被比它更高的文明所征服，显示出历史的必然性。长久以来，“表现不出任何伟大的作为和历史首创精神”②。英国在印度用新的社会经济结构逐步代替旧的社会经济结构，这反而成为整个亚洲“唯一的一次社会革命”③。西方资产阶级对东方社会的殖民统治是极其野蛮的，给东方社会带来了深重的灾难，尽管马克思从道德评价的角度给予了谴责，但问题的关键不在于此，而在于，先进的资本文明消灭落后的农业文明乃是人类社会的文明进步。由此，马克思才说，以

① 《马克思恩格斯文集》第二卷，人民出版社2009年版，第35—36页。
② 《马克思恩格斯文集》第二卷，人民出版社2009年版，第683页。
③ 《马克思恩格斯文集》第二卷，人民出版社2009年版，第682页。

英国为代表的西方国家的殖民侵略“充当了历史的不自觉的工具”①。马克思客观地描述了资本文明对一切民族或国家的统治权：“它使未开化和半开化的国家从属于文明的国家，使农民的民族从属于资产阶级的民族，使东方从属于西方。”②对近代以来中国发展道路的任何探讨，都不得不置于现代资本文明所设置的支配—从属关系中。这正如恩格斯在论述中国时指出的那样：“随着英国人及其机器的出现，一切都变了样，并被卷入文明之中。”③

我们同样不认为，马克思主张用一种“全盘西化”的文明方案来规定落后国家的现代化发展道路。如果说，在19世纪70年代之前，马克思还带有或明或暗的西方中心主义倾向，那么，马克思晚年思想所实现的“非西方”转向使西方资本文明（尤其是西方资本主义发展道路）被进一步反思。比如，1877年，马克思在给《祖国纪事》杂志编辑部的信中，反对把他“关于西欧资本主义起源的历史概述”解读为“一般发展道路的历史哲学理论”。又如，1881年，在给查苏利奇的信中，马克思明确了关于资本主义文明发展进程的“历史必然性”的边界问题。他断然否定了“世界各国由于历史的必然性都应经过资本主义生产各阶段”的观点。马克思认为，俄国公社是与资本主义生产同时存在的东西，因此，它“有可能不通过资本主义制度的卡夫丁峡谷，而占有资本主义制度所创造的一切积极的成果”④。再如，1882年，在俄文版《共产党宣言》的“序言”中，马克思谈道：“假如俄国革命将

① 《马克思恩格斯文集》第二卷，人民出版社2009年版，第683页。
② 《马克思恩格斯文集》第二卷，人民出版社2009年版，第36页。
③ 《马克思恩格斯全集》第四十二卷，人民出版社1979年版，第472页。
④ 《马克思恩格斯文集》第三卷，人民出版社2009年版，第578页。

成为西方无产阶级革命的信号而双方互相补充的话，那么现今的俄国土地公有制便能成为共产主义发展的起点。”[①]从马克思晚年一系列思想来看，他认为，超越西方资本主义文明发展阶段，跨越“卡夫丁峡谷”是有可能的。但这只是“理论上的可能性”，东方社会能否“不经受资本主义生产的可怕的波折”，直接过渡到社会主义社会，一切都取决于它所处的历史环境。从文明逻辑的论域看，马克思东方社会理论实际上说明，某个落后国家不经历资本主义文明发展阶段，并不意味着就必然违背了人类文明发展大道，当然前提在于它能以某种方式充分吸收同时代的资本主义文明成果。

从纯理论回到中国现实中来。近代中国能否走上资本主义现代化道路，从而完整地经历资本主义文明发展阶段？答案是否定的。就外部条件看，西方国家所谓的“文明传播”无非帝国主义对中国的剥削与统治，它根本不允许中国有独立发展的资本主义文明阶段。就内部条件看，在半殖民地半封建条件下，中国民族资产阶级具有软弱性，承担不起扫除发展资本主义文明的障碍，即建立独立的民族国家的历史任务。五四运动之后，中国无产阶级逐步掌握了资产阶级民主革命领导权，中国革命、中国现代化道路沿着新民主主义—社会主义定向的道路不断前进。1949年，中国共产党夺取全国政权，近代以来的中国发展道路基本路向转化为实践。1956年社会主义改造完成，标志着社会主义基本制度建立，实现了社会形态的跨越，自此，中国发展道路超越了资本主义文明，而进入社会主义文明的历史进程中。当然，中国实现社会形态的跨越只是超越现代资本文明的第一步。[②]现代资本

---

① 《马克思恩格斯文集》第二卷，人民出版社2009年版，第8页。

② 吴波：《社会形态与现代化双重视野中的中国道路》，《马克思主义研究》2009年第7期。

文明的基本取向是现代化。中国能在占有资本主义文明成果的基础上，成功开辟一条社会主义现代化道路，这才是真正意义上的“批判”或“超越”，而非性质上的“简单不同”。由于各种错综复杂的因素，中国社会主义现代化探索早期并没有突破苏联模式，其现代性模式同样具有强烈的反资本文明的基本特征，它可以被表述为“反资本主义现代性的现代性模式”[①]。该模式抽象否定资本文明，并不能形成一条行之有效的社会主义现代化道路，进而也无法从根本上超越现代资本文明形态。改革开放以来，我们逐步形成了中国特色社会主义道路，其主要特征就是改革开放。通过改革，中国现代化实现了对资本逻辑、市场经济逻辑等有限度的承认；通过开放，中国现代化重构了社会主义与资本主义的关系，以独立自主的姿态融入资本文明主导的全球化进程。这里，我们不可能对百年来的中国发展道路进行详细梳理，只能进行粗线条式的总结：从1840年到1949年，作为半殖民地半封建社会，中国完全处于资本文明的“三个从属”的支配关系中，展开的只能是被动的、局部的现代化；1949年以来，中国开启了主动的、全面的现代化进程，社会形态的跨越使中国走上了不同于资本文明的社会主义文明进程；1978年以来，百年来的现代化探索结晶凝结为改革开放的中国式现代化。中国式现代化从资本文明的绝对的支配—从属体系当中脱离出来，但又必须承认并充分发挥资本“文明面”，建立社会主义市场经济体制，通过开放，大量吸引国际资本，占有资本主义文明的一切积极成果。中国式现代化是建立在社会主义制度上的新型文明，它表现为对资本文明的批判与超越的姿态：超越了以资本为主导的发展

① 汪晖：《去政治化的政治：短20世纪的终结与90年代》，生活·读书·新知三联书店2008年版，第65页。

逻辑，确立了以人民为中心的发展逻辑，坚持共同富裕方向，等等。一句话，其核心逻辑在于用社会主义力量（公有制、国家政权、人民力量等）驾驭资本。

二、中国式现代化超越现代资本文明并开启新的文明类型

文明伴随着对抗。“当文明一开始的时候，生产就开始建立在级别、等级和阶级的对抗上，最后建立在积累的劳动和直接的劳动的对抗上。没有对抗就没有进步。这是文明直到今天所遵循的规律。”[①]现代资本文明是建立在以资本增殖为核心的进步强制基础上的，其文明悖论可以从两个层面看：一是资本文明化进程是与野蛮、暴力等并驾齐驱的。资本原始积累过程就是现代文明的产生过程，资产阶级通过各种暴力的、非暴力的手段剥夺农民的土地和其他生产资料，农民被迫成为不得不出卖劳动力的雇佣工人。在资本文明化进程中，除国家权力的“拐杖”作用外，“征服、奴役、劫掠、杀戮，总之，暴力起着巨大的作用”[②]。二是现代资本文明既给现代社会带来了“文明面”，也带来了“反文明面”，尤其体现在人的发展上。在诸多方面，现代资本文明的进步只不过是增强了资本对人的统治权力。“文明的进步只会增大支配劳动的客体的权力。”[③]资本还窃取了工人实现自身发展的条件——自由时间。“既然所有自由时间都是供自由发展的时间，所以资本家是窃取了工人为社会创造的自由时间，即窃取了文明。”[④]总之，现代资本

① 《马克思恩格斯全集》第四卷，人民出版社1958年版，第104页。

② 《马克思恩格斯文集》第五卷，人民出版社2009年版，第821页。

③ 《马克思恩格斯全集》第三十卷，人民出版社1995年版，第267页。

④ 《马克思恩格斯全集》第三十一卷，人民出版社1998年版，第23页。

文明是进步与野蛮、解放与奴役的双重变奏，它既是解放的条件，又是革命的对象。现代资本文明是历史性存在，进步强制所带来的对抗性揭示了其内在的历史限度。因为特殊国情以及国际环境等各种因素，当代中国的现代化发展“最先抵达现代性的历史限度”[①]，所以，中国的进一步发展不得不以超越现代资本文明为其制定基本定向。因此，中国式现代化在未来发展进程中会不断开展对现代资本文明的批判与超越，在完成其现代化任务的同时，正积极开启一种新文明类型的可能性。我们认为，新文明类型至少具有以下三种规定性，它们也构成了中国道路的核心文明逻辑。

其一，新文明类型不是以资本为原则，而是以“对人的本质的真正占有”为基本遵循。资本与人的发展的关系是复杂的，既不是单纯的正相关，也不是单纯的负相关。资本进步强制、资本扩张在人的发展上存在悖论：一方面，资本扩张促进了人的解放，增加了人的发展的空间。资本扩张使人从传统的依赖性关系中解放出来，带来了“普遍的社会物质变换、全面的关系、多方面的需要以及全面的能力的体系”[②]。现代资本文明的基本特征就是“以物的依赖性为基础的人的独立性”。现代人通过“物”的逻辑为自身发展拓展了空间。另一方面，资本在不断扩张过程中，不断吞噬人的发展空间，导致了“人的发展危机”。我们可以从两个层面加以阐释。一是生产强制。资本自我增殖的秘密在生产领域，资本必须进入生产领域，它需要不断吸吮自然资源、社会资源，尤其是活劳动。正如前文提及的，资本增殖的主要形式是相对剩余价值生产，因此，资本需要不断改进技术和管理，在机器大

① 吴晓明：《“中国方案”开启全球治理的新文明类型》，《中国社会科学》2017年第10期。
② 《马克思恩格斯文集》第八卷，人民出版社2009年版，第52页。

工业阶段，资本通过机器体系（以及科学、技术等），加速了资本的自我增殖和自我扩张，与此同时也加深了对活劳动的剥削和奴役。机器体系拓展了资本对活劳动（工人）的统治。在资本主义初期，资本对活劳动的支配，主要表现为价值上的剥削，即结果上的所有权。在机器大工业时期，不仅如此，资本还（主要）表现为物质生产过程中的支配，即活动中的控制权。工人只是机器的附属，工人丧失了技能，劳动日益简单化，使他们“在资本的专制面前是比较顺从的”①。由此观之，生产强制和技术强制会不断增强资本对人的支配与奴役。二是消费强制。资本只有通过流通和消费，才能实现增殖，拓展一点讲，实际上，人们的社会生活都被纳入资本的生产和再生产中。资本文明化趋势的重要环节就是超越“自然需要”的限制，不断拓展“历史地形成的需要”；现代资本文明为了克服生产过剩、克服资本自身的内在矛盾，必然会不断“开发”“刺激”“历史地形成的需要”，由此形成“欲求”或“虚假需要”。正如贝尔所指出的：“欲求取代了需求，而欲求的本质就是没有界限，永远不感到满足。”②或如马尔库塞说的：“我们可以把真实的需要与虚假的需要加以区别。为了特定的社会利益而从外部强加在个人身上的那些需要，使艰辛、侵略、痛苦和非正义永恒化的需要，是‘虚假的’需要。”③资本重构了现代人的存在方式，不断强化“财富—消费—幸福”逻辑，即人们通过购买和占有商品，不断消费，在消费中满足人的需要，实现人的幸福。现代资本文明形成了

① 《马克思恩格斯文集》第八卷，人民出版社2009年版，第290页。

② ［美］丹尼尔·贝尔：《资本主义文化矛盾》，严蓓雯译，江苏人民出版社2007年版，第234页。

③ ［美］赫伯特·马尔库塞：《单向度的人：发达工业社会意识形态研究》，刘继译，上海译文出版社2008年版，第6页。

以“占有”为基本特征、以消费为生活导向的人的存在方式。人与物的关系、人与人的关系都异化为某种占有与交换的关系，占有与征服构成了现代人的核心追求。人的需求的多样性也被单向度化，把物质享受当成唯一的或主要的需要。人成为“消费机器”，丧失了人的丰富性和完整性。

中国式现代化要开启新文明类型，就是要构建一种与现代资本文明下的那种人的存在方式完全不同的新的存在方式，它以“对人的本质的真正占有”为价值旨归。新文明类型下的人的存在方式以共产主义为未来方向，是一种合乎人性的存在方式，是“完成了的人道主义”[①]。第一，新文明类型超越了以资本为主导的生产逻辑、发展逻辑，确立了以人为本的生产逻辑、发展逻辑。资本的利润动机构成了现代资本文明的发展逻辑。新文明类型超越了资本主导劳动的发展逻辑，坚持把人的全面自由发展作为社会发展的最高目标。新文明类型实际上追求“两个解放”（生产力解放与人的解放）：“在保证社会劳动生产力极高度发展的同时又保证每个生产者个人最全面的发展。”[②]现代资本文明与新文明类型的根本区别不在于有没有资本、市场经济，而在于以什么为社会发展和解决社会问题的最高原则。以资本为本的是现代资本文明，以人为本的是中国式现代化及其蕴含的新文明类型。第二，新文明类型超越了以“占有”为基本特征、以消费为主要取向的生活逻辑，确立了以人的全面自由发展为核心的美好生活逻辑。新文明类型的未来导向是“自由个性”社会形态，它在实践过程中会不断超越建立在“物的依赖性”基础上的、以“占有”为基本特征的人的存在

① 《马克思恩格斯文集》第一卷，人民出版社2009年版，第185页。

② 《马克思恩格斯文集》第三卷，人民出版社2009年版，第466页。

方式。人们的真正财富不是对“物”的占有，而是对“个人全面发展和他们共同的、社会的生产能力”的真正拥有。“对人的本质的真正占有”就是实现人的丰富性和完整性。“富有的人和人的丰富的需要代替了国民经济学上的富有和贫困。富有的人同时就是需要有人的生命表现的完整性的人，在这样的人的身上，他自己的实现作为内在的必然性、作为需要而存在。”[①]“对人的本质的真正占有”、人的需要的满足进而美好生活的实现应当从自己的活动中去寻求，人的满足最终在生产活动而不是消费活动。可见，在生活逻辑上，新文明类型从根本上是导向劳动解放的，人们在生产领域通过劳动确证自己的本质，获得自身幸福。

其二，新文明类型的立足点不是“市民社会”，而是“人类社会”或“社会的人类”。“旧唯物主义的立脚点是市民社会，新唯物主义的立脚点则是人类社会或社会的人类。”[②]现代资本文明是以市民社会原则为基本建制的，新文明类型则是以人类社会原则为基本建制的。第一，新文明类型是以“现实的人”，而非“经济人”为起点。现代资本文明的起点是“经济人”假设，将“现实的人”抽象化为单一维度的物质利益的存在物。新文明类型反对对人的经济学抽象，立足于“现实的人”（人的经济属性与非经济属性、物质需求与非物质需求等“总体性规定”）观察和规划社会发展和社会进步。第二，新文明类型是以“共同体”为价值取向，超越了“利己主义”原则。现代资本文明“使人和人之间除了赤裸裸的利害关系，除了冷酷无情的‘现金交易’，就再

① 《马克思恩格斯文集》第一卷，人民出版社2009年版，第194页。

② 《马克思恩格斯文集》第一卷，人民出版社2009年版，第502页。

也没有任何别的联系了"[①]。市民社会是资本文明的产物，它把"原子化个人"视为最高目的，社会把人联系起来的唯一纽带是"需要和私人利益""自然必然性"。现代市民社会在瓦解建立在血缘、地缘基础上的传统共同体的同时，也导致了现代社会的共同性萎缩。在个人与社会或共同体的关系（群己关系）上，现代资本文明完全采取了市民社会原则即自私自利、唯利是图的原则。它带来了两个无法克服的后果：一是每个人都追求自己的特殊利益，他人和社会不过是追求私利的手段或条件，整个社会陷入"一切人反对一切人"的战争状态。二是孤立个人有不确定感、无助感，丧失了人们在共同体中的认同感和归属感，容易走向价值虚无主义。新文明类型从根本上把具有实体性内容的"集体"或"社会"作为其全部建制的基础。[②]马克思将未来社会称为"自由人联合体"：一方面，"联合体"中的个人是"自由人"。"联合体"不是吞噬个体利益和自由的"虚假共同体"，而是以自由发展的个人为前提、为目标的。另一方面，自由人是"联合体"中的自由人。个人只有在"联合体"中，才能得到真正的解放和自由。"只有在共同体中，个人才能获得全面发展其才能的手段，也就是说，只有在共同体中才可能有个人自由。"[③]以"自由人联合体"为遵循的新文明类型是对"原子化个人"原则及其制度的超越，它以"真正的共同体"为基本原则，正确处理特殊利益与普遍利益、个体与社会之间的关系。第三，新文明类型是以"人类解放"为目标，超越了"政治解放"的历史限度。现代资本文明的积极成果就是政治解放，它使国家从宗教

① 《马克思恩格斯文集》第二卷，人民出版社2009年版，第34页。

② 参见吴晓明：《当代中国的精神建设及其思想资源》，《中国社会科学》2012年第5期。

③ 《马克思恩格斯文集》第一卷，人民出版社2009年版，第571页。

束缚和政治专制中解放出来，成为“自由国家”，在此过程中，实现了人的政治解放，形成了自由、民主、平等和人权等价值观念及其制度。正如马克思所指出的，政治解放所给予的自由、民主、平等和人权是抽象的、消极的和虚假的，概言之是形式的而非实质的。现代资本文明是建立在“形式自由”（以及形式民主、形式平等、形式人权等）基础上的。如何理解“形式自由”以及立足其上的现代资本文明的基本性质？从政治经济学批判视角看，以形式自由为诉求的现代资本文明“把市民社会，也就是把需要、劳动、私人利益和私人权利等领域看作自己持续存在的基础”①。“自由这一人权的实际应用就是私有财产这一人权。”②现代资本文明没有动摇市民社会基础或资本原则，没有克服市民社会的利己性和冲突性。停留在政治解放层面的现代资本文明的积极成果——形式的自由、民主、平等和人权等——不过是私有产权的“自然权利”，掩盖了或没有解决人们在经济社会生活中的“实质的非自由”“实质的不平等”。人类解放就是超越现代资本文明的政治解放的限度，把政治革命推进到经济革命和社会革命，消除经济社会领域的对抗性和不平等关系，它承诺的自由、民主、平等和人权是实质的、真正的。在此意义上，人类解放是不同于政治解放的“经济解放”“社会解放”。新文明类型以人类解放为目标，必然表现为对资本逻辑、市场经济逻辑导致的两极分化、社会对抗等展开批判，对经济平等、社会和谐等保持强烈的诉求。这里需要特别指出的是，以实质自由为建制的人类解放绝不是对以形式自由为建制的政治解放的抽象否定，而是一种“扬弃”。西方一些学者总是批评马克思低估了形式自

① 《马克思恩格斯全集》第三卷，人民出版社2002年版，第188页。

② 《马克思恩格斯全集》第三卷，人民出版社2002年版，第183页。

由、政治解放的意义，说其主张的实质自由、人类解放是一种乌托邦。韦尔默甚至指出：“在马克思主义理论的乌托邦视界（实质自由。——引者注）与东方集团的压制性实践之间确实有一种内在的联系。”[①]由此，一些人把马克思的实质自由、人类解放思想解读成彻底否定政治自由、自由民主制度。这些错误的判断实际上都没有认识到，实质自由是在继承形式自由的基础上展开的积极批判，人类解放是在继承以往现代资本文明成果基础上的现实的社会实践。由此观之，中国式现代化不是以一种低于政治解放的形式，而是以一种包含了并高于政治解放的形式——人类解放——展开对现代资本文明的超越。当然，新文明类型仍然在不断开展与探索中，我们不可能指望理想的“人类社会”原则全部、完整地被现实化，但是，其基本价值原则在当下的中国式现代化发展进程中已然逐步呈现出来。比如，追求共同富裕和共享发展，强调公有制、国家在抑制分化中的“共同体力量”，强调集体主义价值观、中华民族共同体意识，倡导人类命运共同体，等等。

其三，新文明类型超越了现代资本文明的霸权逻辑，它是和平主义性质的。现代资本文明的基本特征是进步强制，它必然表现为霸权逻辑。我们可以从基本特征和主要类型稍作展开。现代资本文明霸权逻辑具有四个方面的基本特征：一是贪欲的—进步主义。资本需要不断逐利，获取剩余价值。“贪欲和权势欲成了历史发展的杠杆。”[②]资本的贪欲带来的是无止境的进步，永不停息的前进，即进步强制。二是征

① [德]阿尔布莱希特·韦尔默:《后形而上学现代性》，应奇、罗亚玲编译，上海译文出版社2007年版，第250页。

② 《马克思恩格斯文集》第四卷，人民出版社2009年版，第291页。

服性的—权力主义。资本是一种征服“他者”的权力，不断进行着对自然资源的榨取、对社会关系的支配、对活劳动的剥削与压迫等“权力运作”。三是开发性的—扩张主义。资本扩张机制是“向内开发”与“向外扩张”的结合。“向内开发”指的是，资本无穷尽地吸吮自然力、“社会力”和活劳动，并尽其所能开发它们有利于资本增殖的内在属性。“向外扩张”指的是，资本打破一切自然和社会的界限，向整个社会领域的渗透；从某一地区、某个民族国家向整个世界的扩张。①四是输出性的—普世主义。资本要将整个世界纳入其生产和消费体系，必然夷平各种差别性、特殊性，将（西方）资本文明及其制度模式输入到其他民族或国家。现代资本文明是“文明输出”的普世主义。“普世文明的概念有助于为西方对其他社会的文化统治和那些社会模仿西方的实践和体制的需要作辩护。普世主义是西方对付非西方社会的意识形态。”②现代资本文明的霸权逻辑有三种主要类型或表现形式：一是资本对劳动、资本家对工人阶级的剥削与压迫，二是西方国家对落后国家和地区的殖民与掠夺，三是大国之间的冲突与斗争。由此可见，只要囿于现代资本文明去解释中国式现代化、中国崛起，必然得出基于霸权逻辑的诸多结论。按照霸权逻辑，现代世界秩序一旦平衡被打破，冲突与战争便接踵而至。中国的崛起似乎导致了“结构性挑战”。基辛格也无非把21世纪中国的崛起与20世纪德国的崛起等量齐观，认同它们都对现存国际秩序带来了“结构性挑战”，也就是所谓的打破了旧霸

---

① 吴晓明：《论中国的和平主义发展道路及其世界历史意义》，《中国社会科学》2009年第5期。

② ［美］塞缪尔·P.亨廷顿：《文明的冲突与世界秩序的重建》，周琪等译，新华出版社2009年版，第45页。

权的“均衡”。[①]因此，中国的现代化发展只有超越现代资本文明，才可能是和平主义的。局限于现代资本文明的任何发展道路的结局必然是霸权主义的。这里核心的问题在于，中国式现代化及其新文明类型为何能够超越霸权逻辑，进而使其自身具有和平主义性质？比较普遍的说法是中国和平发展道路根源于中华传统文明，其基本性质是非扩张性的和平主义。比如，韦伯就提到作为中华文明的主导意识形态儒教是入世的、和平主义性格。“儒教是要去适应这个世界及其秩序与习俗。”[②]还有较为流行的观点，认为和平与发展的世界潮流决定了中国道路的基本走向。此外，还有学者从陆地文明视角看待中国式现代化的和平主义特征，认为西方文明是海洋文明，具有进攻性、扩张性，而中国文明是陆地文明，具有防御性、保守性。这些因素都是重要的，但不是最主要的，中国式现代化及其开启的新文明类型的和平主义性质，从根本上取决于社会主义制度。“我们搞的是有中国特色的社会主义，是不断发展社会生产力的社会主义，是主张和平的社会主义。”[③]

现代资本文明的霸权根源在于以资本自我增殖为核心的进步强制。中国式现代化的和平主义就在于社会主义力量对资本扩张及其进步强制的驾驭与制约。由于篇幅所限，我们在这里不可能详细而深入地阐释或论证，只能提纲挈领地给出基本路向。一是社会主义制度下的资本积累模式。现代文明的资本积累模式是“向外占有”的“剥夺性积累”。资产阶级一方面攫取国内工人的剩余价值；另一方面通过征服掠

① ［美］基辛格：《世界秩序》，胡利平等译，中信出版社2015年版，第479—481页。

② ［德］马克斯·韦伯：《中国的宗教：儒教与道教》，康乐、简惠美译，广西师范大学出版社2010年版，第213页。

③ 《邓小平文选》第三卷，人民出版社1993年版，第328页。

夺，获得海外资源。资本的原始积累过程既是对本国农民的剥夺，也是对外殖民掠夺的结果。“欧洲的隐蔽的雇佣工人奴隶制，需要以新大陆的赤裸裸的奴隶制作为基础。”①社会主义中国的资本积累模式是“向内挖掘潜能”的“非剥夺性积累”，即和平主义模式。改革开放之前，我国的资本形成几乎完全依靠国内积累，比如，从农业方面获得的资本积累、国营企业利润；改革开放之后，我们不断拓展资本积累来源，比如大力吸收国外资本、依靠居民储蓄和金融市场等。不管这些积累形式如何，但无一例外是“非剥夺性”的。二是社会主义制度的价值理念。现代资本文明必然导致两极分化，接踵而至的只能是社会冲突和社会矛盾。中国道路坚持社会主义本质，“生产将以所有的人富裕为目的”②。以共同富裕、社会公正为目标的发展道路必然是和谐的、非对抗的。三是社会主义的生产逻辑和生活逻辑。现代资本文明建立在进步强制基础上，无论是生产强制，还是消费强制都导致它对资源的需求是无止境的。“资本主义的利润动机和以消费为中心的特点决定了它对资源的需求是贪得无厌的。”③因此，西方资本主义国家必然要冲出民族国家界限，在世界范围内争夺资源。正如前文指出的，社会主义生产逻辑不是以利润为目的，而是以人为本；其生活逻辑不是以消费为中心，而是以遵循人的完整性和丰富性的美好生活逻辑为本。这些决定了它与现代资本文明对资源的无止境需求是完全不同的。因此，中国式现代化的未来拓展绝不会以霸权主义和扩张主义方式在全球争夺资源，即便对资源的有限度需求，也是主要通过集约式、内延开发

---

① 《马克思恩格斯文集》第五卷，人民出版社2009年版，第870页。

② 《马克思恩格斯文集》第八卷，人民出版社2009年版，第200页。

③ 陈学明等：《中国道路的世界意义》，天津人民出版社2015年版，第67页。

式等资源战略加以解决的。人类要“学会开辟一种有效的和平变革机制”，只有这样才能避免“霸权冲突”周期律。[①]我们认为，这种和平变革机制应当首先表现为对资源占有与利用方式的根本变革。

① ［美］罗伯特·吉尔平：《世界政治中的战争与变革》，宋新宁、杜建平译，邓正来、乔娅校，上海人民出版社2007年版，第213页。

2

第二部分

中国式现代化的理论逻辑

从理论逻辑来看，中国式现代化有着独特的理论内涵和鲜明的民族特征，是中国共产党领导的社会主义现代化。对于中国式现代化而言，中国共产党领导体现了其最本质要求，中国特色社会主义体现了其根本属性，以人民为中心体现了其价值取向，全面性体现了其发展特质。从理论上科学理解中国式现代化并构建其理论体系，是理论界和学术界的重要使命任务。接下来，我们试就九个基本问题探讨中国式现代化的理论逻辑。

问题7 如何理解中国式现代化与中国式现代化道路的关系

2021年7月1日，习近平总书记在庆祝中国共产党成立100周年大会上的讲话中指出："我们坚持和发展中国特色社会主义，推动物质文明、政治文明、精神文明、社会文明、生态文明协调发展，创造了中国式现代化新道路，创造了人类文明新形态。"[①]首次提出"中国式现代化新道路"这一概念。党的十九届六中全会通过的第三个历史决议指出："党领导人民成功走出中国式现代化道路，创造了人类文明新形态，拓展了发展中国家走向现代化的途径，给世界上那些既希望加快发展又希望保持自身独立性的国家和民族提供了全新选择。"[②]明确了"中国式现代化道路"这一概念。党的二十大报告使用的是"中国式现代化"这一概念，概括阐释了中国式现代化的中国特色、本质要求和重大原则，初步构建了中国式现代化的理论体系，使中国式现代化更加清晰、更加科学、更加可感可行。那么，"中国式现代化"和"中国式现代化道路"之间是一种什么关系？我们应当如何区分和使用这两个概念呢？

---

① 习近平：《在庆祝中国共产党成立100周年大会上的讲话》，人民出版社2021年版，第13—14页。

② 《中国共产党第十九届中央委员会第六次全体会议文件汇编》，人民出版社2021年版，第93页。

一方面，中国式现代化和中国式现代化道路存在内涵上的差异和区分。正如中国特色社会主义由道路、理论、制度、文化“四维一体”构成一样，中国式现代化不仅包含“道路”的内容，还包括现代化的基本理念、理论体系、发展成就、制度形式、价值贡献等，较中国式现代化道路而言有着更为丰富且广泛的内涵及外延，两者在内涵方面是包含与被包含的关系。因此，“中国式现代化”这一概念适合整体性研究，“中国式现代化道路”这一概念适合具体性研究（侧重实践视角、模式比较）。另一方面，中国式现代化和中国式现代化道路具有通约性。正如中国特色社会主义在某种意义上就是指中国特色社会主义道路，两者在很多时候可以通用，中国式现代化从根本上而言是指中国式现代化道路，中国式现代化道路构成中国式现代化的根本内涵和主要内容，两者也可以在一定意义上通约使用。

总体来说，中国式现代化包括实践和理论两个维度。从实践维度来看，中国式现代化指新中国成立特别是改革开放以来，中国共产党带领中国人民进行的社会主义现代化实践，尤其表现为成功开创和发展的独特现代化道路。从理论维度来看，中国式现代化指我们党在科学总结了关于社会主义现代化建设的宝贵经验、积极借鉴了世界其他国家现代化建设的经验教训的基础上，深刻回答了关于中国式现代化的科学内涵、基本性质、中国特色、本质要求、战略安排、重大原则等一系列基本问题所形成的系统完备的理论体系、知识体系。中国式现代化理论与中国式现代化实践是一体两面的关系，前者是对后者的观念反映、理论总结；后者是前者的现实基础、实践源泉。需要强调的是，中国式现代化理论不仅是对以往现代化经验的总结，而且也包括对未来将要展开的现代化实践的前瞻性认知、规律性把握。

问题 8

如何理解中国式现代化的中国特色

习近平总书记指出："一个国家走向现代化，既要遵循现代化一般规律，更要符合本国实际，具有本国特色。中国式现代化既有各国现代化的共同特征，更有基于自己国情的鲜明特色。"[①]中国式现代化的中国特色可从以下五个方面进行把握。

一、中国式现代化是人口规模巨大的现代化

新中国成立以来，中国始终是全球范围人口最多的国家，这构成了中国式现代化的一个基本国情，即人口规模巨大。在1950年，中国总人口是5.54亿，占世界人口的21.9%。世界银行数据库的资料显示，2021年世界人口规模排名前十的国家分别为：中国（14.12亿）、印度（13.93亿）、美国（3.32亿）、印度尼西亚（2.76亿）、巴基斯坦（2.25亿）、巴西（2.14亿）、尼日利亚（2.11亿）、孟加拉国（1.66亿）、俄罗斯（1.43亿）、墨西哥（1.30亿），中国的人口数约占世界总人口的18%，大致相当于10个俄罗斯（1.43亿）、4个美国（3.32亿）、3个欧盟（4.468亿）的人口，超过了世界人口数排名从第四位到第十位共7

① 《正确理解和大力推进中国式现代化》,《人民日报》2023年2月8日。

个国家的总和。而迄今为止，世界上实现现代化的国家和地区不超过30个、总人口不超过10亿人，中国14亿多人口整体迈进现代化社会，规模超过现有发达国家人口总和，艰巨性和复杂性前所未有，发展途径和推进方式也必然具有自己的特点。

人口规模巨大这一特征，使中国实现现代化成为一个世界性和世纪性的难题，存在诸多挑战和困难。第一，增大了可持续发展的压力。大规模的人口消费需求和消费升级意味着人对自然资源环境的索取增加，会加大资源、能源、粮食、环境等方面的压力。比如，就土地资源而言，世界银行数据库的资料显示，中国人均耕地规模大致维持在世界水平的40%左右，从1961年到2018年，该比重经历了小幅波动后从43.38%变为46.30%。第二，发展的不平衡不充分会长期存在。人口规模巨大意味着国内的发展存在一定差距，城乡之间、地区之间、行业之间存在着发展的不平衡和不充分，这个构成了当前我国社会发展存在的主要问题。比如，2022年2月28日，国家统计局发布的《中华人民共和国2021年国民经济和社会发展统计公报》显示，2021年，全年全国居民人均可支配收入为35128元，明显高于全国居民人均可支配收入中位数29975元。按全国居民五等分收入分组，我国高收入组人均可支配收入为85836元，低收入组人均可支配收入为8333元，前者是后者的10倍多。第三，人口结构不平衡且不易调整。国家统计局数据显示，2021年我国60岁及以上人口数量（2.67亿）已经超过15岁及以下人口数量（2.63亿）。联合国预测，到2050年，我国65岁及以上人口比重将达到30.09%，高于发达国家27.76%的比重；高龄化率将超过10%，基本与发达国家持平。第四，对社会的组织动员要求更高。按照美国经济学家曼瑟尔・奥尔森对集体行动逻辑的理论阐释，集体采取一致行动与集体成员的规模大小紧密相关。人口规模巨大意味着不同社会成员的发展条件和利益诉求会更复杂，在推进现代化进程中需要具备强大的社会动员和组织能力。第五，意味着其他国家的现代化能够提供的经验是有限的，在人类发展史上，还不存在一个人口超过十亿的国家成功完成现代化的先例。

人口规模巨大是挑战，同时也具有诸多优势。第一，能够形成一个超大规模市场。众多的人口能够带来巨量的、多样化的需求和可观的消费潜力，从而为生产发展提供强劲的内需动力，而且大规模市场本身具有高度稳定性，能够有效抵御外部经济力量的干扰。第二，能够提供丰富的人力资源。中国拥有8.8亿劳动年龄人口，超过全球所有发达国家劳动年龄人口总和，而随着人口受教育程度和技能水平的提高，人口红利和人才优势将构成经济社会高质量发展的基础性、战略性支撑。改革开放以后至21世纪初期，我国劳动力供给十分充分，而剩余劳动力在不断向生产率更高部门转移中提高了资源配置效率，这种数量型人口红利使中国经济在长达40年的时间里保持接近两位数的增长速度。第三，能够提供充足的国防后备力量。巨大的国民数量可以在关键时刻发挥重大作用，客观上为国家安定提供了基础保障，为现代化建设注入了安定力量。第四，能够汇合成不可阻挡的强大发展力量。人是现代化的主体力量，中国14亿多人一旦组织起来，其创造力、生产力、消费力、战斗力、威慑力将无与伦比，势必能战胜一切困难挑战，以磅礴力量推动社会迅速发展和全面进步。

人口规模巨大的中国式现代化意义非凡。第一，将彻底改写现代化的世界版图。中国是世界上第一人口大国，根据2022年的相关人口资料，中国人口（约14.13亿）约占世界总人口（约80亿）的18%，是美国的4.26倍、欧盟的3.16倍、俄罗斯的9.75倍、日本的11.21倍，是目前世界上已经实现现代化的国家和地区人口总和的1.5倍以上。“我国十四亿人口要整体迈入现代化社会，其规模超过现有发达国家的总和，将彻底改写现代化的世界版图，在人类历史上是一件有深远影响的大事。”①届时全球现代化的中心将不再是欧洲与北美，而是中国或以中国为主体构成的现代化亚洲、现代化东亚地区。第二，将彻底改写世界经济的基本格局。世界银行统计，第二次世界大战以来，先后有101个经济体进入中等收入发展阶段，但到2008年为止，只有13个经济体成功进入高收入经济体行列，但这13个经济体都是人口较小的经济体，中国式现代化将使世界上第一个人口规模巨大的经济体成功跨越“中等收入陷阱”，进入高收入经济体行列，其意义是无比深远的。此外，中国还将继续成为推动世界经济增长的第一动力，进一步增强自身在世界经济发展中的“稳定器”功能，更大程度地为世界和平发展和经济增长贡献力量。第三，将有力带动广大发展中国家更好走向现代化。中国作为世界上人口最多的国家，能够通过自身不懈努力而逐步实现现代化，这对其他发展中国家而言是巨大的鼓舞。中国独立自主探索适合本国国情现代化道路的成功经历和宝贵经验，能够为其他发展中国家实现本国现代化提供重要启示。

二、中国式现代化是全体人民共同富裕的现代化

从财富生产和分配的视角来看，“人类社会的历史是一部创造、占有和消费财富的历史，也是人们的财富不断深化和提高的历史；任何

---

① 中共中央党史和文献研究院编：《十九大以来重要文献选编》（中），中央文献出版社2021年版，第825页。

社会的变革归根到底都是重新调整人们的财富利益关系”[①]。财富关系是人与人的经济关系，体现了人与人之间关系的基本内容。资本主义现代化受资本逻辑支配，在财富关系上奉行弱肉强食、优胜劣汰的丛林法则，中国式现代化遵循人的发展逻辑，在财富关系上追求团结互助、公平正义的共同富裕。共同富裕“是马克思主义的一个基本目标，也是自古以来我国人民的一个基本理想”[②]，“是中国特色社会主义的本质要求，也是一个长期的历史过程。我们坚持把实现人民对美好生活的向往作为现代化建设的出发点和落脚点，着力维护和促进社会公平正义，着力促进全体人民共同富裕，坚决防止两极分化”[③]。

（一）共同富裕和丛林法则根本不同

马克思主义蕴含着丰富的财富思想，在马克思看来，“财富的本质就在于财富的主体存在”[④]，财富的形式理应是“所有个人的发达的生产力”[⑤]，财富的价值在于为社会进步和人的自由全面发展创造现实基础，财富是物质性和精神性、历史性和价值性的统一。中国共产党继承了马克思的财富观，强调和追求全体人民共同富裕，形成了不同于资本主义社会的财富理念，实现了对丛林法则的超越。

共同富裕和丛林法则在财富价值、财富创造、财富占有方面存在根本不同。从财富价值来看，丛林法则重物质财富而轻精神财富，重

---

① 沈江平：《关于财富问题的几点思考》，《哲学研究》2011年第7期。

② 《习近平谈治国理政》第二卷，外文出版社2017年版，第214页。

③ 习近平：《高举中国特色社会主义伟大旗帜 为全面建设社会主义现代化国家而团结奋斗——在中国共产党第二十次全国代表大会上的报告》，人民出版社2022年版，第22页。

④ 《马克思恩格斯文集》第一卷，人民出版社2009年版，第181页。

⑤ 《马克思恩格斯文集》第八卷，人民出版社2009年版，第200页。

现实利益而轻长远利益，重精英利益而轻公众利益，体现的是唯现实物质利益的精英主义财富观；共同富裕则既重物质财富也重精神财富，既重现实利益也重长远利益，既重公众利益也重个人利益，秉持的是历史的、人民的、整体的财富观。从财富创造来看，丛林法则强调资本和精英阶层的财富创造作用，通过资本支配劳动、精英阶层剥削大众阶层来进行财富生产，“生产表现为人的目的，而财富则表现为生产的目的”[①]；共同富裕则强调劳动和人民大众的财富创造作用，通过共产党领导人民开展劳动活动来进行财富创造，人既是生产的目的也是财富的目的。从财富占有来看，在丛林法则的支配下，社会财富主要按照资本原则流向资本阶层和少数精英；在共同富裕理念引导下，社会财富则主要按照劳动原则流向劳动阶层和人民大众。总之，共同富裕是“全体人民的富裕”[②]，是“物质生活和精神生活都富裕”[③]，“是看得见、摸得着、真实可感的事实”[④]，是要扬弃“以资本增殖为目的”的生产方式，创造“以所有的人富裕为目的”[⑤]的生产方式，共同富裕不仅在价值上，也在实践中超越了丛林法则。

从实践来看，共同富裕理念引导党带领人民勤劳致富，实现了从“解决温饱”到“总体小康”再到“全面小康”的发展，成功消除了绝对贫困，人民生活水平和富裕程度在新中国成立以来特别是改革开放

---

① 《马克思恩格斯文集》第八卷，人民出版社2009年版，第137页。

② 《在高质量发展中促进共同富裕　统筹做好重大金融风险防范化解工作》，《人民日报》2021年8月18日。

③ 《在高质量发展中促进共同富裕　统筹做好重大金融风险防范化解工作》，《人民日报》2021年8月18日。

④ 习近平：《把握新发展阶段，贯彻新发展理念，构建新发展格局》，《求是》2021年第9期。

⑤ 《马克思恩格斯文集》第八卷，人民出版社2009年版，第200页。

以来得到了显著改善。具体而言，我们打赢了人类历史上规模最大的脱贫攻坚战，全国八百三十二个贫困县全部摘帽，近一亿农村贫困人口实现脱贫，九百六十多万贫困人口实现易地搬迁，历史性地解决了绝对贫困问题；人均国内生产总值从三万九千八百元增加到八万一千元，居民人均可支配收入从一万六千五百元增加到三万五千一百元；建成世界上规模最大的教育体系、社会保障体系、医疗卫生体系，教育普及水平实现历史性跨越，基本养老保险覆盖十亿四千万人，基本医疗保险参保率稳定在百分之九十五；[①]等等。这些成就构成了我国在新时代扎实推动共同富裕的坚实基础。同时也要看到，当前促进共同富裕还存在诸多问题，包括发展不平衡不充分问题突出、收入分配制度不够完善、收入分配差距较大、基本公共服务还有待完善、教育公平和文化普惠还存在短板等，未来还面临来自新型城镇化、人口老龄化、社会诉求多元化和社会矛盾多样化、中西方文明冲突、经济转型、技术进步、外部环境复杂化等多方面挑战。[②]总之，实现共同富裕是一个历史过程，我们既不能等也不能急，要科学谋划、长远规划、循序渐进，在实践中不断把握规律和解决问题，扎实推动共同富裕。

（二）共同富裕是社会主义的本质要求

科学认识社会主义的本质，是马克思主义经典作家未竟的理论事业，既关乎马克思主义理论的创新和发展，也关乎社会主义运动的兴衰与成败。由于社会主义本身带有一定的“理想色彩”，是介于资本主

---

① 参见习近平：《高举中国特色社会主义伟大旗帜　为全面建设社会主义现代化国家而团结奋斗——在中国共产党第二十次全国代表大会上的报告》，人民出版社2022年版，第7—11页。

② 张来明、李建伟：《促进共同富裕的内涵、战略目标与政策措施》，《改革》2021年第9期。

义与共产主义之间的尚未完全到来的历史阶段，因此，无论是马克思主义经典作家还是中国共产党，都只能通过分析现存的资本主义制度或者基于十分有限的社会主义实践来进行理论上的探讨，这就决定了对于社会主义本质的认识具有曲折反复、循序渐进的特点。中国共产党作为马克思主义政党，肩负着领导中国社会主义事业发展和推进马克思主义理论创新的双重使命，科学认识社会主义的本质，是中国共产党践行使命的必然要求和时代要务。“我们现在所干的事业是一项新事业，马克思没有讲过，我们的前人没有做过，其他社会主义国家也没有干过，所以，没有现成的经验可学。我们只能在干中学，在实践中摸索。”[①]在推进马克思主义中国化的过程中，中国共产党不断深化对于社会主义本质的认识，在总结社会主义实践经验的基础上形成了诸多关于社会主义本质的原创性理论成果。

马克思主义经典作家指出，在未来理想社会，“全体工人，全体中农，人人都能在决不掠夺他人劳动的情况下完全达到和保证达到富足的程度”[②]。共同富裕和社会主义之间存在天然的、深刻的联系。一直以来，中国共产党始终注重解决贫困问题和提高人民生活水平，不断深化认识共同富裕和社会主义的关系，形成了科学的社会主义本质观。李大钊曾指出，“社会主义是要富的，不是要穷的，是整理生产的，不是破坏生产的”[③]，“必须使劳动的人，满足欲望，得全收利益”[④]。毛泽东曾指出，“使全体农村人民共同富裕起来”[⑤]，“这个富，是共同的富，

① 《邓小平文选》第三卷，人民出版社1993年版，第258—259页。

② 《列宁全集》第三十五卷，人民出版社1985年版，第470页。

③ 《李大钊文集》第四卷，人民出版社1999年版，第334页。

④ 《李大钊文集》第四卷，人民出版社1999年版，第3页。

⑤ 《毛泽东文集》第六卷，人民出版社1999年版，第437页。

这个强，是共同的强，大家都有份”[①]。邓小平曾指出，“社会主义财富属于人民，社会主义的致富是全民共同致富”[②]。习近平总书记也指出，“消除贫困、改善民生、实现共同富裕，是社会主义的本质要求”[③]。让人民过上富裕的生活，是为人民谋幸福的应有之义，中国共产党正是在带领人民实现共同富裕的过程中践行初心使命和发展社会主义的。

当然，共同富裕并不是社会主义的全部特征，党关于共同富裕和社会主义关系的论述也不能涵盖社会主义本质理论的全部内容。从理论发展脉络来看，李大钊、陈独秀、毛泽东等中国共产党的创立者和早期领导者更多是从公有制度、生产关系、民主平等方面把握社会主义。改革开放之后，邓小平正式提出和初步回答了“什么是社会主义，怎样建设社会主义”的时代课题，江泽民、胡锦涛等都对这一时代课题作出了独到的、巨大的理论贡献。进入新时代以来，以习近平同志为核心的党中央坚持和发展中国特色社会主义，创造性地提出了“党的领导是中国特色社会主义最本质的特征”的新论断以及“全面依法治国是中国特色社会主义的本质要求和重要保障”“共享是中国特色社会主义的本质要求”“共同富裕是社会主义的本质要求”“公平正义是中国特色社会主义的内在要求”等一系列重要论断，从而极大深化了对于社会主义本质的认识，极大丰富了中国共产党的社会主义本质理论。

虽然社会主义的本质内容不是单一的，而是丰富的、多维的，党关于社会主义本质的认识也不是固定的，而是历史的、发展的，但共

① 《毛泽东文集》第六卷，人民出版社1999年版，第495页。

② 《邓小平文选》第三卷，人民出版社1993年版，第172页。

③ 《人类减贫史上的伟大实践——党中央关心扶贫开发工作纪实》,《人民日报》2014年10月17日。

同富裕无疑是“体现社会主义本质的一个东西”①，是社会主义本质不可或缺的重要内容。经过一代又一代中国共产党人的不懈探索，社会主义从书本真正走到了中国大地上，从理论真正转化为中国的成功实践。但是，我们必须清醒地认识到，只要社会主义事业还在进行，只要共产主义理想还未实现，我们党对于“什么是社会主义，怎样建设社会主义”的探索就还在路上，对于社会主义本质的认识就还有待深化，我们要不断结合时代和实践的新发展进行理论创新，不断丰富和完善党的社会主义本质理论，不断深化对共同富裕这一社会主义本质要求的认识。

（三）共同富裕是中国式现代化的内涵逻辑

共同富裕作为社会主义的本质要求、中国共产党和中国人民的目标追求，其“本身就是社会主义现代化的一个重要目标”②，是中国式现代化的内涵逻辑。没有共同富裕，中国式现代化的社会主义属性就会变质走形，中国式现代化的人本取向就是一句空话，要通过理解共同富裕来把握和推进中国式现代化。

共同富裕既源于中国式现代化的社会主义属性，也源于中国式现代化的人本取向，以人为本必然要求共同富裕，共同富裕和以人为本在涵摄主体、利益关切、价值场域、依存关系等方面相联相通。首先，现阶段中国的以人为本是以“绝大多数人”为本，共同富裕的对象是“最广大人民”。因为尚处在社会主义初级阶段，远未实现共产主义，

---

① 《邓小平文选》第三卷，人民出版社1993年版，第364页。

② 《完整准确全面贯彻新发展理念　确保“十四五”时期我国发展开好局起好步》，《人民日报》2021年1月30日。

所以以人为本只能以“绝大多数人”为本而无法以“每个人”为本，共同富裕也只能对“最广大人民”而言，并非意味着“所有人”都能富裕。其次，以人为本是以“人的根本利益”为本，共同富裕体现了对人的根本利益的关切。人的根本利益不单纯是物质利益，共同富裕也不是使人仅仅在物质生活上富足，而是意味着“全体人民通过辛勤劳动和相互帮助，普遍达到生活富裕富足、精神自信自强、环境宜居宜业、社会和谐和睦、公共服务普及普惠，实现人的全面发展和社会全面进步，共享改革发展成果和幸福美好生活”[①]。新时代共同富裕的这些蕴涵和要求恰恰体现了以人为本所关切的“人的根本利益”。再次，以人为本和共同富裕都是社会主义的本质要求，都体现了社会主义的价值取向。资本主义社会是以“资本”为本，社会主义社会是以“人民”为本，资本主义社会奉行丛林法则，社会主义社会强调共同富裕，以人为本和共同富裕都体现了社会主义的本质要求和价值取向。最后，以人为本是共同富裕的价值根据，共同富裕是以人为本的实践支撑。没有以人为本作为价值根据，共同富裕就没有实现动力，没有共同富裕作为实践支撑，以人为本就只是一句空话，以人为本和共同富裕相依相存。

作为中国式现代化的一个内涵逻辑，共同富裕对现代化本身的蕴意和实践有着极为深刻的重要意义。具体而言，共同富裕体现了党的执政理念，对维护党的执政地位、巩固中国式现代化的领导核心具有重要意义；体现了人民的美好期愿，对于捍卫人民根本利益、贯彻中国式现代化的价值理念具有重要意义；体现了社会主义的本质要求，

① 《中共中央　国务院关于支持浙江高质量发展建设共同富裕示范区的意见（2021年5月20日）》，《人民日报》2021年6月11日。

对于坚持社会主义制度、夯实中国式现代化的制度基础具有重要意义；体现了社会主义的生机活力，对发展中国特色社会主义、增强中国式现代化的溢出效应具有重要意义；体现了现代社会发展的普遍要求，对破解世界现代化难题、彰显中国式现代化的世界价值具有重要意义。当前，我国已经迈进“扎实推动共同富裕的历史阶段”①，随着时代的发展和实践的深入，共同富裕的层次性、整体性、现实性会不断增强，中国式现代化的“共同富裕”内涵也将更加凸显。

三、中国式现代化是物质文明和精神文明相协调的现代化

与资本主义现代化片面追求物质财富不同，“物质富足、精神富有是社会主义现代化的根本要求。物质贫困不是社会主义，精神贫乏也不是社会主义”②。中国式现代化既追求物质富足，也要求精神富足，是物质文明和精神文明相协调的现代化。

中国式现代化以经济建设为中心，追求物的全面丰富。在新中国成立之初，我们还是一穷二白，之后在探索建设社会主义特别是改革开放过程中，我们确立以经济建设为中心的基本路线，逐渐改变了这种贫穷落后的局面。党的十八大之后，以习近平同志为核心的党中央统筹推进“五位一体”总体布局，协调推进“四个全面”战略布局，全面提升了国家的综合国力和世界影响力，顺利实现第一个百年奋斗目标，开启了全面建设社会主义现代化国家新征程。当前，我国已成为世界第二大经济体、制造业第一大国、货物贸易第一大国、外汇储备第一大国，拥有全世界最完整的现代工业体系，国内生产总值达到

① 习近平：《扎实推动共同富裕》，《求是》2021年第20期。

② 《中国共产党第二十次全国代表大会文件汇编》，人民出版社2022年版，第19页。

一百一十四万亿元，人均国内生产总值达到八万一千元，经济总量占世界经济的比重达百分之十八点五，稳居世界第二位，多年来对世界经济增长的贡献率超过30%；全面发展了全过程人民民主，全面推进了社会主义民主政治制度化、规范化、程序化，基本形成了全面依法治国总体格局；历史性地解决了绝对贫困问题，建成了世界上规模最大的教育体系、社会保障体系、医疗卫生体系，形成了有效的社会治理体系，社会大局长期稳定，成为世界上最有安全感的国家之一；健全了生态文明制度体系，有效推进了美丽中国建设，积极参与全球环境和气候治理并作出重大贡献；以实际行动带动周边国家和地区发展，以丰富智慧促进国际社会更好发展，成为国际社会公认的世界和平的建设者、全球发展的贡献者、国际秩序的维护者，不断为人类文明进步作出重大贡献。这一系列巨大成就为中国式现代化奠定了坚实的物质基础，彰显了中国式现代化的物质文明向度。

与此同时，中国式现代化还注重文化建设，强调同步提升精神文明水平。早在1940年，毛泽东同志就提出："我们不但要把一个政治上受压迫、经济上受剥削的中国，变为一个政治上自由和经济上繁荣的中国，而且要把一个被旧文化统治因而愚昧落后的中国，变为一个被新文化统治因而文明先进的中国。"[①]党的十一届三中全会后，邓小平同志指出："我们要在建设高度物质文明的同时，提高全民族的科学文化水平，发展高尚的丰富多彩的文化生活，建设高度的社会主义精神文明。"[②]2000年2月，江泽民同志在广东考察工作时讲话指出："建设有中国特色社会主义，包括发展物质文明和精神文明两个方面，必须

① 《毛泽东选集》第二卷，人民出版社1991年版，第663页。

② 《邓小平文选》第二卷，人民出版社1994年版，第208页。

实现经济、社会的协调发展和全面进步。”胡锦涛同志指出：“必须把发展社会生产力同提高全民族文明素质结合起来，推动物质文明和精神文明协调发展，更加自觉、更加主动地推动文化大发展大繁荣。”①党的十八大以来，习近平总书记高度重视物质文明和精神文明协调发展，强调“以辩证的、全面的、平衡的观点正确处理物质文明和精神文明的关系”②，“当高楼大厦在我国大地上遍地林立时，中华民族精神的大厦也应该巍然耸立”③，“只有物质文明建设和精神文明建设都搞好，国家物质力量和精神力量都增强，全国各族人民物质生活和精神生活都改善，中国特色社会主义事业才能顺利向前推进”④。党的十九届五中全会明确提出到2035年建成文化强国。

从文化建设的现实成就来看，1949年，我国公共图书馆数量为55个，博物馆数量仅21个，截至2020年末，全国共有公共图书馆3212个，全国所有公共图书馆、文化馆（站）、美术馆和5214家博物馆免费开放，实现“无障碍、零门槛”进入；仅2012年至2016年，全国文化及相关产业增加值就从18071亿元增长到30254亿元，占同期国内生产总值的比重从3.48%上升到4.07%；截至2016年末，全国文化及相关产业企业数量达297.65万户，注册资本14.29万亿元，全国规模以上文化及相关产业法人单位数从2012年的3.6万家发展到2016年的5万家，实现营业收入80314亿元；1979年广州东方宾馆开设国内第一家音乐茶座，成为新中国文化市场兴起标志，2002年党的十六大报告厘清文化

① 《胡锦涛文选》第三卷，人民出版社2016年版，第163页。

② 《习近平谈治国理政》第二卷，外文出版社2017年版，第324页。

③ 习近平：《在文艺工作座谈会上的讲话》，人民出版社2015年版，第6页。

④ 《习近平谈治国理政》第一卷，外文出版社2018年版，第153页。

事业和文化产业的关系，双轮驱动的文化体制改革拉开序幕，新时代以来文化产业稳步向国民经济支柱性产业迈进——我国文化产业发展足迹描绘出一条从无到有、从有到优的上升曲线；国内游人数从2011年的26.41亿人次增长到2019年的60.06亿人次，从2004年到2019年，每年参与红色旅游的人数从1.4亿人次增长到14.1亿人次……

事实上，繁荣发达的文化对一个国家和民族的发展至关重要。中国社会的发展进步离不开中国特色社会主义文化的参与，得益于中国特色社会主义文化的贡献，“中国特色社会主义是全面发展、全面进步的伟大事业，没有社会主义文化繁荣发展，就没有社会主义现代化”①。在当今时代，文化越来越成为民族凝聚力和创造力的重要源泉，成为综合国力竞争的重要因素，成为经济社会发展的重要支撑。推动中国特色社会主义文化繁荣兴盛、建设社会主义文化强国，是新时代坚持和发展中国特色社会主义、实现中华民族伟大复兴的题中应有之义。“人类文明进步的历史充分表明，没有先进文化的积极引领，没有人民精神世界的极大丰富，没有全民族创造精神的充分发挥，一个国家、一个民族不可能屹立于世界先进民族之林。”②当代中国正处于实现中华民族伟大复兴的历史新时期，四十多年的改革开放极大缩短了中国与资本主义发达国家的科学技术差距，帮助中国实现了弯道超车，中华民族已经实现了“经济的腾飞”和“物质的崛起”，这就为实现民族复兴奠定了坚实基础，而要真正实现民族复兴还要实现“文化的复苏”和“精神的崛起”。文化的繁荣和精神的强大既是民族复兴的必要条

① 《习近平重要讲话单行本（2020年合订本）》，人民出版社2021年版，第139页。

② 中共中央文献研究室编：《十六大以来重要文献选编》（下），中央文献出版社2008年版，第752页。

件，也是实现民族复兴最持久、最深层的动力。要增强中国特色社会主义文化自信，不断发展中国特色社会主义文化，以高度的文化自信应对文化挑战，推动文化发展，实现文化复兴，通过中国特色社会主义文化增强民族意识，凝聚社会共识，汇聚中国力量，为实现中华民族伟大复兴持续注入强大精神动力。

四、中国式现代化是人与自然和谐共生的现代化

在现代化进程中如何看待和处理人与自然的关系、经济社会发展与资源环境保护的关系，既关乎人们对现代性的认知，也决定现代化的过程和走向，具有极为重大而深远的现实意义。“资本主义的生产不仅引起了‘人与自然之间的物质交换’与自然的‘扰乱’和‘破坏’，而且同时‘破坏’了劳动者的‘身体健康’‘精神生活’”[①]，无法从制度上根本克服资本逻辑带来的生态危机。中国共产党在带领人民推进现代化的过程中注重协调人与自然的关系，创造性地提出了“人与自然和谐共生”的理念，从而超越了资本主义现代化的“征服自然”观，形成了社会主义现代化的“生态文明”观。“中国式现代化必须走人与自然和谐共生的新路。这是对我们自己负责，也是对世界负责。”[②]

（一）资源环境是现代化的自然基础

要回答“现代化进程中如何看待和处理人与自然的关系、经济社

① [日]岩佐茂：《环境的思想：环境保护与马克思主义的结合处》，韩立新、张桂权、刘荣华等译，中央编译出版社2007年版，第113页。

② 习近平：《习近平在亚太经合组织第二十九次领导人非正式会议上的讲话》，人民出版社2022年版，第7页。

会发展与资源环境保护的关系”，首先要对现代性的生态蕴涵进行阐发，回答好“资源环境对现代化具有何种意义”的问题。

现代性作为现代社会的本质规定，具有人、经济、政治、文化、科技、生态等诸多层面的蕴涵，生态蕴涵是其不可或缺的重要内容。从现代性的建构来看，“自然界是包括人类在内的一切生物的摇篮，是人类赖以生存和发展的基本条件”[①]。资源、环境等各种客观存在是现代性发育的必要前提和物质基础，没有这些“大自然的馈赠”就没有现代性本身，而且不同的自然条件会造成不同的现代化道路，进而造就不同的现代文明。从现代性的规定来看，现代性区别于传统性，这种区别具有多重表现，资源环境的差异、人与自然关系的差异就是其中一个重要表现，如果缺失这一维度，现代性的规定将不完整。从现代性的评判来看，人对自然界的适应能力、各种资源的使用效率是评判现代社会发展程度的重要标准，现代文明的发展水平在很大程度上取决于人对自然界的适应能力和对各种资源的使用效率。总之，现代性具有丰富而深刻的生态蕴涵，现代社会发展“离不开各类物质与能量的保证，离不开环境容量和生态服务的供给，离不开自然演化进程所带来的挑战和压力”[②]，资源环境是现代化的自然基础。

（二）人与自然和谐共生是现代化的应有之义

在现代化进程中，人与自然之间应当建立和谐共生关系，人与自然和谐共生是现代化的应有之义。“和谐共生”既是人与自然关系演化

① 中共中央文献研究室编：《十六大以来重要文献选编》（上），中央文献出版社2005年版，第853页。

② 牛文元：《中国可持续发展的理论与实践》，《中国科学院院刊》2012年第3期。

的历史结论，也是现代社会发展理应构建的人与自然之间的合理关系，实现人与自然关系由对抗到和谐、由对立到共生的转变，是现代化的必然使命和重要目标。

人是自然界的产物，是大自然的一部分，“自然界是人为了不致死亡而必须与之处于持续不断的交互作用过程的、人的身体”①。人类自诞生以来就一直与自然界存在着密切关系，这种关系大致经历了“自然中心—人类中心—和谐共生”的历史演进过程。在“自然中心”阶段，人改造自然的能力非常有限，人在自然面前十分渺小，只能尽可能服从和适应自然，人的生产生活在很大程度上受制于自然、取决于自然。在“人类中心”阶段，人拥有了改造自然的能力，开始征服自然、无限制地攫取资源、无底线地破坏环境，人以自己的意志和能力改造客观世界，逐渐主宰了自己的生产生活，同时也使自己和自然界对立起来。在“和谐共生”阶段，人尝到了破坏自然的恶果，意识到了背离自然的危害，开始致力于消除人与自然之间的二元对立关系，建立新的和谐统一关系，力求实现人与自然和谐共生。纵观人类历史进程，传统社会（前资本主义社会）中人与自然的关系处于“自然中心”阶段，现代社会（资本主义社会）中人与自然的关系处于“人类中心”阶段，未来社会（社会主义社会、共产主义社会）中人与自然的关系处于“和谐共生”阶段。在当今时代，虽然个别国家的资源环境状况较好，但从整个世界和绝大多数国家来看，资源短缺、环境污染、生态破坏还普遍存在，人与自然关系不和谐仍是普遍现象，实现人与自然和谐共生依然任重而道远。

---

① 《马克思恩格斯文集》第一卷，人民出版社2009年版，第161页。

现代社会发展理应积极构建人与自然的和谐共生关系。人与自然之间不应当是简单的利用与被利用、征服与被征服关系，自然界不仅是人类获取资源和满足需要的客体对象，更是人类追求实现自由全面发展的现实基础，自然界不应当成为人类社会进步的代价，而应当随着社会进步而更好发展，人与自然应当和谐相处、共生共存，人类社会和自然界应当和谐统一、共同发展。共产主义“作为完成了的自然主义，等于人道主义，而作为完成了的人道主义，等于自然主义，它是人和自然界之间、人和人之间的矛盾的真正解决，是存在和本质、对象化和自我确证、自由和必然、个体和类之间的斗争的真正解决”①。实现人与自然的和谐共生必须消灭私有制，建立公有制，实现人类社会由资本主义社会向社会主义社会和共产主义社会的转变。

（三）人与自然和谐共生是中国式现代化的内涵逻辑

一个国家和民族的生态观能够在很大程度上决定现代化进程中人与自然、经济发展与生态保护的关系。生态危机从根本而言是由资本恶性扩张导致的，但从主体来看与人的不合理的生态观念、经济行为直接相关，特别是一个国家的统治阶级和领导阶层如果采取了不利于生态保护的发展策略，则很容易引发生态危机，资本主义生产方式孕生了不合理的生态观，这种生态观必然作为一股强大的现实力量推动生态危机的爆发。生态危机的克服首先要从变革“人—自然”二元对立的生态征服观、树立“社会—生态”有机统一的生态文明观开启。在中国式现代化进程中，中国共产党与生俱来有着“人与自然和谐共

① 《马克思恩格斯文集》第一卷，人民出版社2009年版，第185页。

生”的思想因子，其生态文明理念在实践中不断发展和成熟，客观上促成和体现了中国式现代化的生态文明逻辑。

中国共产党作为马克思主义政党，自然地继承了马克思生态观的基本观点和方法，具有促进人与自然和谐发展的理念和重视生态保护的意识。毛泽东同志曾指出，“人类同时是自然界和社会的奴隶，又是它们的主人”①；邓小平同志曾指出，“注意合理利用资源和保护环境”②；江泽民同志曾指出，“实现经济建设和生态环境协调发展”③，“促进人和自然的协调与和谐”④；胡锦涛同志曾指出，“要促进人与自然的和谐，实现经济发展和人口、资源、环境相协调，坚持走生产发展、生活富裕、生态良好的文明发展道路，保证一代接一代永续发展”。⑤伴随着党的生态文明理念的不断发展，我国现代化进程中“保护资源环境、发展生态文明”的制度建设不断推进、价值倾向日益突出。1979年出台了第一部环境方面立法——《中华人民共和国环境保护法（试行）》。1981年，党中央出台《关于在国民经济调整时期加强环境保护工作的决定》，将管理环境和合理开发利用自然资源明确为“现代化建设的一项基本任务”。1983年召开的第二次全国环境保护会议正式将“环境保护”确立为基本国策。2003年，中共中央第9号文件《中共中央 国务院关于加快林业发展的决定》首次使用“生态文明”这一概念。党的十五大提出“实施可持续发展战略”。党的十六届五中全会提出“建设

① 《毛泽东文集》第八卷，人民出版社1999年版，第326页。

② 中共中央文献研究室编：《改革开放三十年重要文献选编》（上），中央文献出版社2008年版，第546页。

③ 《江泽民文选》第二卷，人民出版社2006年版，第233页。

④ 《江泽民文选》第三卷，人民出版社2006年版，第295页。

⑤ 《胡锦涛文选》第二卷，人民出版社2016年版，第167页。

资源节约型、环境友好型社会”。党的十七大提出“科学发展观”。党的十八大将“生态文明建设”写入党章并纳入中国特色社会主义“五位一体”总体布局。党的十八届三中全会要求紧紧围绕建设美丽中国深化生态文明体制改革，逐步形成了生态经济观、生态政治观、生态民生观、生态安全观、生态法制观、生态动力观、生态全球观，构建了系统完整的生态文明思想内容体系。①2018年3月通过的宪法修正案将“生态文明”写入宪法，实现了党的主张、国家意志、人民意愿的高度统一。至今，“生态文明”已成为中国式现代化的基本追求和显著特征。

党的十八大以来，以习近平同志为核心的党中央与时俱进，继承和发展了中国共产党关于保护资源环境和建设生态文明的思想与经验，形成和树立了科学、系统、可操作的生态文明理念，为实现人与自然和谐共生奠定了思想基础。第一，深刻阐发了关于生态的多方关系。对人而言，“自然是生命之母，人与自然是生命共同体”②；对经济社会而言，“绿水青山既是自然财富，又是社会财富、经济财富”③；对现代文明而言，“生态兴则文明兴，生态衰则文明衰”④；对中国共产党而言，“生态环境是关系党的使命宗旨的重大政治问题”⑤。第二，高度明确了

① 张赓、徐保风：《习近平生态文明思想研究述评》，《中南林业科技大学学报》（社会科学版）2019年第6期。

② 习近平：《在纪念马克思诞辰200周年大会上的讲话》，人民出版社2018年版，第21页。

③ 中共中央文献研究室编：《习近平关于社会主义生态文明建设论述摘编》，中央文献出版社2017年版，第23页。

④ 中共中央文献研究室编：《习近平关于社会主义生态文明建设论述摘编》，中央文献出版社2017年版，第6页。

⑤ 中共中央宣传部编：《习近平新时代中国特色社会主义思想学习纲要》，学习出版社、人民出版社2019年版，第168页。

对待生态的正确态度。“必须尊重自然、顺应自然、保护自然”①，“像保护眼睛一样保护生态环境，像对待生命一样对待生态环境”②。第三，科学定位了生态文明建设的战略地位。将生态文明建设纳入中国特色社会主义总体布局，将“美丽中国”纳入现代化建设的核心目标体系，将“绿色发展”确立为新时代社会发展的理念要求。第四，系统提出了生态文明建设的具体要求。“必须坚持节约优先、保护优先、自然恢复为主的方针，形成节约资源和保护环境的空间格局、产业结构、生产方式、生活方式”③，“保护生态环境必须依靠制度、依靠法治”④。这些理念的提出意味着中国共产党的生态文明观已经成熟和系统化，体现了人与自然和谐共生这一中国式现代化的内涵逻辑。

从生态文明建设的现实成就来看，截至2020年，全国地级及以上城市优良天数比例提高至87.0%，$PM_{2.5}$未达标地级及以上城市平均浓度比2015年下降28.8%，地表水优良断面比例提高到83.4%，居民集中式生活饮用水水源达标率为94.5%，全国地级及以上城市建成区黑臭水体基本消除，受污染耕地安全利用率达到90%左右，污染地块安全利用率达到93%以上，如期实现固体废物进口清零目标，长江干流首次全线达到Ⅰ类水质，全国森林覆盖率达到23.04%，草原综合植被覆盖度达到56.1%，湿地保护率达到50%以上，各级各类自然保护地占到

---

① 中共中央党史和文献研究院编：《十九大以来重要文献选编》（上），中央文献出版社2019年版，第35页。

② 中共中央党史和文献研究院编：《十九大以来重要文献选编》（上），中央文献出版社2019年版，第450页。

③ 中共中央党史和文献研究院编：《十九大以来重要文献选编》（上），中央文献出版社2019年版，第35—36页。

④《习近平谈治国理政》第三卷，外文出版社2020年版，第363页。

陆域国土面积的18%，468个城市开展了国家森林城市建设，城市建成区绿地率达到38.24%，人均公园绿地面积达到14.78平方米，全国人工林面积扩大到11.9亿亩，中国成为全球森林资源增长最多和人工造林面积最大的国家。2020年单位国内生产总值能耗和碳排放分别比2015年下降13.2%、18.8%，以公交、地铁为主的城市公共交通日出行量超过2亿人次，绿色、低碳出行理念深入人心，简约适度、绿色低碳、文明健康的生活方式成为社会新风尚，中国成为世界利用新能源第一大国和世界节能进步最快的国家，中国民众对生态环境质量的满意度达89.5%①……这些成就充分说明，人与自然和谐共生是中国式现代化的内涵逻辑，中国式现代化是人与自然和谐共生的现代化。

五、中国式现代化是走和平发展道路的现代化

与西方国家通过殖民扩张和对外掠夺进行现代化不同，中国式现代化走的是一条和平发展之路。正如习近平总书记所言："一些老牌资本主义国家走的是暴力掠夺殖民地的道路，是以其他国家落后为代价的现代化。我国现代化强调同世界各国互利共赢，推动构建人类命运共同体，努力为人类和平与发展作出贡献。"②"我们坚定站在历史正确的一边，站在人类文明进步的一边，高举和平、发展、合作、共赢旗帜，在坚定维护世界和平与发展中谋求自身发展，又以自身发展更好维护世界和平与发展。"③走和平发展道路，是中国式现代化的重要

① 《数说全面建成小康社会》，人民出版社、新华出版社2022年版，第235、239、240、241、244页。

② 中共中央党史和文献研究院编：《十九大以来重要文献选编》（中），中央文献出版社2021年版，第825页。

③ 《中国共产党第二十次全国代表大会文件汇编》，人民出版社2022年版，第18—19页。

内涵。

西方国家率先开启了人类现代化进程，将人类社会带入现代文明之中，同时也制造了新的对抗和冲突。正如马克思所指出的那样："当文明一开始的时候，生产就开始建立在级别、等级和阶级的对抗上，最后建立在积累的劳动和直接的劳动的对抗上。没有对抗，就没有进步。这是文明到今天所遵循的规律。"①2015年7月22日，瑞士国际管理发展研究院名誉教授让-皮埃尔·莱曼在新加坡《海峡时报》网站上发表文章指出：回顾过去500年，很明显，大国和平崛起的故事从没出现过。从葡萄牙到美国，每个崛起中的大国都是好斗、野蛮，有时甚至是残忍的，在9个资本主义大国的崛起过程中，征服、破坏、奴役、杀人、抢掠等行为都是必不可少的。事实确实如此，英国通过不断地对外侵略扩张建立起号称"日不落帝国"的殖民统治体系。美国在19世纪40年代后期发动了侵略墨西哥的战争，从墨西哥手里夺取了得克萨斯、新墨西哥和加利福尼亚三个州约230万平方公里的领土，超过了墨西哥国土的一半之多……与此相反，中国没有靠侵略掠夺来发展自己，而是在和平发展中靠自己的力量崛起。

中国通过和平发展道路走向现代化，有着深刻的历史传统根基。中华民族历来是热爱和平的民族，中华文明是以"仁德"为核心的"和合"文明。5000多年的文明历史造就了中华民族崇尚天人合一、协和万邦、求同存异、与人为善的宇宙观、国际观、社会观和道德观。张骞出使西域、甘英出使大秦（罗马帝国，有时指罗马帝国统治下的地中海东部）、鉴真东渡日本、郑和七下西洋等，都鲜明诠释了中华文

① 《马克思恩格斯全集》第四卷，人民出版社1958年版，第104页。

明崇尚友好交往、和平发展的特质。

新中国成立伊始，毛泽东、周恩来等第一代党和国家领导人就确立了独立自主的和平外交政策，这为我国走和平发展道路奠定了基础。党的十一届三中全会之后，邓小平对世界大势和时代主题进行了科学研判，以此为根据逐渐走出了一条和平发展之路。关于和平问题，邓小平指出，“世界和平的力量在发展，战争的危险还存在”，“所以，我们多年来一直强调战争的危险。后来我们的观点有点变化。我们感到，虽然战争的危险还存在，但是制约战争的力量有了可喜的发展”。[①]关于发展问题，邓小平在1982年时就指出，“世界上的国家富的愈富，穷的愈穷，解决这个问题是国际舞台上的一个重要课题”，“第三世界仅寄希望于南北问题的解决是不够的，南南之间还要进行合作”。[②]通过全面深入地分析世界上的各种矛盾及其相互关系，邓小平抓住了国际社会当前问题的本质与核心，作出了和平与发展是当今时代主题的科学判断。基于此，邓小平强调说：“我们搞的是有中国特色的社会主义，是不断发展生产力的社会主义，是主张和平的社会主义。只有不断发展社会生产力，国家才能一步步富强起来，人民生活才能一步步改善。只有争取到和平的环境，才能比较顺利地发展。”[③]而在东欧剧变、苏联解体以后，邓小平再次重申：“现在旧的格局在改变中，但实际上并没有结束，新的格局还没有形成。和平与发展两大问题，和平问题没有得到解决，发展问题更加严重。”[④]

---

① 《邓小平文选》第三卷，人民出版社1993年版，第105页。

② 《邓小平文选》第三卷，人民出版社1993年版，第20页。

③ 《邓小平文选》第三卷，人民出版社1993年版，第328页。

④ 《邓小平文选》第三卷，人民出版社1993年版，第353页。

进入21世纪，中国共产党明确作出了始终不渝走和平发展道路的战略抉择。在2004年8月22日纪念邓小平诞辰100周年大会上，胡锦涛明确提出了中国坚持走和平发展道路这一政策宣示。2005年12月，中国国务院新闻办公室发表《中国的和平发展道路》白皮书。党的十八大以来，以习近平同志为核心的党中央坚定走和平发展道路，不断为世界和平与发展注入积极力量，使中国式现代化的和平发展标识更加鲜明。我国通过和平的国际环境来发展自己，同时也以自己的发展来维护世界和平、促进共同发展；既反对霸权主义和强权政治，也严格约束自己永远不称霸，“中国的发展是世界和平力量的增长，无论发展到什么程度，中国永远不称霸、永远不搞扩张”①；坚持与其他国家和民族互利共赢的开放战略，遵循联合国宪章和国际关系准则，在国际事务中弘扬民主、和睦、协作、共赢精神，倡导国与国之间在政治上相互尊重、平等协商，在经济上相互合作、优势互补，在文化上相互借鉴、求同存异，在安全上相互信任、加强合作。习近平总书记明确指出：“我们要坚持走和平发展道路，但决不能放弃我们的正当权益，决不能牺牲国家的核心利益。任何外国不要指望我们会拿自己的核心利益做交易，不要指望我们会吞下损害我国主权、安全、发展利益的苦果。”②

伴随经济全球化的深度发展，如今的世界已经成为“你中有我，我中有你”的命运共同体，唯有和平相处、合作发展才能实现共赢共

① 习近平：《高举中国特色社会主义伟大旗帜为全面建设社会主义现代化国家而奋斗——在中国共产党第二十次全国代表大会上的报告》，人民出版社2022年版，第60—61页。

② 《更好统筹国内国际两个大局　夯实走和平发展道路的基础》，《人民日报》2013年1月30日。

荣，而侵略扩张、零和博弈只会害人害己。中国式现代化坚持走和平发展之路，既体现了社会主义现代化的特点和优势，也符合世界历史潮流和时代要求，必然会深刻影响世界现代化进程，为人类文明进步作出卓越的中国贡献。

问题9 如何理解中国式现代化的独创内容

基于对中国式现代化之中国特色的把握，我们可以进一步概括出中国式现代化的六个具有独创性的内容：主体层面的政党主导与人民主体相结合、要素层面的社会主义与市场经济相结合、方略层面的坚定原则与改革创新相结合、任务层面的经济中心与社会协调相结合、条件层面的对外开放与独立自主相结合、价值层面的和平发展与跨越提升相结合。这六个层面的独创内容充分体现了中国式现代化的独特创造，集中展现了中国式现代化与其他现代化道路的显著区别。

一、政党主导与人民主体相结合

中国式现代化不同于资本驱动的西方模式，是政党主导和人民主体相结合的新型现代化模式。中国共产党作为中国式现代化的主导力量和驱动要素，是由中国式现代化的启动条件、现代化道路的社会主义属性、社会历史和现实状况、党的自身属性和历史使命、特殊的党群关系共同决定的，是近代以来中国现代化运动的必然结果，是实现中华民族的现代化追求的必然选择，具有强烈的民族色彩，不代表现代化发展的普遍要求。其中，特殊的党群关系是中国共产党能够主导现代化进程的根本原因，正是因为中国共产党拥有为人民谋幸福的初心和使命，能够始终代表人民利益，一直都在为人民造福，所以历史和人民选择了中国共产党，中国共产党得以主导中国的现代化进程。中国共产党主导现代化进程的主要作用在于确保现代化道路的社会主义属性和人民取向，确保现代化主体始终是中国人民，确保现代化过程持续连贯和科学高效。政党主导和人民主体是内在统一的，一方面，政党主导体现人民主体，中国共产党是中国人民的代言人，人民在党的领导下才能切实和更好地作为现代化的主体发挥作用；另一方面，人民主体支撑政党主导，政党主导下的现代化过程必须通过广大人民的主体实践才能推进和完成。

二、社会主义与市场经济相结合

社会主义是一种价值理念和社会制度，市场经济是一种生产手段和交换关系，两者既不对立也不矛盾，完全可以进行相互结合。社会主义作为一种价值理念，能够引导和规范现代化过程，使现代化成果尽可能造福人民、造福社会，作为一种社会制度，具有顶层设计谋大事和集中力量干大事的根本优势，这些都是市场经济不具备的优点。但是，社会主义也有着创新活力不够、资源配置低效、容易滋生权力腐败等缺点。“理论和实践都证明，市场配置资源是最有效率的形式。市场决定资源配置是市场经济的一般规律，市场经济本质上就是市场决定资源配置的经济。”[①]市场经济能够通过价格规律调节供求关系，通过自由竞争刺激社会生产，从而自动实现资源高效配置和推动生产效率提升，这对于提高生产力水平和经济效益具有重要积极作用。但是，

① 《关于〈中共中央关于全面深化改革若干重大问题的决定〉的说明》,《人民日报》2013年11月16日。

市场经济也具有盲目性、滞后性和狭隘性，容易造成经济波动、资源浪费和两极分化。社会主义与市场经济相结合，既可以保留社会主义和市场经济各自的优点，也可以克服各自的不足，从而产生“1+1＞2”的理想效果。中国式现代化将社会主义和市场经济有效结合起来，使中国经济能够在“看不见的手”和“看得见的手”的配合作用下健康高速发展。综观世界各国经济发展，资本主义国家虽然强化了政府干预，增强了经济发展的计划性，但没有从制度上根本克服市场经济的缺陷，苏联模式只是坚持社会主义而排斥市场经济，注定要以失败告终，现今世界上一些社会主义国家的经济市场化改革基本上还比较保守，没有彻底突破计划经济模式，唯有中国成功将社会主义与市场经济结合起来并取得了显著成效。

三、坚定原则与改革创新相结合

中国式现代化是在改革开放实践中走出来的现代化道路，“有原则地改革”是中国式现代化的发展之路、成功之道、命运所系。中国式现代化有着鲜明立场，要为无产阶级和人民大众造福，必须以马克思主义为指导，坚持走社会主义道路；有着历史根脉，要继承和发展中华优秀传统文化来更好建设现代社会；有着现实依据，要立足社会主义初级阶段基本国情，贯彻初级阶段基本路线；有着政治保证，要始终坚持中国共产党领导……这些都是中国式现代化始终遵循和不能改易的基本原则，失掉了这些原则就不是中国式现代化。中国式现代化在实践中坚定这些原则不动摇，牢牢守住自己的“底线”，在此前提下积极进行改革创新，在改革创新中发展和贯彻基本原则，从而更好地推进了现代化建设。改革是社会主义社会的自我革命，从党的十一届三中全会拉开改革开放的历史序幕到新时代全面深化改革的有力推进，中国式现代化在改革中越走越宽，取得了现代化建设的显著成就。创新是现代社会发展进步的原动力，体现了现代化的一般性要求，中国共产党始终高度重视创新在经济社会发展中的重要作用，坚持通过理论创新、实践创新、制度创新来引领和推进现代化建设。改革就是创新，创新必须改革，改革和创新是统一的，基本原则指导下的改革创新使中国式现代化有着无限生机与活力。

四、经济中心与社会协调相结合

现代化不是单一领域的转变，而是社会的全面变革，工业化是现代化的主要内容，但不是全部内容，经济发展与社会各领域进步相协调，是现代化的内在要求。党的十一届三中全会后，党和国家的工作中心转移到了经济建设上，形成了以“一个中心，两个基本点”为主要内容的初级阶段基本路线，其中，“以经济建设为中心”符合我国生产力水平落后的现实状况，符合现代化的一般性要求，是迅速有效地推进现代化建设的必然选择。在以经济建设为中心推进现代化的过程中，我国生产力水平不断提升，物质财富快速累积，经济体量迅猛增长，用了短短三十多年时间就成为世界第二大经济体，为实现国家现代化奠定了坚实物质基础。在经济发展的同时，社会其他领域建设也在有序推进，从“两手抓，两手都要硬”到“三位一体”，从“和谐社会”到新时代“五位一体”总体布局，我国现代化建设的全面性、协调性、可持续性不断增强。虽然我国的经济建设走在前面，其他领域建设相对滞后，但这种差距是在合理的、可控的范围内而且正在逐渐缩小，经济落后国家迅速推进现代化必须先集中力量进行经济建设，以经济发展带动社会各领域发展，“以经济建设为中心”是符合现代化一般规律、适应我国现代化建设特殊要求的科学战略。整体来看，中国式现代化以经济建设为中心来推进现代化，同时兼顾其他领域建设，这种“并联式”发展方式确保了社会各领域协调进步，在很大程度上克服了其他国家早期现代化普遍存在的社会发展畸形问题。

五、对外开放与独立自主相结合

开放发展是现代化的必然要求，没有哪一个国家能够在自我封闭中实现现代化。作为后发现代化国家的中国，在起步时已经和先发国家存在非常大的发展差距，因此必须更加主动地在开放中顺应世界现代化潮流、继承现代化优秀成果、把握现代化发展机遇，更加积极地在开放中创造良好外部环境、参与全球资源配置、有效利用外部助力，对外开放是我国迅速赶超世界现代化先进水平的必然选择。从试办经济特区到开放沿海城市，从扩大沿海开放区域到内地省会城市开放，从加入世贸组织到新时代更高水平对外开放，中国的对外开放实现了由地区到全国、由单一到全面、由被动到主动、由低层次到高水平的转变，中国的现代化在开放中与世界现代化紧密结合在一起，既在世界现代化进程中发展了自己，也通过自身更好发展为世界现代化作出了贡献。不像其他后发落后国家那样在“依附”中艰难发展，中国在处理对外关系时始终坚持和平共处五项原则，坚决维护国家主权、安全和发展利益，反对一切形式的霸权主义和强权政治，既不屈从和依附任何国家，也不侵害和压迫任何国家，始终走独立自主、合作共赢的发展之路，对外开放并没有导致中国对先发国家的依附和对现代化先进水平的依赖。事实证明，后发国家如果自我封闭，与世界现代化“脱钩”，就不可能实现自身现代化；如果缺乏自主性，就很容易陷入对先发国家的“依附”，必然会因为先发国家的剥削和压迫而不能很好发展，中国在独立自主地对外开放中克服了这个二元对立难题。

六、和平发展与跨越提升相结合

“如果我们按照实际发生过的情况——而不是按照可能发生的情况或想当然——来考察历史，那么我们就必须承认，战争曾经是资本主义发展的一个必不可少的特征。”[①]早期资本主义现代化的发展往往是通过战争来夺取资源和聚敛财富，且当资本主义现代化发展到一定阶段，战争又成为转移危机、争夺霸权的手段，两次世界大战就是资本主义国家利益纷争的结果。与资本主义国家将战争和掠夺作为推进本国现代化的重要手段不同，中国始终坚持走和平发展道路，不像英国那样进行海外殖民扩张和掠夺，不像美国那样通过欺压弱小国家维护自己霸权地位，而是积极挖掘国内发展潜力，通过全国上下团结一心艰苦奋斗来创造财富，这种和平式的现代化发展方式既造福了中国，也为世界和平、安全和稳定作出了贡献。中国式现代化还是一种“跨越式”发展的现代化，世界现代化发展的历史成就、全球化带来的国际互动、中国社会主义制度的优越性、中国共产党的坚强领导等都为中国实现现代化的跨越发展提供了可能。中国充分利用各方面有利条件，用短短三四十年时间走完了资本主义国家几百年才完成的工业化历程，实现了现代化的跨越式发展，取得了举世瞩目的现代化成就。和平发展与跨越发展相结合，在和平发展中实现跨越，通过跨越发展巩固和平，是中国式现代化的显著特征，也是中国式现代化的一大特色。

---

① [美]保罗・斯威齐:《资本主义发展论》，陈观烈、秦亚男译，商务印书馆1997年版，第333页。

问题10 如何理解中国式现代化是中国共产党领导的现代化

中国式现代化是政党驱动的现代化，没有党的领导，就没有中国式现代化，党的领导是中国式现代化的最本质要求、最大优势和根本保证。“中国政治的基本逻辑是政党领导国家推动现代化建设，政党领导人民建设现代国家。”[①]“党的领导直接关系中国式现代化的根本方向、前途命运、最终成败。党的领导决定中国式现代化的根本性质，只有毫不动摇坚持党的领导，中国式现代化才能前景光明、繁荣兴盛；否则就会偏离航向、丧失灵魂，甚至犯颠覆性错误。党的领导确保中国式现代化锚定奋斗目标行稳致远，我们党的奋斗目标一以贯之，一代一代地接力推进，取得了举世瞩目、彪炳史册的辉煌业绩。党的领导激发建设中国式现代化的强劲动力，我们党勇于改革创新，不断破除各方面体制机制弊端，为中国式现代化注入不竭动力。党的领导凝聚建设中国式现代化的磅礴力量，我们党坚持党的群众路线，坚持以人民为中心的发展思想，发展全过程人民民主，充分激发全体人民的主人翁精神。”[②]正是在党的领导下，中国式现代化坚持了正确的前进道

① 肖存良、林尚立：《中国共产党与国家建设——以统一战线为视角》，复旦大学出版社2013年版，第37页。

② 《正确理解和大力推进中国式现代化》，《人民日报》2023年2月8日。

路，培育了强劲的内生动力，施行了科学的发展方略，推进了艰巨的改革事业，应对了各类风险挑战，不断发展并取得了伟大成就。

一、坚持正确的前进道路需要党的领导

道路问题是关乎根本的重大问题，坚持走社会主义道路，是中国式现代化的根本原则。坚定社会主义道路的关键在于坚持中国共产党领导。中国共产党是马克思主义政党，以超越资本主义、追求社会主义和共产主义为自觉使命，党的领导是确保中国式现代化沿着社会主义方向前进的根本保证。

从道路的构成来看，党的领导本身就是社会主义道路的重要内容。社会主义道路最核心的标识和最主要的内容就是共产党领导，中国特色社会主义道路的本质特征就在于中国共产党领导，没有党的领导这一根本规定，其他道路内容也将失去原初意义，社会主义道路必然会因此而变质走形。从道路的形成来看，党的领导是社会主义道路得以开拓的首要条件。没有党的领导，就没有新中国的成立和社会主义制度的建立，就没有社会主义建设的有益探索和改革开放的伟大决策，就没有中国特色社会主义的开辟和发展，党的领导是中国式现代化采取社会主义道路形式的决定性因素。从道路的拓展来看，党的领导是社会主义道路不断发展的关键动因。正是在党的坚强领导下，我国社会主义意识形态得以不断巩固，社会主义制度体系得以不断健全，国家和民族的独立性得以保全，社会主义道路才能在此基础上不断拓展。从道路的功能来看，党的领导是社会主义道路价值发挥的定海神针。社会主义道路能否充分发挥更好推动现代化、更好造福人民的积极作用，关键在于坚持党的领导，党的领导是确保社会主义道路始终

服务民族、服务人民的根本保证。总之，走社会主义道路和坚持党的领导是内在统一的，确保中国式现代化的社会主义属性，必须坚持党的领导。

二、培育强劲的内生动力需要党的领导

现代化内生动力的健康生长，是现代化得以顺利推进的关键所在，[①]中国式现代化的成功得益于中国共产党对现代化内生动力的有效培育。在现代化的历史潮流中，中国共产党自觉担负起实现民族复兴和人民幸福的使命，自觉将国家现代化作为实现民族复兴和人民幸福的根本途径，从而将党的使命、民族利益、人民需要统合到现代化实践中，培育出源于民族本体、发自广大民众、政党主动激活的与现代化趋势相吻合的内在驱动力量。这种内在的驱动力量促使现代化高效、有序、持续地向前发展，党的领导是现代化内生动力得以形成的根本保证。

从现代化实践来看，西方现代化的内生动力往往“自然发育”而成，中国式现代化的内生动力则更多依靠“主体培育”得来，党的领导作用和主动作为具有决定性意义，这是因为，中国式现代化作为社会主义现代化，其政权基础来自党领导的新民主主义革命，其制度基础来自党领导的社会主义改造，其物质基础来自党领导的社会主义建设，其发展方略来自党的科学决策，没有党的领导就没有中国式现代化，党在开辟中国式现代化道路的过程中培育了现代化的内生动力，建立起现代化的动力机制，使现代化得以自发进行、持续推进。具体

① 参见吴忠民：《中国道路与现代化内生动力》，《中共党史研究》2018年第10期。

而言，党立足人民需要制定现代化目标，将现代化与人民利益紧密结合，促使人民普遍认同和积极参与现代化，形成了现代化的基础性原动力；结合制度特性明确现代化道路，将制度优势与后发优势相结合，在改革中完善和发展社会制度，形成了现代化的制度牵引力；遵循经济规律探索现代化方式，将社会主义现代化与市场经济相结合，发挥市场对经济增长和社会变革的积极作用，形成了现代化的创新驱动力；按照普遍要求确立现代化价值，将现代化实践与现代化理念相结合，促进现代化的共享性、普惠性、公平性，形成了现代化的价值导控力；实行对外开放拓宽现代化视野，将本国现代化与世界现代化相结合，充分吸收借鉴各国现代化的有益成果，形成了现代化的外部环境助力。在新时代，要在党的领导下不断培育现代化的内生动力，不断健全现代化的动力机制，全面推进中国式现代化建设。

三、施行科学的发展方略需要党的领导

从现代化发展实际来看，民众需要和集体力量虽然构成现代化的深层动力，但现代化的具体形式往往取决于执政集团的决策倾向。现代化作为一个系统工程，其高效推进有赖于科学的发展方略，而科学方略的制定和推行则有赖于先进政党的积极主动作为。从世界现代化历程来看，还没有哪个政党能够像中国共产党这样坚决以推动本国现代化为使命，并且能够根据民族特征和现实要求提出切实可行的现代化方案，以科学的方式高效地推进现代化。从一定意义上而言，中国式现代化的成功得益于科学的发展方略，党的领导是施行科学的发展方略的根本保证。

现代化在中国是一项全新的事业，中国共产党要充分估计和认识

现代化的一般规律、资源禀赋、制度设定、内生动力、发展机制、影响因素、总体特征，带领人民在实践中走出一条适合中国社会发展的现代化新路，这一任务的主要内容就是构建中国式现代化发展方略。“在革命与建设的实践中，中国共产党在不断壮大的同时，也不断地走向成熟，不仅具备了领导和整合社会的组织体系、领导体系和工作体系，而且具备了相当成熟的立国、治国、兴国的理论、原则、方略、规划和目标。”[①]对于国家现代化，中国共产党先是提出“四个现代化”的构想，之后针对各领域提出具体化目标，构建涵盖各领域的“富强民主文明和谐美丽”的目标体系；先是提出“三步走”战略，之后结合实践的发展不断调整和细化这一战略，形成了新时代全面建设现代化的“两个阶段”的战略安排；先是以“计划”的方式推进经济社会发展，之后在总结经验教训和学习借鉴国外的基础上实行改革开放，探索出中国特色社会主义现代化道路。随着发展方略的逐渐完善，中国式现代化内在的传统和现代、目标和手段、发展和稳定、政府和市场、内环境和外环境等多重矛盾得以调和，中国式现代化作为不同于西方现代化的特性与优势也得以凸显。

四、推进艰巨的改革事业需要党的领导

为什么苏联的现代化夭折？为什么中国在短短四十多年时间里能够创造出现代化的巨大成就？为什么中国能够在不依附发达国家的条件下持续高效地推进本国现代化？这一系列重大问题的答案就是党领导下的改革事业的顺利推进。改革是社会主义社会发展的必由之路，

---

① 林尚立：《中国共产党与国家建设》，天津人民出版社2009年版，第8页。

是中国式现代化成功的根本之道。改革作为全社会范围的深刻革命，必然要依靠强有力的政党来谋划和推动，在中国能够肩负起这一艰巨使命的只有中国共产党，“坚持党的领导，全面从严治党，是改革开放取得成功的关键和根本”[①]。正是在党的领导下，中国的改革事业不断取得伟大成就，中国式现代化也在改革中不断向前发展。

党的领导对于整个改革事业具有决定性意义。从改革的启动来看，是中国共产党当机立断作出了改革开放的历史性决策。社会主义制度优越于资本主义制度，这是一个客观事实，但社会主义制度是否已经足够完善并且完全适于现代化，这需要共产党人予以清醒地考量。长期以来，人们过分注重社会主义制度优越性的一面，而忽视其有待完善的一面，这是苏联现代化失败和我国改革开放前现代化缓慢发展的重要原因。中国共产党深刻总结经验教训，在重大历史关头冲破了传统观念的束缚，作出了改革开放的历史性决策，从而扭转了乾坤，开辟了现代化的康庄大道。从改革的动力来看，是中国共产党凝聚共识汇合起共促改革的强大合力。改革的动力关乎改革的成败，民心所向是改革动力的根本，推进改革首要的是将改革与人民深度结合，使改革成为人民的自觉需要，使人民成为改革的主体力量。中国共产党充分结合人民利益确立改革目标、制定改革方略、谋划改革过程，使人民认同改革、参与改革，从而汇聚起亿万民众共促改革的强大合力，构建起以人民需要为中心的改革动力机制，使改革拥有源源不断的强劲动力。从改革的过程来看，是中国共产党排除万难推进了改革事业的持续性发展。改革意味着原有制度安排、思想观念、发展方式的变

---

① 习近平：《在庆祝海南建省办经济特区30周年大会上的讲话》，人民出版社2018年版，第20页。

动，意味着现存阶层结构、社会关系、利益格局的调整，这决定了改革事业必然会遭受来自各方面、各群体的阻碍甚至破坏，如果没有党的坚强领导和积极推动，改革事业将难以持续顺利地向前推进。总之，改革是一项关乎现代化成败的重要而艰巨的事业，党的领导是改革事业发展的根本保证。

五、应对各类风险和挑战需要党的领导

现代化本身是一个充满不确定性和各种风险挑战的过程，身处现代化的洪流之中，任何民族、阶层和个人都无法置身风险之外，无法规避现代性的考验。中国式现代化面临的风险挑战有很多，既有来自国内的，也有来自国外的，既有经济、政治、文化、社会、生态领域的，也有党的建设、科技、生物、食品安全等领域的，既有关系全局、涉及根本的重大风险挑战，也有局部性、暂时性的风险挑战，应对这些风险挑战，关键在于坚持党的领导，党的领导是我们乘风破浪推进现代化的根本保证。

改革开放以来，党带领人民破解了诸多难题，战胜了诸多挑战，取得了现代化建设的巨大成就，这为我们在新时代更好应对各类风险挑战打下了坚实基础、提供了宝贵经验。新时代的中国式现代化建设面临诸多新的风险挑战，从外部环境来看，“人类依然面临诸多难题和挑战，国际金融危机深层次影响继续显现，形形色色的保护主义明显升温，地区热点此起彼伏，霸权主义、强权政治和新干涉主义有所上升，军备竞争、恐怖主义、网络安全等传统安全威胁和非传统安全威

胁相互交织”[①]。这些不稳定、不安全因素既是世界和平与发展的巨大威胁，也是当代中国的外部环境考验，中国式现代化要健康发展必须妥善应对这些风险挑战。从内部环境来看，当前存在着否定党的领导、否定中国特色社会主义制度、否定改革开放的言行，存在着损害群众利益、脱离群众的言行，存在着因循守旧、故步自封、不思进取的思想和行为，存在着危及国家主权、安全和发展利益的活动，存在着破坏民族团结和社会和谐稳定的活动，改革进入攻坚期和深水区，各种矛盾和问题开始集中暴露，构成了中国式现代化的内部环境考验。应对这些风险挑战，关键在于坚持党的领导，“中国共产党的领导体系，对于发展是一个强有力的动员体系，对于稳定来说也是一个强有力的纾解体系”[②]。党对各类风险挑战的科学研判、政策安排、积极规避和妥善处置，是中国式现代化健康发展的根本保证。处理好改革发展稳定的关系，是党领导推进中国式现代化的一条宝贵经验，不论何时何处，我们都应心存忧患，做到居安思危，始终把政权的稳固、国家的安定、社会的稳定放在首位，坚持在稳定中谋发展、促繁荣，在稳定中化危机、开新局。

---

① 《习近平谈治国理政》，外文出版社2014年版，第272页。

② 黄相怀：《中国共产党的领导与中国现代化进程的有效推进》，《当代世界与社会主义》2020年第2期。

问题 11

如何理解中国式现代化是中国特色社会主义现代化

在马克思、恩格斯那里，"'社会主义'与'现代化'并不处于同一时空序列，前者是西方后资本主义的未来社会形态，后者则是东方前工业社会实现现代转型的历史主题"[①]。《共产党宣言》《社会主义从空想到科学的发展》等经典著作中的"社会主义"恰恰是消灭了商品经济、私有制、城乡对立、民族国家等"现代性要素"的"后现代社会"。在《资本论》第一卷第一版序言中，马克思说："工业较发达的国家向工业较不发达的国家所显示的，只是后者未来的景象。"[②]东方社会的未来发展逻辑是现代化（西方化）。准确把握社会主义与现代化的"结合"问题，需要厘清两种不同的社会主义概念。一是"发达社会主义"。它是马克思所设想的生产力水平高于资本主义的共产主义第一阶段。二是"不发达社会主义"。它是生产力水平低于发达资本主义的落后国家所追求、建立的社会主义。中国式现代化是建立在"不发达社会主义"与现代化的"结合"上的，破除了套用马克思关于未来社会特征的具体论述（公有制、计划经济、按劳分配等）指导现实社会主义现代化建设的教条主义。初级阶段的社会主义与资本主义的关系

① 高力克：《社会主义现代化：中国道路》，《浙江学刊》1991年第6期。

② 《马克思恩格斯文集》第五卷，人民出版社2009年版，第8页。

不是“时间上的更替”，而是“空间上的并存”,(从更为宏观的“三形态”论看）它们都处于第二形态，即市场经济发展阶段。对于中国的社会主义事业而言，市场经济是不可逾越的历史阶段，实现现代化是不可或缺的历史主题。“我们必须经历一个很长的初级阶段，去实现别的许多国家在资本主义条件下实现的工业化和生产的商品化、社会化、现代化。”[①]通过“不发达社会主义”与现代化的“结合”而明确自身历史方位、主题、任务，是中国式现代化得以成功开辟的根本前提，也是社会主义条件下进行现代化建设的“立论基础”。

中国式现代化是社会主义与现代化的有机结合，其社会主义逻辑主要表现在两个层面。一是“价值—规范”层面。中国式现代化首先是由社会主义逻辑所决定的，特别是由社会主义价值原则、核心理念所规制的。与西方资本主义现代化的价值原则相比较，中国式现代化的社会主义价值原则主要包括两个方面。一方面，社会主义坚持以人为本、以人民为中心的价值原则，区别于西方以资本为本的现代化逻辑。西方资本主义现代化以实现资本增殖为基本逻辑，以资本为本构成其发展逻辑。中国式现代化与西方资本主义现代化的根本区别，不在于有没有资本、搞不搞市场经济，而在于以什么为现代化的价值原则。以资本为本的是资本主义现代化，以人为本的是社会主义现代化。社会主义现代化旨在实现“两个解放”，即“在保证社会劳动生产力极高度发展的同时又保证每个生产者个人最全面的发展”。另一方面，社会主义以“人类社会”或“社会的人类”为立足点，区别于资本主义的“利己主义”原则。西方资本主义现代化以“利己主义”原则为基

① 中共中央文献研究室编：《十三大以来重要文献选编》(上)，中央文献出版社1991年版，第10页。

本建制，而中国式现代化以“人类社会”为基本建制，从根本上把具有实体性内容的“集体”、“共同体”或“社会”，作为现代化实践以及处理现代化过程各种关系的基本导向或价值诉求。具体来说，中国式现代化以共同体价值为基本遵循，以实现社会平等和共同富裕为价值目标。二是“制度—实践”层面。社会主义逻辑表现为社会主义价值原则借助一系列制度安排和制度设计得以实践化、操作化，并且这些制度对现代化的实践过程起着支配性作用。比如，社会主义基本经济制度通过驾驭资本、引导和规范市场经济，确保社会主义和共同富裕的方向，区别于西方自由市场经济的制度模式；又如，人民当家作主制度体系发挥对人民民主的制度支撑功能，实现了全过程人民民主，区别于西方自由民主的制度模式；等等。

发展中国式现代化，必须“坚持道不变、志不改，既不走封闭僵化的老路，也不走改旗易帜的邪路，坚持把国家和民族发展放在自己力量的基点上，坚持把中国发展进步的命运牢牢掌握在自己手中”[①]。一方面，与西方现代化模式相比较，中国式现代化具有社会主义属性。西方现代化以资本为核心要素和根本力量，资本利益高于一切，资本意志渗透一切，资本权力统摄一切，资本是西方现代化的根本性、主导性逻辑，“理性精神”“三权分立”“资本私有”“按资分配”“两极分化”等是其主要特征。与此不同，中国式现代化以人民为核心关切和主体力量，人民利益高于一切，人的发展是现代化的根本性、主导性逻辑，“党的领导”“人的自由全面发展”“共同富裕”等是其重要特征。另一方面，与苏联社会主义模式相比较，中国式现代化的社会主义具

① 《中国共产党第二十次全国代表大会文件汇编》，人民出版社2022年版，第22页。

有中国特色。苏联传统社会主义现代化模式具有“过度集权”“计划经济”“全民所有”等特征，中国式现代化突破和超越了传统社会主义，具有“民主集中”“社会主义市场经济”“改革开放”等特征，体现出鲜明的中国特色。中国式现代化充分体现了“现代化的本质是人的现代化”①的内涵，关注人的发展利益和社会整体效益，强调人民共同富裕和社会全面进步，是以人为本、以民为主、人民共有、造福人民的现代化，是社会各领域各区域协调发展的、坚持中国特色社会主义道路的现代化。

中国式现代化坚持走中国特色社会主义道路，这现实地体现为以“五位一体”总体布局为发展路径，全面推动经济建设、政治建设、文化建设、社会建设、生态文明建设。具体而言，在经济建设方面，强调“实现高质量发展”。高质量发展基于我国发展不平衡不充分的实际情况，强调发展的质量和水平，是全面建设社会主义现代化国家，实现由富向强飞跃的战略选择。贯彻新发展理念，构建新发展格局，建设现代化经济体系，推进高水平对外开放，都体现了中国式现代化的高质量发展。在政治建设方面，强调“发展全过程人民民主”。我国是人民当家作主的社会主义国家，“全过程人民民主是社会主义民主政治的本质属性，是最广泛、最真实、最管用的民主”②，体现了中国式现代化在民主政治方面的本质规定。新时代以来，我们继续坚持人民主体地位，不断健全人民当家作主制度体系，持续加强人民当家作主制度

---

① 中共中央文献研究室编：《习近平关于社会主义经济建设论述摘编》，中央文献出版社2017年版，第164页。

② 习近平：《高举中国特色社会主义伟大旗帜　为全面建设社会主义现代化国家而团结奋斗——在中国共产党第二十次全国代表大会上的报告》，人民出版社2022年版，第37页。

保障，巩固发展最广泛的爱国统一战线，形成了全方位、全链条、全覆盖的民主实践形式，确保了我国人民民主的全面性、真实性、有效性。在文化建设方面，强调“丰富人民精神世界”。中国式现代化关注人的精神世界，强调满足人民日益增长的精神文化需求是中国式现代化道路的内在要求。在社会建设方面，强调“实现全体人民共同富裕”。社会主义道路决定了中国式现代化必然关注全体人民的共同利益，实现共同富裕，这与西方现代化仅关注少数阶层利益、不顾全体人民利益有着本质区别。在生态文明建设方面，强调“促进人与自然和谐共生”。尊重自然、顺应自然、保护自然，是中国式现代化道路的应有之义。党的十八大以来，我们牢固树立和践行“绿水青山就是金山银山”的理念，有效治理了一系列生态破坏和环境污染问题，初步建立起比较完备的生态环境保护机制，积极探索绿色发展方式，扎实推进美丽中国建设，极大促进了人与自然和谐共生。

问题12 如何理解中国式现代化是以人民为中心的现代化

历史是人的历史，人的发展是历史进步的核心要义，无论资本怎样“去主体化”，历史都要朝着提升人的主体性的方向或快或慢地前进。中国式现代化超越了资本主义现代化的“以物为本”，是“以人为本”、以人民为中心的现代化。

一、人的发展是历史进步的核心要义

马克思在对未来理想社会进行预测时曾指出，“代替那存在着阶级和阶级对立的资产阶级旧社会的，将是这样一个联合体，在那里，每个人的自由发展是一切人的自由发展的条件”[①]。“人的发展”是社会发展的根本追求，是历史进步的核心要义，人的自由全面发展程度是衡量社会历史进步性的基本尺度。自人类文明诞生以来，人类就行进在追求实现“每个人自由全面发展”的路上，这注定是一个漫长而艰辛的历史过程，注定要经历无数挫折和苦痛才能实现。从前资本主义社会到现代社会，人的发展摆脱了“人的依赖关系”而获得了一定程度的独立性和自由性，这充分体现了历史进步的核心要义和现代化的根

---

① 《马克思恩格斯文集》第二卷，人民出版社2009年版，第53页。

本意义。现代化是“人的依赖关系”的历史终结，是“以物的依赖性为基础的人的独立性”的现实发展，是奔向“自由个性”的伟大实践，而人的现代化则是“表征现实的人的传统性不断削弱和现代性不断增强、限制性不断降低和自由性不断提升、片面性不断摒弃和全面性不断张扬的‘过程’”[①]，是逐步实现“每个人自由全面发展”的过程。现代化代表了历史进步要求，人的现代化代表了人的发展要求，历史进步与人的发展的统一性决定了现代化与人的现代化具有根本的一致性，从一定程度上说，现代化就是人的现代化，人的现代化构成现代化的根本意义和核心内容，脱离或背离人的现代化的现代化发展既无意义，也不可能。

和“现代化”一样，“人的现代化”蕴含诸多维度和方面，有着十分丰富的内涵。一般而言，人的现代化有广义和狭义之分，就广义而言，意指现实的人及其世界的现代化；就狭义而言，意指人的自我世界的现代化。[②]现代化与人的现代化既具有价值的一致性，也具有实践的合一性，现代化的推进依凭现实的人的现实活动，没有人的实践就没有现代化本身。人是现代化的主体依靠，现代化是人的发展场域，“人的现代化是现代化的前提和归宿”[③]。无论生产技术的改进还是思想文化的创新，无论物质财富的累积还是精神财富的创造，无论经济基础的变更还是上层建筑的革新，归根结底都是现实的人的现实活动的结果，都是人的主观能动作用的产物。“人的现代化无疑决定着其他要素的现代化”[④]，离开了人的因素，一切其他因素都将失去效力，所有

① 张智：《社会主义现代化的核心是人的现代化》，《科学与现代化》2020年第3期。

② 张智：《社会主义现代化的核心是人的现代化》，《科学与现代化》2020年第3期。

③ 张彬：《现代化的本质是人的现代化》，《吉林日报》2020年5月25日。

④ 戴木才、尚泽伟：《全面建设社会主义现代化与实现人的现代化》，《理论视野》2019年第12期。

现代化元素都将不复存在，“现实的人”的存在是现代化的前提，“现实的人的现实活动”则是现代化的根基，“人的现代化”是现代化的根本，人是否具有“现代性”，能否进行合乎规律的、能动创造的现实活动，直接决定现代化的过程和结果。“历史规律表明，国家走向现代化必须依托人；中国实践证明，建设现代化是为了人；党的执政追求，推进现代化的宗旨是服务人。”[①] 当然，人的现代化不是现代化的全部，现代化的发展也离不开“物”的现代化，只是“人”的现代化具有根本性意义，“物”的现代化具有基础性意义，“人”的现代化应与“物”的现代化协力共进。

二、中国式现代化是“以人为本”的现代化

“人的发展是历史进步的核心要义”，“现代化的本质是人的现代化”，这内在蕴含和实质体现了“以人为本”（是“以多数人为本”而非“以少数人为本”，后者其实是“以物为本”）的价值取向。“以人为本”是人类社会发展的应然取向，是现代社会进步的必然要求，“是现代化建设的基本宗旨，是现代社会的‘灵魂’”[②]。不同于资本主义“以‘资本’为本”的“物本”现代化，中国式现代化是“以‘人民’为本”的“人本”现代化，是“以人为本”而非“以物为本”的现代化。

“以人为本”作为一种价值理念，是古今中外的哲学家、思想家、政治家矢志不渝的追求，“人本社会”作为一种理想社会模式，理应成为现代化的目标。“以人为本”具有理想性和现实性两个维度，理想性的“以人为本”是指实现“每个人自由全面发展”，现实性的“以人为

① 殷陆君：《试论中国式现代化进程中人的现代化问题》，《现代经济探讨》2020年第3期。

② 吴忠民：《中国现代化论》，商务印书馆2019年版，第9页。

本”是指由于社会实践、发展条件、个人潜能、主观努力的差异性以及人的发展的具体性，“以人为本”无论在范围、程度，还是在层次、水平等方面都是有限的。两者之间是应然与实然、规范与事实、未来与当下等不同维度之间的差异，不存在横亘于两者之间的不可逾越的僵硬边界。从人类历史发展演进的长河来看，“以人为本”始终处在从应然走向实然、现实趋向理想、事实符合规范、当下体现未来的过程之中。[①]从封建社会的“权本”到资本主义社会的“物本”，再到社会主义社会的“人本”追求；从“以个别人为本”到“以少数人为本”，再到“以绝大多数人为本”，“以人为本”一直行进在从空想到科学、从理想到现实的路上，现代化应当“以人为本”，而非“以物为本”。

“以人为本”和“实现人的现代化”是统一的，“以人为本”是人作为现代化的主体的根本体现，是“实现人的现代化”的价值遵循，“实现人的现代化”是对“以人为本”的现实回应，是贯彻“以人为本”的实践取向。资本主义社会是资本逻辑主导的社会，是以“资”（物）为本的社会，人的现代化从属于物的现代化，人的现代化的实现受制于私有制和资本逻辑。而在当代中国，人民是“国家的主人”和“现代化的主体”，人的逻辑支配资本逻辑，物的现代化从属于人的现代化，现代化事实上“以人为本”，人的现代化的实现具备多方面有利条件，有着巨大的可能性。虽然由于处在社会主义初级阶段，中国式现代化进程中人的发展还没有摆脱“物的依赖性”，既不具有“自由个性”，也未实现“全面发展”，与资本主义社会中人的现代化一样处于“以物的依赖性为基础的人的独立性”阶段，而且当代中国的“以人为

① 陈曙光：《“以人为本”的形上之思》，中国社会科学出版社2017年版，第213页。

本”不是共产主义社会完全彻底的“以人为本”——“以每个人为本”，而是“以绝大多数人为本”。但这无疑是对资本主义社会“以少数人为本”或“以‘资’为本”的超越，无疑是“以人为本”由现实逼近理想、从应然走向实然的成功探索和积极实践，无疑对“实现人的现代化”具有重大意义。

现代化的价值取向作为上层建筑的精华部分，由经济基础特别是生产力决定，谁掌握生产资料，谁主导社会生产，谁就构成现代化的主体力量，现代化发展就以谁为价值取向。在资本主义社会，生产资料主要掌握在少数资本家手中，生产力水平体现为资本的增殖能力，生产关系的本质是资本关系，生产权力和社会权力实际被资本掌控，这决定了现代化的主体是资本而不是人民，决定了广大无产阶级只能处于社会生产的边缘地带和受支配地位，现代化发展以“资本”为价值取向。在当代中国，生产资料主要掌握在广大劳动人民手中，生产力发展主要依靠人民的辛勤实践和创新创造，人民在社会生产中处于中心位置，构成现代化的主体力量，现代化发展以“人民”为价值取向。生产权力是社会权力的基础，掌控生产权力才能实际拥有社会权力，中国人民不仅占有生产资料，拥有生产权力，还是国家的主人，拥有广泛的政治权力和社会权力，这为中国人民的主体地位提供了坚实基础和有力保障。人民掌握社会权力特别是生产权力，是中国式现代化建设的前提规定，是资本在中国运行的政治环境。

人民掌握国家一切权力，是五四运动以来中国社会发展的历史结论。在党的领导下，中国人民通过自身实践创造了历史，理所当然地成为“国家的主人”和“现代化的主体”。“权力在人”在中国首先是从“政治权力在民”发端，这与马克思关于无产阶级首先要通过革命推翻资产阶级统治，然后进行社会主义建设，进而逐步向共产主义社会过渡的思路基本一致。只要还处于被统治地位，就不可能真正获取生产权力等一系列社会权力，在政治上实现翻身是成为“历史的真正的主体”的第一步。其次，“权力在人”需要通过制度固定下来，围绕国家政权建立以人民为中心的制度体系是确保“权力在人”的必然要求，社会主义根本制度、基本制度和各项重要制度的确立从制度层面保障了“权力在人”。最后，“权力在人”需要在生产实践中不断完善和巩固。改革开放以来，党领导人民在实践中将社会主义制度和市场经济成功结合，既通过社会主义制度引导和规范市场经济，确保生产权力牢牢掌握在人民手中，又通过发展市场经济来推进社会主义制度改革，使资本作为现代化的要素和手段服务于经济社会发展，在此过程中，人民的生产权益得以更好实现，掌握的生产权力越来越具有实效，拥有的社会权力也越来越广泛。人民掌握社会权力的过程，就是人民成为现代化的主体和中心的过程，只要人民掌握权力，是权力的主体，人民就不会被资本奴役。

三、中国式现代化以人民为中心推进现代化

党的二十大报告指出，推进中国式现代化，要“坚持以人民为中心的发展思想。维护人民根本利益，增进民生福祉，不断实现发展为了人民、发展依靠人民、发展成果由人民共享，让现代化建设成果更多更公平惠及全体人民”[①]。“以人民为中心”是“以人为本”的根本体现，是中国式现代化的一个根本性逻辑。

---

① 习近平：《高举中国特色社会主义伟大旗帜　为全面建设社会主义现代化国家而团结奋斗——在中国共产党第二十次全国代表大会上的报告》，人民出版社2022年版，第27页。

（一）利益属人："人民利益高于一切"

"权力在人"必然要求"利益属人"，"利益属人"是以人为本理念的基本体现。"人民利益高于一切"[①]，是人民掌握社会权力的应有之义，决定了中国式现代化的目标是造福人民而非服务资本，决定了人民才是现代化发展的主要受益者。

中国式现代化的内在动力是人民需要而非资本增殖，现代化建设在一定程度上就是依据人民需要的变化而推进，人民需要也在现代化进程中不断得到满足。新中国成立后，无产阶级和资产阶级的矛盾成为中国社会的主要矛盾，建立体现和维护广大人民利益的社会主义制度是人民的需要，这一时期的现代化建设完成了社会主义改造、建立社会主义制度的任务，满足了人民的需要。社会主义制度建立后，人民对于建立先进的工业国的要求同落后的农业国的现实之间的矛盾成为社会主要矛盾，建立先进的工业国是人民的需要，这一时期的现代化建设完成了建立独立的比较完整的工业体系的任务，满足了人民的需要。此后，人民日益增长的物质文化需要同落后的社会生产之间的矛盾成为社会主要矛盾，发展生产力是人民的需要，虽然其间出现了曲折和失误，但党的十一届三中全会后逐步确立起以经济建设为中心的基本路线，现代化建设实现了生产力的迅速发展和经济的巨大增长，满足了人民的需要。进入新时代之后，人民日益增长的美好生活需要和不平衡不充分的发展之间的矛盾成为社会主要矛盾，过上幸福美好生活成为人民的新需要。新时代以来，现代化建设更加注重协调性、

① 中共中央宣传部编：《习近平总书记系列重要讲话读本（2016年版）》，学习出版社、人民出版社2016年版，第40页。

共享性、公平性，坚持新发展理念，构建新发展格局，培育新发展动能，使现代化发展更加平衡和充分、现代化成果更多更公平地惠及全体人民，从而极大满足了人民的新需要。

维护和实现人民根本利益，是中国式现代化的出发点和落脚点，中国人民切实在现代化进程中受益获利。中国式现代化的发展不是造福哪一部分人或者某一个阶层，而是造福最广大人民，人民是中国式现代化发展的最终受益者。新中国成立以来特别是改革开放以来，中国人民不仅在政治上作为共和国的主人拥有国家一切权力，而且在经济文化上作为社会的主体享受改革发展的红利，人民的各项权益得到切实维护，生活水平得到显著提高，幸福指数节节攀升。当前，我国已开启全面建设社会主义现代化国家新征程，应当牢记全心全意为人民服务的宗旨，始终把人们利益放在首位，紧紧围绕满足人民美好生活需要推进现代化建设，朝着实现第二个百年奋斗目标奋勇前进。

（二）实践属人："依靠人民推动国家发展"

"权力在人"和"利益属人"要以"实践属人"为保障，只有在现代化实践中切实进行主体性作为、发挥主体性作用，才能捍卫权力和利益的中心地位。与资本主义现代化依靠资本扩张的发展机制不同，中国式现代化"依靠人民推动国家发展"[①]，人民是推进现代化的主体力量。

资本主义的现代化是以"资本"为中心展开，资本是现代化的主导力量和发展机制，这显著表现在：资本增殖构成现代化的核心追求，

① 中共中央宣传部、中华人民共和国外文部编：《习近平外交思想学习纲要》，人民出版社、学习出版社2021年版，第85页。

资本扩张构成现代化的发展方式，资本阶层构成现代化的领导力量，资本意志构成现代化的支配精神，资本规则构成现代化的主要遵循，资本演变构成现代化的动态过程，总之，资本逻辑构成现代化的主导性逻辑。这使人的主体作用被深度遮蔽，事实上异化为“被动的生产工具”，沦落为资本的奴隶，被排挤到现代化的边缘地带，成为现代社会的附庸。这种高度依赖资本的现代化模式决定了资本主义社会的属物性，决定了“以人为本”只能是空洞的价值理想，而所谓的人权事实上完全受制于物权。资本主义的现代化过程属于资本而不属于人民，既是“以物为本”的现实反映，也会不断强化“物本”对“人本”、“物权”对“人权”的支配地位，而要从根本上克服这种物对人的统治，就必须确立起人在现代化实践中的主体地位，通过主体实践找回主体价值，回归自身的主体性。

人民是历史的创造者，理应作为推动国家发展的主体力量。在当代中国，人民掌握社会权力特别是生产权力，事实上作为“能动的历史主体”发挥作用，是推动国家发展的主体力量。对于中国式现代化而言，“最大多数人的利益和全社会全民族的积极性创造性，对党和国家事业的发展始终是最具有决定性的因素”[①]。没有人民的探索与实践，就无法成功开辟适合中国发展的现代化道路，没有人民的智慧和经验，党和国家就不能制定科学有效的现代化战略，没有人民的创新和创造，现代化建设就难以取得一系列实践突破和伟大成就。可以说，中国式现代化的动力在人民、根基在人民、功绩在人民，现代化的成功是党领导下的中国人民进行创新实践的成功，人民既是中国式现代化的价

① 《江泽民文选》第三卷，人民出版社2006年版，第539页。

值主体，也是实践主体，是人民推动了国家发展，创造了现代文明，建立了丰功伟绩。

（三）价值属人："促进人的全面发展"

"价值属人"是"利益属人"和"实践属人"的自然结论，是以人为本理念的事实证成。党的十九大报告提出了"不断促进人的全面发展、全体人民共同富裕"[①]的时代任务，这体现了党对自身使命和社会历史发展规律的深刻认知，体现了中国式现代化的价值属人性。"促进人的全面发展"是现代化的应然取向，是现代化价值属人的集中展现，是中国式现代化的价值目标和价值规范，推进社会主义现代化强国建设必须不断促进和实现人的全面发展。

资本为现代社会发展提供了强劲动力，客观上推动了现代文明的产生和进步。但资本绝不是纯粹完全的积极力量，不仅创造了巨量物质财富，推动了人类文明进步，促进了人的自由全面发展，而且也给现代社会带来了灾难，制造了经济危机、生态危机和人的发展危机，使人陷入对物的依赖。资本主义现代化以资本逻辑为主导性逻辑，其文明价值必然属于资本而不属于人，其文明成果"不会使工人致富，而只会使资本致富；也就是只会使支配劳动的权力更加增大；只会使资本的生产力增长"[②]。因此，社会发展的结果只能是按照资本意志、围绕资本利益构建起来的资本主义文明，这是一种"属物"的文明、"背离人"的文明、"资本宰制"的文明，而人的发展的结果只能是走向

① 中共中央党史和文献研究院编：《十九大以来重要文献选编》（上），中央文献出版社2019年版，第17页。

② 《马克思恩格斯全集》第三十卷，人民出版社1995年版，第267页。

"异化"，日益沦为"物的奴隶"，越来越成为"非人的存在""片面化的存在"。如果任由资本逻辑主导和支配现代化过程，人的发展就难免要陷入危机，人应当在现代化过程中主动驾驭资本和克服人的发展的片面性，努力促进自己全面发展。中国式现代化是"权力在人""利益属人""实践属人""价值属人"的现代化，在理念和实践中超越了资本主义现代化的属物性，有效促进了人的全面发展。

实现人的全面发展，是中国式现代化的价值追求。毛泽东领导党和人民推翻了"三座大山"并建立起社会主义制度，为促进人的全面发展奠定了根本政治前提和制度基础；邓小平高度注重生产力的解放和发展，通过改革开放找到了促进人的全面发展的科学道路——建设有中国特色的社会主义；江泽民将"促进人的全面发展"纳入社会主义本质范畴，构建了促进人的全面发展的制度体系和行动纲领；胡锦涛提出了以人为本的科学发展观，极大完善了促进人的全面发展的认知体系和实践机制；习近平总书记强调"把增进人民福祉、促进人的全面发展作为发展的出发点和落脚点"①，构建起系统完备有效的理论体系和实践体系，在新时代极大促进了人的全面发展。从毛泽东到习近平、从革命年代到新时代，中国共产党始终牢记马克思主义政党的使命担当，不断探索和追求实现人的自由全面发展，通过革命、建设和改革极大促进了中国人的全面发展，极大克服了资本的负面效应，充分彰显了中国式现代化的属人性。

---

① 《中共中央关于制定国民经济和社会发展第十三个五年规划的建议》，人民出版社2015年版，第5页。

问题13 如何理解中国式现代化是一种全面现代化

当前中国已经进入新发展阶段，开启了全面建设社会主义现代化国家新征程。以往现代化理论无法有效阐释中国式现代化的新实践，需要构建“全面现代化”话语体系，它是关于全面建设社会主义现代化国家的尝试性解释框架。全面现代化是中国式现代化的高阶形态，可被界定为以人的现代化为核心的全方位、高质量现代化。全面现代化作为一个系统，包括了现代化的目标、过程、动力、模式、制度化和评价标准等诸多要素。全面现代化具有世界意义，其核心在于提供了不同于西方资本主义现代化的新模式。

一、“后小康”时代现代化的解释框架

新中国成立尤其改革开放以来，中国共产党带领中国人民成功开创出独特的社会主义现代化道路即“中国式现代化”。中国式现代化同样是一个历史性、开放性概念。它的最初表现是“四个现代化”（1.0版）。1964年12月，周恩来在三届全国人大一次会议上正式提出：“把我国建设成为一个具有现代农业、现代工业、现代国防和现代科学技

术的社会主义强国。”[1]改革开放初期，邓小平跟时任日本首相大平正芳指出：“我们要实现的四个现代化，是中国式的四个现代化。我们的四个现代化的概念，不是像你们那样的现代化的概念，而是‘小康之家’。”[2]中国式现代化发展到2.0版，是“小康式现代化”，分为两个大的发展阶段：以解决温饱、改善民生为核心的总体小康（1978—2002年；突出经济增长、经济现代化等；解决人民群众生活问题优先、经济改革优先）；以消除短板、协调发展为核心的全面小康（2002—2020年；着重解决小康社会的不协调、不平衡、不完善的问题；消灭绝对贫困等短板）。习近平总书记在“七一”重要讲话中庄严宣告，我们全面建成了小康社会。自此，我国进入新发展阶段。何为新发展阶段？指我国在全面建成小康社会，实现第一个百年奋斗目标之后，开启全面建设社会主义现代化国家新征程，向第二个百年奋斗目标进军的新发展阶段，即“后小康”时代。

社会存在决定社会意识，新的实践呼唤新的理论。进入新发展阶段、历史方位发生新变化，使以往的现代化理论不合时宜了，我们需要构建新的现代化话语体系来指导新发展阶段的现代化实践，不能用“小康式现代化”（2.0版）理论去阐释、指导3.0版的现代化新实践。如何把握进入新发展阶段的现代化实践？如何阐释全面建设社会主义现代化国家新征程？我们认为，应该构建“全面现代化”理论体系、话语体系，作为其解释框架，全面现代化构成了中国式现代化3.0版。我们可以从时间、空间和条件三个方面，探讨“小康式现代化”与

---

① 中共中央文献研究室编：《建国以来重要文献选编》（第十九册），中央文献出版社1998年版，第483页。

② 《邓小平年谱（1975—1997）》上卷，中央文献出版社2004年版，第582页。

“全面现代化”的不同特点，从而说明传统的现代化话语不适应新发展阶段的发展实际，构建“全面现代化”话语体系具有紧迫的现实意义。

（一）时间上

“不发展有不发展的问题，发展起来有发展起来的问题，而发展起来后出现的问题并不比发展起来前少，甚至更多更复杂了。”[①]小康式现代化立足不发展阶段，着力要解决“有没有”的问题，致力于使中国人民从温饱走向总体小康、全面小康。全面现代化立足“发展起来以后的阶段”，着力要解决“好不好”的问题，致力于实现从富起来到强起来的现代化任务。

（二）空间上

这里的空间指的是，中国与世界（主要是西方发达国家）在现代化发展程度上的空间关系。马克思曾说过：“工业较发达的国家向工业较不发达的国家所显示的，只是后者未来的景象。”[②]这一观念在很多后发国家现代化实践中呈现出来。小康式现代化主要表现为追赶型、赶超型现代化，某种程度上说，中国处在一种对西方发达国家亦步亦趋的“跟跑”位置，“赶上时代”（邓小平语）是该阶段的主要目的。全面现代化意味着我国已实现或正在实现从“跟跑”到“并跑”乃至“领跑”的跃迁。仅仅停留在模仿或追赶西方发达国家的现代化框架已经不合时宜了。“新时代的现代化需要破除一个传统的现代化观念，即所

① 《习近平谈治国理政》第二卷，外文出版社2017年版，第82页。

② 《马克思恩格斯文集》第五卷，人民出版社2009年版，第8页。

谓的后发优势观念，依靠模仿、引进和采用先行国家创新的现代科学技术来推进现代化。”[①]新的发展阶段要实现从“赶上时代”到“引领时代”的跨越，全面现代化所要追求的现代化是要创造出优于西方资本主义的现代化。“新路在哪里？就在科技创新上，就在加快从要素驱动、投资规模驱动发展为主向以创新驱动发展为主的转变上。”[②]如果说，小康式现代化表现出“后发追赶型现代化”的特征，那么全面现代化则表现为“创新引领型现代化”的特征。

（三）条件上

进入新发展阶段，我国现代化面临的诸多条件发生了变化，其中最根本的变化就是我国社会主要矛盾的新变化。小康式现代化是基于过去主要矛盾的现代化，是“一元主导”的现代化，物质现代化是压倒性的。全面现代化是基于新的主要矛盾的现代化，是全方位的、高质量的现代化，现代化建设呈现出全面性、复杂性、高层次性等，着力解决发展不平衡不充分问题，提升发展质量和效益，更好满足人民在经济、政治、文化、社会、生态等方面日益增长的需要，更好地推动人的全面发展、社会全面进步。

总的来说，在“后小康”时代，建立在小康时代的现代化话语体系无法阐释新发展阶段的现代化实践，构建全面现代化的解释框架，有助于我们更好地把握全面建设社会主义现代化国家新征程。

---

① 洪银兴：《新时代社会主义现代化的新视角——新型工业化、信息化、城镇化、农业现代化的同步发展》，《南京大学学报》2018年第2期。

② 《习近平谈治国理政》，外文出版社2014年版，第120页。

二、全面现代化的核心概念

抽象来说，现代化或现代性是一个具有时间要求的性质概念。“时间界定”与“性质界定”是最基本的界定标准。何为现代（化）社会？就是在现代时期内具有现代特点的社会。作为从中国式现代化道路和新发展阶段实践提炼出的现代化概念，全面现代化有着更为具体的规定。我们可以从“四个界定”把握全面现代化这一核心概念。

（一）“时间界定”

关于中国式现代化起点问题，不同角度有不同的界定。但是，从中国式现代化的中国特色社会主义道路属性来看，改革开放的起点也是中国式现代化的起点。“小康式现代化”是中国式现代化的第一个发展阶段，“全面现代化”是第二个发展阶段。全面现代化的起点也就是全面建成小康社会之后、开启全面建设社会主义现代化国家新征程的起点。至少从目前看来，从2020年到本世纪中叶，构成全面现代化的主要时期。所谓“时间界定”还关涉对全面现代化所处的历史阶段的考察。当代中国远未完成工业化任务，正处于工业化中后期，全面现代化任务之一就是加快推进以工业化为核心的现代化任务。与此同时，全面现代化核心诉求还是要从工业化迈向后工业化（知识化、信息化、绿色化），并且，后工业化的诸多要素通过全球化在诸多方面已“介入”全面现代化进程中。总的来说，全面现代化正处于（以后工业化为牵引的）全球化时代的工业化中后期[①]，随着现代化不断展开（尤

① 参见唐爱军：《新现代性初探——关于中国道路的解释框架》，《浙江学刊》2021年第4期。

其2035年之后），其将逐步转向以后工业化现代性为主导的历史发展阶段。

（二）“空间界定”

全面现代化是在中国这一民族国家的空间范围内的现代化。从生产力角度看，中国式现代化的起点低、底子薄，是在经济文化相对落后的基础上进行的；从人口规模看，中国要实现14亿多人口的现代化；从空间规模看，中国国土面积广袤、地区差异悬殊；从中国与世界空间关系看，全面现代化逐步实现从一国视野到全球视野、从“由外向内聚合”到“由内向外辐射”的转变，在强调吸纳外来现代文明的同时，更加注重对人类社会现代化发展的溢出效应。

（三）“内涵界定”

内涵界定涉及时空属性的分析，这里，主要聚焦现代化的主要内容、基本性质。一是核心或价值理念。“现代化的本质是人的现代化。”[①]全面现代化，准确来说，是以人的现代化为核心的全面现代化，人的现代化构成其核心、根本价值。全面现代化超越了以资本为本、以物为本的现代化，其根本出发点和落脚点是人的全面发展、人的现代化：“人以一种全面的方式，就是说，作为一个完整的人，占有自己的全面的本质。”[②]所谓全面现代化，就是为人的全面发展创造经济、政治、文化、社会、生态以及安全等方面的条件或保障，“更好满足人民在经

① 中共中央文献研究室编：《十八大以来重要文献选编》(上)，中央文献出版社2014年版，第594页。

② 《马克思恩格斯文集》第一卷，人民出版社2009年版，第189页。

济、政治、文化、社会、生态等方面日益增长的需要，更好推动人的全面发展、社会全面进步”[①]。二是内容或范围。全面现代化具有全面性、总体性属性，“全面性”是全面现代化最凸显的标志。从内容或范围的角度看，全面现代化是一个“1+6+1”系统：前一个“1”指的是“人的现代化”；“6”指的是“各个领域的现代化”，涉及经济现代化、政治现代化、文化现代化、社会现代化、生态文明现代化等“五位一体”，以及国防和军队现代化；后一个“1”指的是“治理现代化”，即国家治理体系和治理能力现代化。全面现代化涉及三个层面的现代化：“人”的现代化、“发展”的现代化、“治理”的现代化。全面现代化是一个从生产力到生产关系、从经济基础到上层建筑的有机整体。三是基本特征或倾向。现代化是过程与结果的统一。现代化的结果或特质集合就是现代性。全面现代化表现为何种类型的现代性特征？抽象说，是一种既不同于经典现代性，又不同于后工业现代性的独特现代性，即“新现代性”。新型工业化、市场化、法治化、绿色化、人本性、和谐性、全面性等都构成新现代性的基本特征。[②]

（四）“参照系界定”

参照系界定指的是借助阐释全面现代化与“他者”的关系，来凸显其基本特征或独特属性。一是“全面现代化”与“中国式现代化”的区分。中国式现代化有不同的内涵界定，宽泛意义上指中国共产党

---

① 中共中央党史和文献研究室编：《十九大以来重要文献选编》（上），中央文献出版社2019年版，第8—9页。

② 关于新现代性基本特征的具体论述，可参见唐爱军：《新现代性初探——关于中国道路的解释框架》，《浙江学刊》2021年第4期。

领导的社会主义现代化道路，具体意义上指改革开放以来所形成的中国特色社会主义道路。中国式现代化具有许多显著特征：人口规模巨大的现代化、全体人民共同富裕的现代化、物质文明和精神文明相协调的现代化、人与自然和谐共生的现代化、走和平发展道路的现代化等。全面现代化从属于中国式现代化，是它的具体形态、高阶形态。全面现代化是中国式现代化发展到“后小康时代”的、不同于小康式现代化的现代化类型。二是“全面现代化”与“西方式现代化”的区分。西方式现代化是一个总称，也涉及不同阶段的具体形态，但总体来说，是资本主义现代化。从社会制度看，西方式现代化是资本主义现代化，全面现代化是社会主义现代化；从价值理念看，西方式现代化是以资本为本，全面现代化是以人为本；从范围看，西方式现代化是以经济现代化、物质现代化为核心标志的单一型现代化，全面现代化是以人的现代化为核心的全方位的现代化；等等。

三、全面现代化的基本要素

全面现代化是对全面建设社会主义现代化国家的现代性表达，在回答新发展阶段现代化的目标、路径等一系列基本问题中，形成了一些具体理论，它们构成了全面现代化的基本要素。这些基本要素构成对全面建设社会主义现代化国家解释框架的核心内容。

（一）现代化目标

从政治层面看，全面现代化目标指向是“把我国建成富强民主文明和谐美丽的社会主义现代化强国”[①]，涉及经济现代化、政治现代化、文化现代化、社会现代化以及生态文明现代化等诸多具体规定。从现代性的基本属性看，全面现代化的目标导向主要有三个层面。一是“社会变迁目标”。现代化首先指涉的是社会结构、社会秩序等层面的社会变迁与文明进步。全面现代化的目标一方面包括从农业社会到工业社会的变迁；另一方面关涉从工业社会到后工业社会（知识社会、信息社会、新型工业社会等）的转变，即从传统性到现代性、从现代性到新现代性的社会建构。比如，从物质现代化角度看，全面现代化要实现新型工业化、信息化、城镇化、农业现代化。“我国实现社会主义现代化，‘新四化’的同步发展是基本路径，也是重要目标。”[②]二是“国家发展目标”。全面现代化的核心指向是“社会主义现代化强国”，国家发展构成其关键目标。从国内维度看，国家发展目标表现为由经济实力、科技实力、法治国家、国家治理能力、国家软实力等一系列指标构成的“进步体系”。从国际维度看，国家发展目标体现在“国际地位目标”。全面现代化就是全面追赶西方发达国家，甚至赶超西方发达国家、引领世界现代化发展方向。三是“人的发展目标”。“任何解放都是使人的世界即各种关系回归于人自身。”[③]作为一种文明进步，现代化最终要体现在人的解放与发展上。全面现代化归根结底是人的现代化、人的全面而自由的发展。在全面现代化阶段，人的全面而自由的发展的目标规定或主要载体是“促进全体人民共同富裕”，通过提高人

---

① 中共中央党史和文献研究院编：《十九大以来重要文献选编》（上），中央文献出版社2019年版，第20页。

② 《〈中共中央关于制定国民经济和社会发展第十四个五年规划和二〇三五年远景目标的建议〉辅导读本》，人民出版社2020年版，第15页。

③ 《马克思恩格斯文集》第一卷，人民出版社2009年版，第46页。

民收入水平、生活水平、生活品质等，不断实现人的发展。

（二）现代化过程

从政治层面看，全面现代化过程分为两个历史阶段：第一个阶段，从2020年到2035年，在全面建成小康社会的基础上，再奋斗十五年，基本实现社会主义现代化；第二个阶段，从2035年到本世纪中叶，在基本实现现代化的基础上，再奋斗十五年，把我国建成社会主义现代化强国。从现代化发展的一般规律看，第一个阶段主要是以工业化为核心的经典现代化目标导向，以“四化”（工业化、信息化、城镇化、农业现代化）为核心驱动的、现代化“全面铺开”的发展阶段；第二阶段主要是后工业现代化目标导向，以知识化、信息化、绿色化为核心驱动的、现代化“全面强化”的发展阶段。

（三）现代化动力

关于现代化动力，可以从宏观、中观、微观三个层面去把握：宏观谈的是历史动力问题，或动力源泉问题；中观谈的是动力机制问题；微观谈的是动力要素问题。从动力要素看，全面现代化根本动力是创新，“创新驱动发展”构成其根本动力模式。“坚持创新在我国现代化建设全局中的核心地位，把科技自立自强作为国家发展的战略支撑。”[①]概括来说，世界现代化可分为两个阶段。第一次现代化主要指从农业社会向工业社会转型。第二次现代化主要指从工业社会向后工业社会（知识经济、信息社会等）的转型。如果说，资

① 《〈中共中央关于制定国民经济和社会发展第十四个五年规划和二〇三五年远景目标的建议〉辅导读本》，人民出版社2020年版，第24页。

本、工业化构成了第一次现代化的核心动力的话，那么，创新构成了第二次现代化的第一动力，知识创新、技术创新和制度创新是推动第二次现代化的决定性力量。“在农业社会，创新主要是个人行为；在工业社会，创新成为组织和企业行为；在知识社会，创新成为国际行为，成为企业竞争、经济发展和社会进步的决定性因素，提高国家创新能力成为一项基本国策。”[①]建立国家创新体系，是构建全面现代化的动力之根本。

（四）现代化模式

一般来说，现代化模式指的是实现现代化的实践路径或现代化的发展类型。罗荣渠提出了三种典型的现代化模式[②]：一是西方资本主义现代化模式，即资本主义私有制+自由市场+分权型或集权型现代国家机构；二是苏联的传统社会主义现代化模式，即社会主义公有制+计划指令与有限市场结合+集权型现代国家机构；三是混合式现代化模式，即混合经济+自由市场+集权或分权型现代国家机构。中国式现代化模式不同于前两种模式，但也不能简单地归结为混合式现代化模式。从类型学角度，可以从两个维度分析全面现代化。一是社会制度。全面现代化是社会主义制度下的现代化模式，属于“中国特色社会主义现代化模式”，并且构成其“高阶形态”。二是战略发展路径。西方国家属于先发现代化类型，其现代化战略路径是“串联式”现代化，先完

① 何传启：《现代化科学领导干部读本：现代化100问》，人民日报出版社2019年版，第141页。

② 罗荣渠：《现代化新论——世界与中国的现代化进程》（增订本），商务印书馆2009年版，第160—172页。

成第一次现代化（以工业化为核心的经典现代化），再进行第二次现代化（以知识化、信息化为核心的后工业现代化）。中国式现代化尤其全面现代化的战略选择是“并联式”现代化。“我国现代化同西方发达国家有很大不同。西方发达国家是一个‘串联式’的发展过程，工业化、城镇化、农业现代化、信息化顺序发展，发展到目前水平用了二百多年时间。我们要后来居上，把‘失去的二百年’找回来，决定了我国发展必然是一个‘并联式’的过程，工业化、信息化、城镇化、农业现代化是叠加发展的。”①概要之，全面现代化模式遵循的是“并联式”现代性逻辑，是一种“综合协调的现代化发展战略”。

（五）现代性的制度化

吉登斯指出，资本主义、工业主义、监督机器和军事力量等构成了现代性的“制度性维度”②。与其有所不同，我们所谈及的现代性的制度性维度，主要指现代性在制度层面上的“表现形态”和“支撑条件”，也就是实现现代性理念与价值、保障现代化运行的制度安排，即“现代性的制度化”。

党的十九届四中全会通过的《中共中央关于坚持和完善中国特色社会主义制度、推进国家治理体系和治理能力现代化若干重大问题的决定》(以下简称《决定》)，勾勒出中国特色社会主义制度的“四梁八柱”，实际上就是中国特色社会主义现代化道路的“制度化安排”，是“全面现代化的制度化”。全面现代化的制度谱系包括了13个制度体系，

---

① 中共中央文献研究室编：《习近平关于社会主义经济建设论述摘编》，中央文献出版社2017年版，第159页。

② [英]安东尼·吉登斯：《现代性的后果》，译林出版社2011年版，第49—68页。

分为根本制度、基本制度和重要制度三个结构层面。"全面现代化的制度化"的指向是国家治理现代化，核心就是把全面现代化的制度优势转化为国家治理效能。"国家制度现代化本质上是降低国家治理成本，提高国家现代化收益。"[①] 从功能维度看，"全面现代化的制度化"就是构建中国国家治理体系。《决定》基本构建起中国国家治理的大系统（详见图1），可以概括为"3+10"。党的领导、人民当家作主和依法治国三者形成了同心圆的内核，同心圆内核之外是10个领域的治理。同心圆内核不仅涉及三个领域的治理，更为重要的是，同心圆内核代表着三大原则的有机统一，它统领着、指导着、带动着其他各个领域的治理。

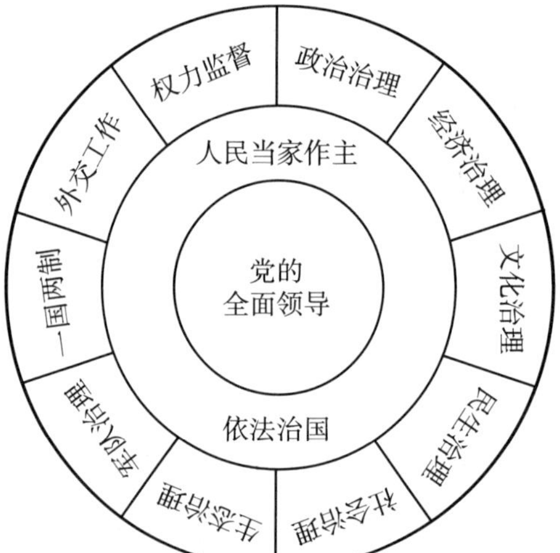

图1 "3+10"的国家治理系统（全面现代化的功能系统）

来源：自制。

---

① 胡鞍钢等：《2020中国：全面实现社会主义现代化》，浙江人民出版社2017年版，第89页。

（六）现代化的评价标准

现代化的评价标准指衡量现代化实现程度的尺度，以及评价现代化优劣程度的规范准则。对现代化的评价，主要涉及定性与定量两个标准。从定性角度看，一般来说，评价标准有四个：生产力标准、社会进步标准、人的发展标准、环境友好标准。[①]聚焦到全面现代化理论，涉及的评价标准大致有五个层面。一是生产力标准。衡量一个社会现代化程度，关键看解放和发展生产力的程度。对于全面现代化而言，对生产力的衡量“不再简单以国内生产总值增长率论英雄”，生产力指标的重点从“量的要求”转化为“质的要求”，从“资源型生产力”转化为“创新型”“科技型”生产力。二是社会进步标准。现代化内含“文明化”逻辑，要根据促进社会的公平正义与文明进步程度评价现代化。全面现代化评价标准的关键是社会公平原则。权利公平、机会公平、规则公平，是判断全面现代化进程的重要指标。三是人的发展标准。“只有坚持以人民为中心的发展思想，坚持发展为了人民、发展依靠人民、发展成果由人民共享，才会有正确的发展观、现代化观。”[②]人的发展是现代化的出发点和落脚点。具体而言，可以采用人类发展指数（HDI），对全面现代化各个发展阶段进行有效评价。四是环境友好标准。在现代化初期或工业化时代，人与自然的关系主要是二元对立的，强化改造、征服自然的二元论思维，经济主义至上、人类中心主义至上。全面现代化是人与自然和谐共生的现代化，绿色化是现代化

① 四条标准参考了何传启的相关成果。具体可参见何传启：《现代化科学领导干部读本：现代化100问》，人民日报出版社2019年版，第33—35页。

② 习近平：《把握新发展阶段，贯彻新发展理念，构建新发展格局》，《求是》2021年第9期。

的核心要求，环境友好标准是核心评价指标。五是国家安全标准。亨廷顿曾说："现代性孕育着稳定，而现代化过程却滋生着动乱。"[①]随着我国社会主要矛盾变化和国际力量对比深刻调整，全面现代化进程中面临的内外部风险空前上升，现代化建设必须把安全发展贯穿国家发展各领域和全过程。安全是现代化发展的前提，也构成评价其优劣的内在标准。能否有效防范和应对可能影响全面现代化进程的系统性风险，是一大考验。何为风险社会？它是现代化发展的一个阶段，"在这个阶段，工业化社会道路上所产生的威胁开始占主导地位"[②]。全面现代化阶段，也是风险逐步产生与蔓延的阶段，这必然导致对现代化评价标准的"再评价"问题。这个"再评价"，就是把安全标准纳入现代化评价体系中。当然，安全标准并不是单维度的，而是全面性的，它是从总体国家安全角度，评价全面现代化的质量。

四、中国式现代化与全面建设社会主义现代化国家的关系

中国式现代化是中国式现代化理论和中国式现代化实践的总称，其中，中国式现代化实践在当前和今后一段时期就是指全面建设社会主义现代化国家，即是说，全面建设社会主义现代化国家就是中国式现代化实践。基于此，我们着重探讨中国式现代化理论和全面建设社会主义现代化国家的关系。

首先，要明确全面建设社会主义现代化国家的基本含义。全面建

---

① [美]塞缪尔·P.亨廷顿：《变化社会中的政治秩序》，王冠华、刘为等译，上海人民出版社2008年版，第31页。

② [德]贝克、[英]吉登斯、[英]拉什：《自反性现代化：现代社会秩序中的政治、传统与美学》，商务印书馆2001年版，第10页。

设社会主义现代化国家不是指作为某种“名词”的国家，而是指我国社会主义现代化进程中的一个重要历史阶段。全面建设社会主义现代化国家是一个历史阶段，指的是从2020年到本世纪中叶的30年，它分两个阶段来安排：从2020年到2035年基本实现社会主义现代化；从2035年到本世纪中叶把我国建成富强民主文明和谐美丽的社会主义现代化强国。作为一个历史阶段，全面建设社会主义现代化国家也涉及理论和实践两个维度。从实践维度看，它指的就是中国共产党带领中国人民开启的社会主义现代化建设的新征程、不断推进和拓展的中国式现代化的新实践。从理论维度看，它涉及我们党关于全面建设社会主义现代化国家新征程所制定的战略安排、战略布局、战略举措等。

其次，中国式现代化理论为全面建设社会主义现代化国家战略布局提供了理论支撑。在二十届中央政治局第一次集体学习时，习近平总书记明确指出，“深刻理解中国式现代化理论和全面建设社会主义现代化国家战略布局的关系，认识到前者是后者的理论支撑”。这一重要论断讲清楚了中国式现代化理论与全面建设社会主义现代化国家（作为“四个全面”战略布局重要组成部分）的基本关系。习近平总书记在这次讲话中还提到，要全面把握中国式现代化的中国特色、本质要求和必须牢牢把握的重大原则。中国特色指中国式现代化是人口规模巨大的现代化、全体人民共同富裕的现代化、物质文明和精神文明相协调的现代化、人与自然和谐共生的现代化、走和平发展道路的现代化。本质要求涉及“根本性质”（坚持中国共产党领导，坚持中国特色社会主义）、“任务指向”（实现高质量发展，发展全过程人民民主，丰富人民精神世界，实现全体人民共同富裕，促进人与自然和谐共生）、“国际效应”（推动构建人类命运共同体）以及“文明意义”（创造人类文明新形态)。必须牢牢把握的重大原则涉及“领导力量”(坚持和加强党的全面领导)、“道路方向”(坚持中国特色社会主义道路)、“价值原则”(坚持以人民为中心的发展思想)、“动力机制”(坚持深化改革开放)以及“精神力量”(坚持发扬斗争精神)。这些重要论述勾勒了中国式现代化理论的基本框架,也是我们谋划全面建设社会主义现代化国家战略布局的理论支撑。

这个“战略布局”包括哪些内容?比如,提出实现中华民族伟大复兴的中国梦,以中国式现代化全面推进中华民族伟大复兴,统揽伟大斗争、伟大工程、伟大事业、伟大梦想,明确“五位一体”总体布局和“四个全面”战略布局,统筹发展和安全,等等;再如,提出围绕新时代新征程党的中心任务展开的战略布局,涵盖了经济、科教、政治、法治、文化、社会、生态、安全、国防、外交、“一国两制”、党的领导和党的建设各个领域,擘画了全面建设社会主义现代化国家的全方位战略布局。这一系列战略布局是以中国式现代化理论为支撑的。作为全面建设社会主义现代化国家战略布局的理论支撑,中国式现代化理论为这一战略布局明确了指引目标,确定了领导力量,规定了道路方向,明晰了价值立场,提供了科学方法,等等。从科学内涵看,推进中国式现代化的奋斗目标是把我国建成富强民主文明和谐美丽的社会主义现代化强国,这一理论观点规定了全面提升我国的物质文明、政治文明、精神文明、社会文明、生态文明水平的战略任务,为“五位一体”总体布局提供了基本理论支撑;从本质特征看,中国式现代化是中国共产党领导的社会主义现代化,这一理论观点阐明了全面建设社会主义现代化国家、全面推进中华民族伟大复兴关键在党的重要性,为以党的自我革命引领社会革命提供了基本理论支撑;从道路方向看，我们讲中国式现代化，这个“中国式”从根本上讲就是基于中国特色社会主义而形成的，这一理论观点明确了全面建设社会主义现代化国家必须走中国特色社会主义道路，为新时代新征程坚持和发展中国特色社会主义道路提供了基本理论支撑；从价值目的看，中国式现代化是全体人民共同富裕的现代化，这一理论观点阐明了新发展阶段坚持贯彻以人民为中心的发展思想的重要性和必要性，为全面建设社会主义现代化国家新征程上扎实推动共同富裕提供了基本理论支撑；从基本国情看，中国式现代化是人口规模巨大的现代化、后发国家的现代化，这一理论观点阐明了实现中国式现代化的艰巨性和复杂性前所未有，发展途径和推进方式必然具有自己的特点，为全面建设社会主义现代化国家新征程中实现自立自强式发展、跨越式发展、统筹兼顾式发展等提供了基本理论支撑。总而言之，正是由于以中国式现代化理论为支撑，全面建设社会主义现代化国家战略布局具有科学性和必然性，符合中国式现代化规律和世界现代化规律。

最后，全面建设社会主义现代化国家新征程上必将进一步丰富和发展中国式现代化理论。中国式现代化理论是一个不断开放发展的理论体系，它随着中国式现代化实践的持续展开而不断丰富和发展。新中国成立后，我们党带领人民对中国现代化建设进行了艰辛探索，在理论上提出了“四个现代化”目标。改革开放后，我们按照“三步走”发展战略不断推进社会主义现代化进程，在理论上提出了“中国式的现代化”概念，先后实现了解决人民温饱问题、人民生活总体上达到小康水平的发展目标，又经过本世纪前20年的努力实现了全面建成小康社会目标，在理论上形成了一系列基于小康社会的现代化理论体系、知识体系。党的二十大报告庄严宣告：从现在起，中国共产党的中心任务就是团结带领全国各族人民全面建成社会主义现代化强国、实现第二个百年奋斗目标，以中国式现代化全面推进中华民族伟大复兴。实践没有止境，理论创新也没有止境。在新征程上，中国式现代化必定会围绕全面建设社会主义现代化国家展开一系列的理论创新和实践创新，当前我们党提出的一系列新观点新论断新思想已经说明了这一点。比如，提出建设科技强国、制造强国、质量强国、网络强国、交通强国、数字中国，建成文化强国、教育强国、人才强国、体育强国、健康中国等目标；提出坚持以人民为中心的发展思想，推动人的全面发展、实现全体人民共同富裕；提出立足新发展阶段、贯彻新发展理念、构建新发展格局、推动高质量发展、统筹发展和安全；等等。

问题是时代的声音。全面建设社会主义现代化国家新征程所面临的问题必定给理论创新提出全新要求，也给丰富和发展中国式现代化理论提供全新动力。择其要点来说，新征程上，着眼于高质量发展，构建更加强劲的动力机制；扎实推进共同富裕，构建更加和谐的平衡机制；推进文化自信自强，构建凝聚人心的价值体系；坚持总体国家安全观，构建维护国家安全和社会稳定的安全机制；促进世界和平与发展，构建更加公正合理的全球治理体系；等等，这些都是中国式现代化面临的新任务新问题新挑战，对其积极有效应答，将会进一步丰富和发展中国式现代化理论体系、知识体系。

问题 14

如何理解中国式现代化理论是科学社会主义的最新重大成果

2023年2月7日，习近平总书记在学习贯彻党的二十大精神研讨班开班式上指出："中国式现代化理论，是党的二十大的一个重大理论创新，是科学社会主义的最新重大成果。"[①]为什么说中国式现代化理论是科学社会主义的最新重大成果？核心理由有三：一是"一脉相承"。中国式现代化理论坚持了科学社会主义基本原则。二是"与时俱进"。中国式现代化理论，以我们正在做的事情和将要做的事情为中心，以一系列具有原创性的新思想新观点新论断，写出了马克思主义新篇章、科学社会主义新版本。三是"破解难题"。中国式现代化理论破解了"世界社会主义运动的难题"，探索到了一条经济文化落后国家建设社会主义的成功之路，在科学社会主义发展史上具有"典范意义"。

一、中国式现代化理论坚持了科学社会主义基本原则

中国式现代化理论是中国共产党人将科学社会主义与中国现代化实践相结合的产物，属于社会主义现代化理论谱系，其坚持和体现了科学社会主义基本原则及价值立场。

① 《正确理解和大力推进中国式现代化》，《人民日报》2023年2月8日。

第一，中国式现代化理论以实现共产主义为最终目标，将社会主义作为现代化的基本底色，遵循了科学社会主义揭示的客观规律。科学社会主义揭示了资本主义向社会主义、共产主义过渡的客观规律，明确指出人类社会朝着社会主义、共产主义发展的历史趋势，预测了"资产阶级的灭亡和无产阶级的胜利是同样不可避免的"[①]。中国式现代化既不走封闭僵化的老路，也不走改旗易帜的邪路，而是坚定不移走中国特色社会主义道路，从理论和实践上都始终坚持社会主义前进方向，遵循科学社会主义揭示的人类社会发展规律。

第二，中国式现代化理论把中国共产党领导明确为其根本性质，坚持了无产阶级政党是社会主义运动根本领导力量这一科学社会主义基本原则。先进的无产阶级政党的建立、领导，是社会主义运动成败的关键。恩格斯曾明确指出："要使无产阶级在决定关头强大到足以取得胜利，无产阶级必须（马克思和我从1847年以来就坚持这种立场）组成一个不同于其他所有政党并与它们对立的特殊政党，一个自觉的阶级政党。"[②]中国式现代化是中国共产党领导的社会主义现代化，党的领导直接关系到中国式现代化的根本方向、前途命运、最终成败。中国式现代化既在实践中始终坚持党的领导，以强大政党引领伟大事业，以自我革命引领社会革命，又在理论上明确把党的领导规定为中国式现代化的根本性质，无不说明了中国式现代化在现代化的领导力量上坚持科学社会主义的基本要求。

第三，中国式现代化理论以实现人民美好生活、人的解放为基本价值遵循，坚持了科学社会主义价值立场。"代替那存在着阶级和阶级

① 《马克思恩格斯选集》第一卷，人民出版社2012年版，第413页。

② 《马克思恩格斯全集》第三十七卷，人民出版社1971年版，第321页。

对立的资产阶级旧社会的，将是这样一个联合体，在那里，每个人的自由发展是一切人的自由发展的条件。”[①]科学社会主义是关于人的解放和发展的学说，实现人的解放是科学社会主义主题主线、价值立场、终极追求。中国式现代化理论主张“现代化的本质是人的现代化”[②]，遵循人的发展逻辑而非资本逻辑，坚持人民至上而非资本至上，着眼于解决人民日益增长的美好生活需要和不平衡不充分的发展之间的矛盾，注重维护和实现人的根本利益，促进人的全面发展，在现代化的目标追求上遵循了科学社会主义的价值要求。

第四，中国式现代化理论坚持人民主体地位，遵循了科学社会主义的群众史观。群众史观是科学社会主义基本原理，它主张“人们自己创造自己的历史”[③]，人民群众是历史主体。中国式现代化理论坚持人民群众是历史发展和社会进步的主体力量的观点，中国式现代化在不同历史进程中始终坚持发展依靠人民，充分调动和发挥广大人民群众的积极性、主动性、创造性，在现代化的主体力量上遵循了科学社会主义基本原理。

第五，中国式现代化理论以社会主义初级阶段论为立论基础，强调社会主义的长期性，主张循序渐进推进社会主义现代化建设。科学社会主义既强调实现社会主义的必然性，又强调实现社会主义的长期性，其基本观点是：“无论哪一个社会形态，在它所能容纳的全部生产力发挥出来以前，是决不会灭亡的；而新的更高的生产关系，在它的

---

① 《马克思恩格斯文集》第二卷，人民出版社2009年版，第53页。

② 中共中央文献研究室编：《十八大以来重要文献选编》（上），中央文献出版社2014年版，第594页。

③ 《马克思恩格斯选集》第四卷，人民出版社2012年版，第649页。

物质存在条件在旧社会的胎胞里成熟以前，是决不会出现的。”[①]中国式现代化理论立足社会主义初级阶段，强调经济文化落后的东方大国巩固和发展社会主义的长期性、艰巨性，有步骤、分阶段、循序渐进推进社会主义现代化建设，在现代化的发展战略上遵循了科学社会主义关于社会主义建设长期性的重要判断。

二、中国式现代化理论谱写了科学社会主义新篇章

中国式现代化理论何以能被称为科学社会主义的最新重大成果？关键一点就在于它提出了一系列具有原创性的新思想新观点新论断，从而丰富和发展了科学社会主义。

第一，强调坚持中国共产党领导，创造性回答了“什么是社会主义”这一社会主义发展史上的基本问题。1516年，托马斯·莫尔的《乌托邦》标志着空想社会主义的诞生，开辟了世界社会主义的新纪元。1848年，马克思、恩格斯的《共产党宣言》标志着科学社会主义的诞生，将社会主义运动推向了新的阶段。在社会主义发展长河中，“什么是社会主义”始终没有定论，马克思主义经典作家也没有对其作出明确回答。改革开放以来，中国共产党人不断思考和深化对于这一问题的认识，提出“社会主义的本质，是解放生产力，发展生产力，消灭剥削，消除两极分化，最终达到共同富裕”[②]，促进人的全面发展体现社会主义现代化建设的本质[③]，“社会和谐是中国特色社会主义的本质属性”[④]。党

① 《马克思恩格斯选集》第二卷，人民出版社2012年版，第3页。

② 《邓小平文选》第三卷，人民出版社1993年版，第373页。

③ 参见《江泽民文选》第三卷，人民出版社2006年版，第539页。

④ 《中共中央关于构建社会主义和谐社会若干重大问题的决定》，人民出版社2006年版，第1页。

的十八大之后，以习近平同志为核心的党中央进一步深化对社会主义本质的认识，在提出“全面依法治国是中国特色社会主义的本质要求和重要保障”[①]“共享是中国特色社会主义的本质要求”[②]“共同富裕是社会主义的本质要求，是中国式现代化的重要特征”[③]“公平正义是中国特色社会主义的内在要求”[④]等重要论断的同时，强调“中国特色社会主义最本质的特征是中国共产党领导”[⑤]，并且将“坚持中国共产党领导”明确为中国式现代化首要的本质要求，将“坚持和加强党的全面领导”确立为推进中国式现代化必须首先遵循的重大原则，从而形成了系统的社会主义本质理论体系，创造性回答了“什么是社会主义”这一社会主义发展史上的基本问题。

第二，强调坚持中国特色社会主义，统筹推进“五位一体”总体布局，深化和发展了社会主义建设理论。马克思、恩格斯并没有具体探讨社会主义建设问题。在社会主义建设问题上，中国共产党人不断深化认识，从“两个文明”，到“三位一体”，再到“四位一体”，最终形成了“五位一体”总体布局理论。这一理论体现了社会主义发展的全面性原则，遵循了全面现代化的基本要求。中国式现代化强调实现高质量发展，发展全过程人民民主，丰富人民精神世界，实现全体

---

① 习近平：《决胜全面建成小康社会 夺取新时代中国特色社会主义伟大胜利——在中国共产党第十九次全国代表大会上的报告》，人民出版社2017年版，第22页。

② 中共中央文献研究室编：《十八大以来重要文献选编》(中)，中央文献出版社2016年版，第793页。

③ 《在高质量发展中促进共同富裕 统筹做好重大金融风险防范化解工作》，《人民日报》2021年8月18日。

④ 中共中央文献研究室编：《十八大以来重要文献选编》(上)，中央文献出版社2014年版，第78页。

⑤ 习近平：《论坚持党对一切工作的领导》，中央文献出版社2019年版，第59页。

人民共同富裕，促进人与自然和谐共生，是一种包括物质文明、政治文明、精神文明、社会文明、生态文明在内的“五位一体”的人类文明新形态，大大拓展了社会主义建设理论，也极大丰富了世界现代化理论。

第三，强调深化改革开放，推进国家治理现代化，深化和发展了社会主义发展动力理论。科学社会主义内蕴着唯物史观的基本原理，强调生产力是社会发展的最终决定力量，生产力和生产关系、经济基础和上层建筑的矛盾运动构成历史进步的根本动力。中国式现代化既坚持社会主义制度，又强调改革开放，主张在改革中完善社会制度、优化社会关系、发展上层建筑，不断破除生产力发展的桎梏，主张在对外开放中、在吸收资本主义优秀文明成果中推进社会主义发展，不断解放和发展生产力，主张在全面深化改革中完善和发展中国特色社会主义制度，推进国家治理体系和治理能力现代化，从而不断增强社会主义现代化建设的动力和活力，这是对社会主义发展动力理论的深化和发展。

第四，提出了“两步走”战略安排，深化和发展了社会主义发展阶段理论。马克思、恩格斯并没有直接探讨社会主义的发展阶段问题，但是认识到资本主义和共产主义之间存在一个过渡时期，并且指出共产主义具有“第一阶段”和“高级阶段”之分。后来，列宁将“共产主义第一阶段”明确为“社会主义”阶段。毛泽东在此基础上将社会主义发展阶段进一步划分为“不发达的社会主义”和“比较发达的社会主义”。1987年党的十三大提出并系统阐述了社会主义初级阶段理论，明确我国处于社会主义初级阶段。基于对社会主义初级阶段的判断，我们党科学谋划并推进了社会主义现代化建设，在“三步走”和

“新三步走”战略的基础上提出分“两步走”到本世纪中叶全面建成社会主义现代化强国。“两步走”战略安排既是对社会主义初级阶段理论的坚持和运用，也是对马克思主义经典作家关于社会主义发展阶段理论的深化和发展。

第五，强调发扬斗争精神，深化和发展了社会主义发展策略理论。成功推进社会主义现代化建设，既要强调战略，也要讲究策略，正确的策略对于社会主义事业的成功至关重要。而“共产党的正确而不动摇的斗争策略，决不是少数人坐在房子里能够产生的，它是要在群众的斗争过程中才能产生的，这就是说要在实际经验中才能产生”[①]。在世界百年未有之大变局中，在党的十八大以来的斗争实践中，我们党不断强化斗争意识，持续增强斗争本领，形成了在伟大斗争中推进伟大事业的宝贵经验，使发扬斗争精神成为推进中国式现代化的一项基本策略，从而深化和发展了社会主义发展策略理论。

第六，强调构建人类命运共同体，为求解全球化时代下“两制共存难题”贡献了中国方案。科学社会主义的“两个绝不会”原理、跨越“卡夫丁峡谷”构想以及“一国或数国首先胜利论”都蕴含着关于“两制共存”的理论判断，且从现实来看，十月革命之后，世界便一直处于“一球两制”时代，社会主义与资本主义的共存已成为一个不争事实。中国式现代化理论坚持和平发展，倡导新型发展观、文明观、安全观、义利观，遵循全人类共同价值，提出构建人类命运共同体，开创了人类普遍交往史上“两制和谐共存”的国际政治新范式，为全球化时代处理“两制矛盾”、优化“两制关系”、促进世界共同发展贡

---

① 《毛泽东选集》第一卷，人民出版社1991年版，第115页。

献了中国方案。

三、中国式现代化理论破解了“世界社会主义运动难题”

马克思、恩格斯预测，社会主义革命首先在发达资本主义国家取得胜利。20世纪世界社会主义运动的实践并未按照他们的设想展开，反而是在经济文化落后的国家爆发了革命，这些国家率先走上了社会主义道路。列宁曾说过：“我们的革命是开始容易，继续比较困难，而西欧的革命是开始困难，继续比较容易。”①所谓的“开始”指夺取政权，建立社会主义制度；“继续”则指巩固和发展社会主义。“继续比较困难”，实际上揭示了一个“世界社会主义运动的难题”：经济文化落后国家取得政权、建立社会主义制度之后，如何建设社会主义，如何巩固和发展社会主义？简言之，就是经济文化落后国家如何建设社会主义。也许表现形式不同，但是这一难题始终存在于20世纪世界社会主义运动的实践中。十月革命之后，第二国际以及俄国的孟什维克分子群起攻之：“俄国生产力还没有发展到可以实行社会主义的高度。”针对此质疑，列宁反问：“我们为什么不能首先用革命手段取得达到这个一定水平的前提，然后在工农政权和苏维埃制度的基础上赶上别国人民呢？”②20世纪80年代末90年代初，一些人将苏联解体、东欧剧变归结为“社会主义的原罪”：俄国等经济文化落后国家跨越“卡夫丁峡谷”，直接进入社会主义，违背了马克思的本意，抑或说，违背了人类社会客观规律。

经济文化落后的东方国家跨越“卡夫丁峡谷”直接建立社会主义，

---

① 《列宁全集》第三十四卷，人民出版社2017年版，第343页。

② 《列宁选集》第四卷，人民出版社2012年版，第777页。

并没有违背马克思本意，这一点，我们可以从马克思晚年关于东方社会的一系列论述中得到佐证；也没有违背人类历史发展的客观规律，这一点，学术界已有相关论证。[①]以苏联为代表的东方落后国家建立社会主义制度，尽管没有任何“原罪”或“不合理性”，但同样不可否认的是，社会主义运动在这些国家遭受到极其严重的挫折。原因何在？就在于它们始终没找到一条经济文化落后国家建设社会主义（以及建设现代化）的正确道路。这一历史任务是由中国共产党带领中国人民来完成的。以毛泽东为代表的中国共产党人最早提出“以苏为鉴”，独立探索适合中国国情的社会主义建设道路。“现在是社会主义革命和建设时期，我们要进行第二次结合，找出在中国怎样建设社会主义的道路。”[②]由于各种复杂的历史原因，在这一历史时期，“第二次结合”并没有成功。改革开放以后，我们才成功实现“第二次结合”，开创了中国特色社会主义道路，并在党的二十大上初步构建了中国式现代化理论体系。从科学社会主义发展史看，中国式现代化理论和实践最重要意义在于，破解了“世界社会主义运动的难题”，探索到了一条经济文化落后国家建设社会主义的成功之路。中国式现代化理论在破解“世界社会主义运动难题”中，提出了哪些具体理论？前面所涉及的“原创性理论”都是重要内容，我们不做过多展开。在这里，我们从普遍性意义说，中国式现代化理论对于经济文化落后国家建设社会主义或进行现代化建设，有哪些核心启示？

一是坚持走自己的路。“人类历史上没有一个民族、一个国家可以

---

① 参见唐爱军：《中国道路：超越资本现代性》，《北京大学学报（哲学社会科学版）》2020年第3期。

② 《毛泽东年谱（1949—1976）》第2卷，中央文献出版社2013年版，第557页。

通过依赖外部力量、照搬外国模式、跟在他人后面亦步亦趋实现强大和振兴。那样做的结果，不是必然遭遇失败，就是必然成为他人的附庸。”[①]通过建设社会主义走向现代化是一项全新事业，没有现成经验可循。在追求现代化的过程中，我们既没有照搬苏联模式，也没有套用西方模式，而是独立自主探索适合本国的社会主义新路、现代化新路，通过“走自己的路”创造了中国奇迹。可以说，“走自己的路，是党的全部理论和实践立足点，更是党百年奋斗得出的历史结论”[②]。中国可以通过“走自己的路”成功推进社会主义现代化建设，广大发展中国家也可以通过“走自己的路”实现现代化目标，其他经济文化落后的国家也可以走出自己独特的社会主义道路。

二是立足本国国情。世界上既没有放之四海而皆准的现代化模式，也没有包治百病的现代化方案，现代化成功的关键在于立足现实进行具体分析，形成适合本国国情的具有针对性的理论和方案。在探索推进现代化过程中，中国共产党没有教条式地运用马克思主义，而是科学分析和正确判断了中国社会主义的发展阶段，认识到“我们必须经历一个很长的初级阶段，去实现别的许多国家在资本主义条件下实现的工业化和生产的商品化、社会化、现代化”[③]，并以此为依据逐渐形成了清晰的现代化思路，这是中国式现代化取得成功的一个关键因素，广大发展中国家也应当充分结合本国实际制定科学、具体、可行的现代化方案。

---

① 《中国共产党第十九届中央委员会第六次全体会议文件汇编》，人民出版社2021年版，第97页。

② 习近平：《在庆祝中国共产党成立100周年大会上的讲话》，人民出版社2021年版，第13页。

③ 中共中央文献研究室编：《十三大以来重要文献选编》（上），中央文献出版社2011年版，第9页。

三是坚持守正创新。“不忘历史才能开辟未来，善于继承才能善于创新。”[①]在探索推进现代化过程中，中国共产党既以马克思主义为指导，坚持社会主义前进方向，又以中华优秀传统文化为根基，坚守民族历史根脉，这使中国式现代化深植于中华优秀传统文化并且体现科学社会主义的先进本质，兼具民族性和科学性。同时，我们还注重借鉴吸收一切人类优秀文明成果，积极推进现代化的理论创新、制度创新、实践创新，与时俱进发展了指导思想和历史传统，成功推进了社会主义现代化建设，广大发展中国家也应当坚守民族本色和积极创新突破，在守正和创新中实现现代化目标。

① 《习近平谈治国理政》第二卷，外文出版社2017年版，第313页。

问题 15

如何构建中国式现代化理论体系

中国式现代化的成功是人类发展史、世界现代化史上的一个重大事件，它不仅在实践上推动了世界秩序的变革，而且在理论上超越了西方现代化理论体系、话语体系。当前，我们亟须构建中国式现代化理论体系，牢牢把握现代化的解释权和话语权。习近平总书记在党的二十大报告中提出了中国式现代化的中国特色、本质要求等重大论断，为构建中国式现代化理论体系提供了根本遵循。此外，构建中国式现代化理论体系，还需要对现代化理论谱系进行分析，这样的分析在很大程度上表现为对以往现代化理论的批判性反思、对现代化一般命题的“中国式解答”。尽管关于现代化的理论流派众多，但对于构建中国式现代化理论体系具有主要意义的“他者”是西方经典现代化理论。通过批判反思塔尔科特·帕森斯、西里尔·E.布莱克、塞缪尔·P.亨廷顿、S. N. 艾森斯塔特等现代化学者的理论，笔者认为，不管他们的具体理论观点、研究侧重点是什么，他们都直接或间接关注三个核心问题域：一是对现代化的本质、基本特征、传统与现代关系等基本理论的研究；二是对现代化的历史进程、发展道路、模式选择等涉及历史—实践层面问题的研究；三是对现代化进程中的冲突、矛盾、风险挑战等的研究。事实上，这三者也构成了构建中国式现代化理论体系的问题域。基于中国式现代化实践，对三大核心问题域相关议题的“中国式解答”，是构建中国式现代化理论体系的前提条件。

一、何谓现代化?

第一个问题域可以概述为“何谓现代化”的命题。在很大程度上，正是由于对现代化的不同理解，才呈现出不同流派的现代化理论。“何谓现代化”命题涉及两个方面：现代化概念的界定或对其本质的阐释，以及传统与现代的关系。

（一）对现代化概念的界定

现代化概念一直没有统一的定义，西方学者的相关界定大体有五种思路：一是经济学维度。华尔特・惠特曼・罗斯托、西蒙・史密斯・库兹涅茨等从经济增长角度界定现代化。二是知识与技术维度。布莱克从知识增长角度解释现代化的起源、动力。三是社会学维度。帕森斯、艾森斯塔特等社会学家作为结构功能主义的代表，主要从社会分化与整合角度理解现代化。四是政治学维度。亨廷顿等政治学者普遍从政治结构分化、政治参与扩大等方面阐释现代化。五是心理学和行为学维度。亚历克斯・英克尔斯指出，人的现代化是社会现代化的核心，也是其根本目标。

中国式现代化理论体系的首要前提就是对现代化的概念进行界定，当然这一界定是对现代化一般本质的揭示，而不是对中国式现代化特殊内涵的阐释。在借鉴以往学者研究成果的基础上，笔者认为，在界定现代化概念或阐释其本质时，要兼顾四个原则。一是性质维度。要提炼现代化之为现代化的本质属性，现代化的确是某种类型的社会变迁，甚至是文明进步，但是不能把现代化“降低”为一般意义的社会变迁、社会进步。二是时间维度。现代化（或现代）既是一个性质概念，又是一个具有时间要求的概念。界定现代化，一般要把握时间上限，当然（至少从目前来看）没有时间下限，它是开放的。现代化本身不是固定不变的，以西方为例，它经历了诸如启蒙时期、工业化时期以及后工业化时期等历史阶段。因此，阐释现代化要兼顾历史阶段。三是空间维度。现代化是一种世界现象、普遍潮流，但又是在一个个民族国家内实现的。民族国家构成现代化的基本空间载体。现代化普遍性寓于民族国家现代化的具体进程中。四是总体性维度。现代化不是社会某个领域的变化，而是涉及所有领域的整体变革，它所呈现出来的特征也是多方面的而不是单维度的。因此，不能从某一要素、某一特征或某一领域去界定现代化。根据这四个原则，可以给现代化一个大致的定义：所谓现代化，指1500年以来特别是18世纪工业革命以来，以民族国家为主体、从传统农业社会向现代工业社会乃至后工业社会转变的社会大变革，这一变革带来了经济、政治、社会、文化等人类社会全方位的深刻变化。从性质维度看，工业化构成现代化的中轴。艾瑞克·霍布斯鲍姆把英国工业革命和法国大革命称为“双元革命”，突出的就是工业化（以及民主化）的核心意义，工业化也被普遍视为现代化两大主要目标之一。也许有人会说，在后工业社会无法用工业化界定现代化的本质。有学者指出，社会生产力是推动人类社会发展的根本动力，人类社会发展逐步经历了原始生产力、农业生产力、工业生产力三种形态。[①]从此视角看，工业社会和后工业社会都属于大

---

① 罗荣渠：《现代化新论续篇——东亚与中国的现代化进程》，北京大学出版社1997年版，第54—55页。

工业生产力形态。从时间维度看，现代化发端于16世纪，但实质性展开于18世纪，基本标志就是英国的工业革命；现代化对未来是开放的，后工业社会、知识社会时期都属于现代化的历史进程。从空间维度看，现代化起源于西方，经过几次浪潮，逐步扩展到世界上绝大多数国家。后发国家追赶发达国家是世界现代化的显著现象。从总体性维度看，在从传统农业社会向现代工业社会转型的过程中，现代化带来了社会诸领域以及人自身的变化。这些变化实际上就是现代性在社会各个层面的表现，它们构成了现代化或现代性的基本特征。基本特征虽然不能简单等同于本质，但是可以作为理解本质的重要视角。可以从“5+1”的框架去把握现代化的基本特征：从经济层面看，现代化表现为工业化、市场化；从政治层面看，现代化表现为民主化、法治化、科层制；从文化层面看，现代化表现为世俗化、商业化、大众文化；从社会层面看，现代化表现为城市化、市民化、工业社会；从人与环境关系层面看，现代化表现为经济主义、人类中心主义、改造自然等；从个人行为层面看，现代化表现为进取性、平等性、个人利益取向。

（二）传统与现代的关系

“传统”与“现代”是现代化理论的核心概念。一般来说，现代化就是从传统到现代的转变。那么，何谓传统社会（传统性）？何谓现代社会（现代性）？如何才能实现从传统社会到现代社会的转变呢？这些问题及对其的解答，构成了现代化理论的重要内容。本文不做过多的理论展开，而是要着眼于批判反思西方经典现代化理论在传统与现代关系议题上的弊端，并讨论中国式现代化理论的相关主张。

第一，西方经典现代化理论对传统与现代两个概念的理解过于简单、抽象。在西方经典现代化理论中，传统的概念不是来自对历史经验或社会现实的提炼和总结，只是作为现代的对立面而存在，是现代化之外的“剩余”，凡是不属于现代的东西都被贴上了传统的标签。西方经典现代化理论忽视传统文明的多样性、差异性、冲突性等，把传统文明简单理解为同质化的规范和价值观的统一体；忽视传统性在时间和空间上的多样性，把不同类别的社会结构统统归结为传统社会结构。在性质认定上，将传统理解为落后的、愚昧的、僵化的，将现代理解为进步的、文明的、发展的。

第二，西方经典现代化理论对传统与现代之间关系的理解是片面的。西方经典现代化理论的基本范式是传统—现代二元论，相关的理论观点有：传统与现代是相互对立、相互排斥的两极；现代化就是用“先进的东西”“好的东西”彻底取代“落后的东西”“坏的东西”；传统必然阻碍现代化，推进现代化历史进程必然要否定、削弱、抛弃传统。

第三，西方经典现代化理论用传统—现代二分法阐释东方国家与西方国家之间的关系是严重错误的。西方经典现代化理论具有浓厚的西方中心主义色彩，“首先从西方社会的一般形象中获得‘现代性’的属性，然后又把这些属性的获得设想为现代化的标准。现代化理论家试图把对非西方社会的分析强行纳入本迪克斯所说的‘欧洲经历的普罗克卢斯特床’”[①]。非西方国家与西方国家的差别被视作传统与现代、落后与先进、愚昧与文明之间的关系。非西方国家要发展被认为只能走现代化即西方化的道路。

如何看待传统与现代的关系？中国式现代化理论需要作出自己的

---

① [美]迪恩·C.蒂普斯:《现代化理论与社会比较研究的批判》，载于[美]布莱克主编《比较现代化》，上海译文出版社1996年版，第103—104页。

回答。

首先，对传统与现代这两个概念的理解要更加准确。无论传统还是现代，其内部都不是始终一致的均质的统一体，都包含着性质不同的要素或关系。不能简单地把传统理解为现代之外的“剩余”，要将传统放在特定的历史阶段和具体国情中进行分析，比如，并不存在一个所有非西方国家都曾拥有的、同质性的、和谐的传统价值体系、制度秩序等。此外，在性质判定上，传统并非什么都不好，现代也未必处处都好。

其次，对传统与现代关系的理解要更加全面。中国式现代化理论一个显著的特点就是打破了传统—现代二元论，认为二者不是简单的对立或断裂关系，而是更为复杂多样的关系，二者在诸多方面是相互兼容、相互作用的。传统与现代的关系至少有三种：有些传统（比如封建观念、专制制度）是现代化的阻力，现代化对之是否定的；有些传统（比如人文精神、道德规范）是现代化的资源，现代化对之是肯定的；有些传统（比如语言文字）是现代化的条件或基础，二者是可以相互兼容的。因此，不能把现代化简单地理解成完全以各种现代因素来取代各种传统因素的过程。“传统并非是某种等待着自行消亡的东西，而是具有极大的伸缩性物。在既定历史条件下，它能被相当程度地改变、创造和形塑以适应当前的需求和愿望。”[①]在现代化进程中，对有积极作用和中性作用的传统因素，要继承和发展；对可能产生消极作用的传统因素，要否定、消除或使其转向。中国式现代化有一项重要任务：对传统因素加以改造，使之在功能上不断适应现代化、时代

---

① [美] J.古斯费尔德：《传统与现代性：社会变迁研究中误置的两极》，载于谢立中、孙立平主编《二十世纪西方现代化理论文选》，上海三联书店2002年版，第324页。

化要求，其核心议题是推动中华优秀传统文化创造性转化、创新性发展。创造性转化就是按照时代特点和要求，对那些至今仍有借鉴价值的内涵和陈旧的表现形式加以改造，赋予其新的时代内涵和现代表达形式，激活其生命力。创新性发展就是按照时代的新进步、新进展，对中华优秀传统文化的内涵加以补充、拓展、完善，增强其影响力和感召力。

最后，对西方理论中的传统概念及其理论范式等要更加警惕。西方理论（不仅指现代化理论）中的诸多概念、范式，比如传统、现代性、理性化等，体现了或明或暗的西方中心主义立场，我们要警惕它们在阐释非西方国家过程中的话语陷阱，要批判地反思一些广为流行的概念、范畴。比如，马克斯·韦伯在《儒教与道教》中借助从西方经验中提炼出来的“理性化”概念来界定现代化，认为与前者不同的就是“传统”或“传统主义”。“中国政治、经济、法律、氏族组织的历史形态中，凡与‘传统主义’理念型相接近的质素，皆被特别提炼出来，并整合为中国社会的基本性格。”[①]只要与西方的成熟货币制度、国家财政政策、自治的市民阶层和城市、官僚制、人际关系以及形式主义的法律秩序不同的社会结构统统被归入所谓传统主义的框架下。在历史学中，同样存在用浓厚西方色彩的概念和范畴研究、规制中国的问题：“近代化取向（特别是二十世纪五十年代和六十年代所采取的形式）则把中国描绘成停滞不前的‘传统’社会，有待精力充沛的‘近代’西方赋予生命，把它从永恒的沉睡中唤醒……这种模式对于比较全面公平地理解中国近世史，当然会造成灾难性的后果。”[②]

① 顾忠华：《韦伯学说》，广西师范大学出版社2004年版，第97页。

② [美]柯文：《在中国发现历史》，中华书局1989年版，第133页。

二、现代化（道路）何以可能?

第二个问题域可概括为“现代化（道路）何以可能”的命题，主要探讨现代化的道路、发展模式、实践路径等问题。中国成功开创了一条独特的现代化道路即中国式现代化道路，这一现实必然要求构建中国式现代化理论体系。

（一）解构单线进化论

西方经典现代化理论基于西方国家现代化的历程，形成了以实现现代化的目标、过程、道路、发展模式等内容为主的理论体系，其核心观点就是：现代化是所有民族国家都要经历的普遍进化过程，非西方国家或后发国家将要走的道路就是西方发达国家已经走过的道路。马克思、恩格斯在《共产党宣言》中认为，一切民族如果不想灭亡的话，必然要接纳现代化文明。西方学者把现代化比喻成一种普遍的“社会溶剂”，以此说明现代化的不可抗拒性。现代化的确是人类社会的普遍历史趋势。但是，如何走向现代化？西方答案背后隐藏的是一种单线进化的社会发展模式。在这种模式中，从目标来看，后发国家的发展目标就是西方化。西方学者把现代化理解成以西方为中心的单向传播过程，而单向传播意味着西方化会成为后发国家所要实现的目标、方向。从道路或发展模式看，后发国家只能走资本主义现代化道路，采用以自由市场为核心的发展模式（资本主义私有制+自由市场+自由民主政体+公民社会+……）。从进程看，后发国家只能按照西方现代化历史阶段来认识、规划自身的现代化进程，亦步亦趋地走完西方走过的所有发展阶段。在理论上，一些人习惯完全用西方国家现代化进程所具有的一些特点（如系统性、长期性、不可逆转性、进步性、彻底性）来解释或预测后发国家的现代化过程及其特点。从实现条件看，后发国家应按照西方经验处理现代化的条件及先后顺序问题。现代化的启动、发展都需要一系列支撑条件。比如，在西方现代化进程中，民主是现代化的一部分，在一定程度上甚至是现代化的先决条件。但是，西方经典现代化理论无视各国具体实际，按照民主化先于经济发展和有效权威的所谓现代化顺序给后发国家“开药方”，完全是一厢情愿。很多后发国家在现代化进程中，要解决的首要问题是维持政治秩序、经济增长，然后才是逐步实现民主化、扩大政治参与。单线进化的社会发展模式把现代化“做成”了单选题，将西方道路定于一尊，否定了非西方国家选择不同现代化道路的可能性。

那么，在现代化道路选择问题上，西方经典现代化理论为何走向了单线进化论？这背后既有意识形态意图，又有理论上的谬识。西方经典现代化理论的社会学基础是结构功能主义，其最重要的理论假设是：“社会系统各个部分之间的相互依存是功能上的依存，各部分互为基础、相互一致、和谐共存、为维持整体服务。”①“功能一致性原则”（功能相关性原则）是西方经典现代化理论从结构功能主义提炼出来的最核心的原理。在这一理论框架中，在现代社会，经济领域的一致性原则表现为私有财产、契约型法律制度、货币制度等是一致的；政治领域的一致性原则表现为多党制民主政体、竞争性政治结构、广泛公民权利等是一致的；社会教育领域的一致性原则表现为职业专门化、教育正规化、较高的识字率等是一致的。不仅如此，经济、政治、社

① ［美］胡格韦尔特：《现代化理论的社会学基础》，载于谢立中、孙立平主编《二十世纪西方现代化理论文选》，上海三联书店2002年版，第36页。

会等不同领域在功能上也具有一致性，它们都服从于整个社会系统的整体功能。功能一致性原则必然带来结构一致性原则。“现代”的经济制度或结构必然要求有与此相适应、相一致的“现代”的政治、社会、文化等制度或结构。这些领域的结构特征是配套的、和谐共存的。功能与结构的一致性原则构成了西方现代化“单线进化论”“移植论”“趋同论”最直接的理论依据。非西方国家如何实现现代化？这一理论要求它们要按照西方国家的经济、政治、文化、社会等诸领域的结构特征及其基本原则进行全面改造。西方经典现代化理论家都相信：“由于西方经济、技术的传播和社会结构趋于一致性，发展中国家不可避免地会产生发达国家现在已有的一切社会特征”①；发达国家与发展中国家处在同一历史发展线条上，二者是一种前后连续的关系；“现代性指社会生活或组织模式，大约十七世纪出现在欧洲，并且在后来的岁月里，程度不同地在世界范围内产生着影响”②；发展中国家的落后是时间上的落后，发达国家是发展中国家现代化的理想目标，发达国家现代化模式是后者的必然选择。

（二）提供现代化新道路

事实上，随着实践的丰富和发展，单线进化论受到包括西方学者在内的诸多学者的批评。布莱克等通过对日本和俄国现代化的分析指出：“西方国家的发展和这两个国家的发展之间这种广泛的差别着重说明了这样一个真理，现代化并不是一个固定的或者一元的进程，现代

① [美]胡格韦尔特：《现代化理论的社会学基础》，载于谢立中、孙立平主编《二十世纪西方现代化理论文选》，上海三联书店2002年版，第38页。

② [英]安东尼·吉登斯：《现代性的后果》，译林出版社2011年版，第1页。

化也不是西方的现代化。”[①]日本学者富永健一也反对把西方现代化模式抽象化、普遍化，基于日本的现代化经验，他提出了非西方后发展社会现代化的诸多独特条件。中国学者也有一系列真知灼见。比如，有学者提出了“一元多线”的历史发展观。“一元”指社会生产力是社会发展的物质基础，推动社会发展的根本动力是经济力的变革。三大生产力形态（原始生产力、农业生产力、工业生产力）决定了历史演进阶段，是世界不同地区的文明演进必经的顺序和阶段。“大生产力的性质和发展水平，构成社会发展的客观限界和共同特征。”[②]“一元”实际上强调了物质生产发展的第一性。“多线”是指“在同一大生产力状态下的不同社会的发展，受复杂的自然因素和社会因素的影响，千差万别，但可以归纳成为不同的发展阶段、不同的发展模式和不同的发展道路；任何一种生产方式和社会形态都不是单向度的、静态的，而是多向度的和动态的”[③]。

以上这些思想观点都是我们批判西方经典现代化理论及其单线进化逻辑的重要思想资源。然而，更重要的是，中国式现代化道路的成功开辟，从实践层面破除了西方现代化模式的禁锢。“我国的实践向世界说明了一个道理：治理一个国家，推动一个国家实现现代化，并不只有西方制度模式这一条道，各国完全可以走出自己的道路来。可以说，我们用事实宣告了‘历史终结论’的破产，宣告了各国最终都要

① [美]西里尔·E.布莱克等：《日本和俄国的现代化——一份进行比较的研究报告》，商务印书馆1983年版，第440—441页。

② 罗荣渠：《现代化新论续篇——东亚与中国的现代化进程》，北京大学出版社1997年版，第55页。

③ 罗荣渠：《现代化新论续篇——东亚与中国的现代化进程》，北京大学出版社1997年版，第55页。

以西方制度模式为归宿的单线式历史观的破产。”[①]构建中国式现代化理论体系，就需要着眼于“现代化（道路）何以可能”的命题，从学理上阐释中国式现代化道路的本质特征，特别是在与西方现代化模式的比较中，揭示中国式现代化道路的不可替代性。

对于后发国家而言，“现代化（道路）何以可能”不是一个抽象命题，而是一个需要基于本国国情、历史传统进行回答的具体的、实践的命题。去除枝节性问题，该命题可以分解为两个重大问题：第一个问题是“非资本主义现代化道路何以可能”。马克思晚年在对东方社会的研究中，特别强调人类历史发展道路的多样性。他反对把他“关于西欧资本主义起源的历史概述彻底变成一般发展道路的历史哲学理论”[②]。在分析俄国公社时，马克思也认为，落后的东方国家有可能不经过资本主义制度的“卡夫丁峡谷”。马克思的理论可能性在中国转化为现实性。中国式现代化道路的成功开辟，是以不通过资本主义制度的“卡夫丁峡谷”为前提的。立足于社会主义初级阶段的历史方位，中国式现代化将社会主义与现代化有效结合起来，开辟出社会主义条件下的现代化建设之路，打破了只有遵循资本主义现代化模式才能实现现代化的神话。中国式现代化道路始终坚持社会主义的目标、方向、价值原则，具有许多重要特征。习近平总书记指出，中国式现代化是人口规模巨大的现代化，是全体人民共同富裕的现代化，是物质文明和精神文明相协调的现代化，是人与自然和谐共生的现代化，是走和平

① 中共中央文献研究室编：《习近平关于社会主义政治建设论述摘编》，中央文献出版社2017年版，第7页。

② 《马克思恩格斯文集》第三卷，人民出版社2009年版，第466页。

发展道路的现代化。[①]

第二个问题是“后发国家走向现代化的道路何以可能”。从世界历史的坐标来看，中国式现代化是后发国家的现代化。构建中国式现代化理论体系，要阐释好如下问题：中国式现代化是如何开辟后发国家走向现代化的新道路的。中国式现代化道路的成功，证明了后发国家自主实现现代化乃至赶超西方发达国家的可能性，它遵循了“并联式”现代化的新逻辑，超越了西方“串联式”现代化的旧逻辑。一是彰显了现代化的多样性与非线性逻辑，超越了西方单一线性论。在西方国家，现代化的不同历史阶段是依次历时态呈现。单一线性论者把西方依次历时态的路径模式化，并作为后发国家必然的现代化路径选择。中国式现代化道路解构了西方单一线性论，用“并联式”发展战略证明了现代化是多选题，不是单选题。二是遵循了跨越式发展逻辑，超越了渐序发展逻辑。人类社会既存在渐序发展，也存在跨越式发展。在特定条件下，跨越式发展不仅可行，而且必要。在吸收和借鉴资本主义有益文明成果的基础上，中国式现代化充分发挥后发优势，以信息化带动工业化，实现了生产力的跨越式发展，创造了中国奇迹。三是开辟了独立自主型现代化道路，打破了对西方亦步亦趋的依附性发展模式。按照西方现代化理论，后发国家应该把西方发达国家已经实现了的工业化作为现代化目标，移植西方的方式方法，亦步亦趋地搞现代化。长此以往，后发国家只能被“锁定”在世界经济体系的低端，依附于发达国家主导的分工体系。中国选择了“并联式”发展战略，实现了“弯道超车”，摆脱了世界经济体系中的初级生产者和依附

① 参见习近平：《高举中国特色社会主义伟大旗帜为全面建设社会主义现代化国家而团结奋斗——在中国共产党第二十次全国代表大会上的报告》，人民出版社2022年版，第22—23页。

发展者的地位，实现真正意义上的独立自主发展。四是承担起复杂现代化的时代任务，超越了西方简单的现代化类型。西方国家现代化的不同发展阶段依次展开，不同发展阶段的任务、问题也依次呈现。可以说，西方“串联式”现代化是一种相对简单的现代化类型。而中国要在“时空压缩”条件下进行现代化建设，表现为一种复杂的现代化。“压缩”包括发展时间压缩、发展任务压缩和发展问题压缩。历时性问题（以及任务）的共时性存在增加了中国实现现代化的难度，单一的西方经典现代化理论无法解决中国实际问题。中国式现代化道路的意义就在于，用复杂的现代性思维观察、分析和解决现代化进程中的各种挑战，最终实现复杂多元的现代化任务。中国式现代化理论体系也必须对此作出理论上的总结、阐释与回应。

三、现代化问题如何解决?

第三个问题域可概述为“现代化问题如何解决”的命题，探讨的是现代化进程中风险挑战及其制度化应对的问题。一个国家是否开辟了一条切实可行的现代化道路，不仅看它能否推动现代化的起飞，更要看它能否有效处理现代化进程中一系列悖论、矛盾、风险等。中国式现代化提供了现代化的全新选择，在很大程度上在于它能有效应对一系列“现代化悖论”。构建中国式现代化理论体系，要揭示应对“现代化悖论”的中国智慧和中国方案。

（一）“现代化悖论”

西方早期经典现代化理论是“现代化乐观派”，认为现代化是一个进步的过程，也许在某些阶段会产生一些问题，但都不是根本性的问题，可以通过进一步发展解决，后发国家都可以像西方国家那样最终实现现代化。艾森斯塔特、亨廷顿等对经典现代化理论加以反思和修正，逐步形成了现代化的修正学派。他们认为，现代化不仅是一个分化、整合、适应能力升级的进化过程，也是一个不断产生各种压制、不平等和冲突的过程。此外，现代化乐观派认为西方国家已经发展起来了，后发国家也能够发展起来，而没有充分考虑后者发展不了的可能性。事实上，现代化进程中止甚至逆转都是可能的。从历史来看，“二战”后许多国家纷纷开启现代化进程，在经济方面也有了一定程度的发展，但是这些国家并没有如西方经典现代化理论家所预期的那样实现现代化，而是普遍出现了“现代化衰败”现象。之所以出现这种现象，根本原因就在于后发国家无法成功解决现代化进程中出现的各种悖论、矛盾和问题，一些学者将其称为“现代化悖论”。现代化乐观派认为，后发国家走向现代化的进步道路是和谐的、直线式的。亨廷顿批评了这种“所有好事情一起发生”的假说，指出现代化发展的五项目标（增长、公平、民主、稳定、自主）之间是存在冲突的，它们之间大致有六种关系：一是经济增长与社会经济平等的关系，二是经济增长与政治稳定的关系，三是经济增长与政治民主的关系，四是经济增长与国家自主的关系，五是民主与公平的冲突，六是稳定与公平的冲突。对此，亨廷顿提出了“速率/水平悖论”：“经济增长与平等、稳定、民主、自主之间的四种矛盾关系是或许最好称之为‘速率/水平悖论’现象的例子，那就是这样的状况：变量A的高水平与变量B的高水平相联系，但变量A的高增长率是与变量B的不增长或负增长率相联系的。”[①]也就是说，高水平的经济财富与高水平的其他现代化目标是相联系的，但是，过高的经济增长率反而会影响这些目标的实现或可能带来消极影响。亨廷顿认为，后发国家空前的经济高增长率是相对成功的，但也是引起“速率/水平悖论”的主要原因，它带来了诸如政治不稳定、贫富差距扩大等问题。

如果说现代化五项目标涉及的关系过于多重、复杂，无法清晰地呈现“现代化悖论”，那么，亨廷顿在《变化社会中的政治秩序》中把“现代化悖论”中最具普遍性也是最核心的矛盾揭示出来了——经济发展与政治稳定（发展与秩序）之间存在矛盾。西方早期经典现代化理论在经济发展与政治稳定关系的问题上持一种简单的、乐观的观点：贫穷、落后是政治不稳定、社会动荡的根源，一旦推动现代化，就将自然而然地带来繁荣与稳定。事实上并非如此。在某些阶段，不是贫穷、落后而是经济发展、现代化导致了暴力冲突、社会不稳定。阿历克西·德·托克维尔曾精准地指出，在法国大革命前，法国经济史无前例地持续繁荣增长，但这并没有使人民安居乐业，反而到处滋生着不安定情绪，在法国那些发展最快的地区，民众的不满情绪最强烈。亨廷顿有句名言：“现代性孕育着稳定，而现代化过程却滋生着动乱。”[②]这一“现代化悖论”也被一些学者称为“亨廷顿悖论”。为什么会导致这一矛盾？其实，只要意识到现代化是一个持续的、快速的、剧烈的变革过程，就容易理解上述悖论了。一系列快速的、剧烈的变化（经济增长、

① ［美］塞缪尔·P.亨廷顿等：《现代化：理论与历史经验的再探讨》，上海译文出版社1993年版，第340、345页。

② ［美］塞缪尔·P.亨廷顿：《变化社会中的政治秩序》，王冠华、刘为等译，上海人民出版社2008年版，第31页。

利益冲突、阶层分化、价值观变迁、民众期望值过高等）远远超出政治体制的承受能力，必然会导致社会系统紊乱乃至社会动荡。发展与秩序的矛盾是世界现代化进程中的普遍现象，西方国家也不例外。不过，这一矛盾在后发国家发生的频率更高，破坏程度也更严重。后发国家一般采取赶超型现代化战略，对既定秩序的改变更快更猛，经济社会体制转型的深度广度更为突出，这一切对社会价值观和民众心态的冲击更为剧烈，因此，也就更容易造成社会不稳定。对于后发国家来说，从传统到现代的过渡时期更是一个需要防止政治衰败、克服社会动荡的阶段。

（二）破解“现代化悖论”的中国方案

中国式现代化成功的显著标志是破解了后发国家现代化进程中普遍面临的各种“现代化悖论”。中国式现代化道路创造了世所罕见的经济快速发展奇迹和社会长期稳定奇迹，中华民族迎来了从站起来、富起来到强起来的伟大飞跃。中国式现代化破解了发展与秩序的二元悖论，实现了二者的统一。当然，这并不意味着中国式现代化已然彻底解决了所有“现代化悖论”，只是说中国式现代化初步有效破解了“现代化悖论”，形成了一些重要的经验，其核心要点至少体现在以下四个方面，而它们也是构建中国式现代化理论体系的要件，在实际问题的解决过程中，要注重进行理论总结与提炼，为中国式现代化的顺利推进提供学理支撑。

第一，切实可行的现代化时序结构。所谓现代化时序结构，是指现代化各个目标、各个方面的展开必须有先后顺序，形成不同的时间序列。现代化的诸多目标不可能同时实现，必须有一定的顺序；现代化进程中出现的各种问题也不可能一揽子解决，必须有正确的路线图，这一点在后发国家尤为重要，因为它们通常面临着非同时性问题同时存在的情况。现代化时序结构在中国具体化为改革逻辑或改革模式。中国采取的是渐进式改革。从破解发展与秩序的“现代化悖论”来看，渐进式改革正确处理了以下四对关系。一是局部试点与整体推进的关系。渐进式改革先是从局部进行试点，取得成功经验，然后逐步推广，遵循由“点”到“面”的展开逻辑。二是增量改革与存量改革的关系。先进行体制外的增量改革，再开展体制内的存量改革。先增量后存量的渐进式改革具有“帕累托改进”的性质，有利于减少改革阻力。三是改革、发展、稳定的关系。改革、发展、稳定是中国式现代化的三个支柱。改革是现代化的动力，发展是解决一切问题的关键，稳定是实现现代化的前提。中国式现代化能够破解“现代化悖论”，关键就在于现代化进程中始终坚持把改革的力度、发展的速度和社会可承受的程度统一起来，尤其强调稳定的“前提性”“支撑性”作用。四是经济改革与政治改革的关系。首先要批判、否定这样的错误观点：中国只有经济领域的改革，没有或少有政治领域的改革。在中国式现代化进程中，经济改革与政治改革是紧密配合、协调推进的。但是，与有些国家以政治改革为先导的激进式改革不同，中国是在党的十一届三中全会确立正确的路线之后以经济改革推动政治改革、社会改革，通过增加经济发展福利，减少了来自政治、社会的阻力；着眼于解放和发展生产力，推进政治改革，从经济基础出发决定政治上层建筑改革的目标和步骤，而不是相反。中国式现代化时序结构或改革逻辑的成功之道在于对社会利益格局进行了有序的、渐进的调整，既提供了追求物质利益的动力机制，又建构了处理不同利益冲突的平衡机制。

第二，党的领导与有效政治权威。对于政治现代化，西方经典现代化理论给出的方案常常是限制权威、分散权力、扩大政治参与等。但是，对于现代化进程中的诸多国家来说，“首要的问题不是自由，而是建立一个合法的公共秩序。人当然可以有秩序而无自由，但不能有自由而无秩序”[①]。在中国这样超大规模的国家建设现代化，面临的社会转型压力是巨大的，遭遇的矛盾风险也是严峻的。“为什么我国能保持长期稳定，没有乱？根本的一条就是我们始终坚持共产党领导。”[②]在党的二十大上，习近平总书记把坚持中国共产党领导视为中国式现代化的本质要求之一。可以说，中国共产党的集中统一领导是破解现代化各种难题的“定海神针”，有效的政治权威是驾驭各种风险挑战的核心力量。从改革的角度看，中国共产党始终掌握着改革的目标、方向、步骤、节奏；从权力机制的角度看，改革开放既坚持中央政府的权威性，又充分调动地方政府的积极性，形成了合理有效的权力纵向分配机制，有利于发挥中央、地方两个积极性，同时又确保不出现“分化对立”“颠覆性错误”等问题；从社会建设的角度看，立党为公、执政为民的中国共产党没有任何特殊利益，它独立于任何一个利益集团，能够通过对现代化成果的合理化分配，从根本上杜绝导致社会矛盾、冲突的社会结构。

第三，致力于人民整体利益的现代化导向。中国式现代化是以人民为中心的、实现全体人民共同富裕的现代化。贫富差距必然引起阶层冲突、社会矛盾。人民越是能共享发展成果，社会就越公平、越和

---

① [美]塞缪尔·P.亨廷顿：《变化社会中的政治秩序》，王冠华、刘为等译，上海人民出版社2008年版，第6页。

② 习近平：《论坚持党对一切工作的领导》，中央文献出版社2019年版，第267页。

谐。共同富裕既是社会主义的本质要求，也是保证现代化持续稳定发展的基石。

第四，与现代化协调平衡的制度化。现代化是大规模的、剧烈的社会转型，必然带来社会成员的分化、组合，利益结构的调整以及社会需求的复杂变化，不可避免地导致社会紧张和冲突。要成功实现各种发展目标，国家就必须通过有效的制度建设或体制机制变革即制度化，有序地、可控地释放或解决这些紧张和冲突。简单来说，制度化就是不断增强国家制度（政治体制是核心）的适应性、复杂性、自主性和内聚力，以便适应或应对经济社会变革，避免因各种风险挑战的冲击而导致制度崩溃、引发社会动荡。中国走向现代化的过程，也是一个不断制度化的过程。比如，推进党和国家领导制度改革，适应经济体制改革、解放和发展生产力的需要；再如，通过党的思想建设和组织建设等，解决了包括私营企业主在内的新的社会阶层入党的问题，实现了对新的社会阶层的政治吸纳。制度化是解决发展与秩序之间矛盾、维护社会稳定的基石。当然，制度化是一个持续不断的过程。随着现代化进程的不断拓展，中国共产党对中国式现代化的理解也不断深化，提出了“国家治理体系和治理能力现代化”的命题。制度化水平是国家治理能力的基础，在未来的历史进程中，至少需要正确处理好以下四对关系，处理好发展与秩序的张力，推进制度建设，实现高水平的国家治理。[①]一是公平与效率的关系。随着中国已经实现了一定程度的发展，“效率优先、兼顾公平”的观念已经不完全合时宜了，要构建公平与效率动态平衡的体制机制。二是集中与民主的关系。既要

① 冯仕政：《发展、秩序、现代化：转型悖论与当代中国社会治理的主题》，《中国人民大学学报》2021年第1期。

赋予国家有效权力，动员社会资源，实现赶超型发展，又要提高政治体制的开放性，回应民主呼声，着眼于党的领导、人民当家作主和依法治国的有机统一，处理好集中与民主的关系。三是冲突与团结的关系。一方面，要建立不同诉求的反映机制、沟通机制，增强传统冲突管控机制（比如维稳机制）的开放性、柔韧性、回应性等；另一方面，要建立维护和凝聚社会成员的价值共识系统，构造约束、化解社会冲突的制度系统。四是个体与集体的关系。中国式现代化是社会主义性质的现代化，它着眼于人民整体利益、长远利益，但是也要防止出现打着维护整体利益的旗号忽视甚至侵害个体的正当、合法利益，以实现长远利益为借口无视甚至否定合理、正当的短期利益等不良现象。要根据现代化的不同阶段、社会需求类型等因素，构建动态的、适宜的个体利益与集体利益、眼前利益与长远利益相协调的利益分配机制、矛盾处理机制。

本部分从问题域的角度阐述了中国式现代化理论体系构建的相关方案和应当重点关注的问题，但这只是破题而已。基于中国式现代化实践，构建中国式现代化理论体系，还需要对中国经验更为全面准确的提炼，需要更加规范的理论框架、更加清晰的学理分析和更加精准的话语表达。

3

第三部分

中国式现代化的实践逻辑

从实践逻辑来看，中国式现代化有着独特的实践任务、系统的战略规划和明确的实践原则。在新时代新征程推进中国式现代化，要立足全面建设社会主义现代化国家，贯彻新发展理念，积极推进国家治理现代化，着力实现全体人民共同富裕，不断促进人与自然和谐共生，妥善处理好资本问题。接下来，我们试就九个基本问题探讨中国式现代化的实践逻辑。

问题16 如何理解中国式现代化的实践任务

中国作为后发现代化国家，真正追求自身现代化的时间仅有几十年，目前来看，既没有超越先发国家而进入后现代社会，也没有脱离全球化和工业化而滞于前现代社会，而是正在进行现代化建设，在人的活动方式、社会运行机制和民族整体气质等方面存在着诸多有待解决的深层问题。新时代新征程推进中国式现代化，要立足现代化的历史方位，破除封建的前现代桎梏，释放资本的现代性功用，培育公共性后现代力量。

一、破除封建的前现代桎梏

在社会主义现代中国，权力本位、关系本位依然存在并深刻影响着社会发展，这些封建伦理没有随着旧制度的崩塌而消失，而是作为深植于人们内心的思想和行为习惯留存至今，破除这些封建的前现代桎梏理应成为中国式现代化建设的重要任务。权力本位历史地形成于两千多年的封建社会，是旧政治制度的伦理表现，体现为一种为官优先、权力至上的价值取向，与现代民主观念相悖，关系本位则体现了一种关系取向、关系中心或关系主义，与现代社会重能力、讲规则的价值要求相悖。权力本位和关系本位深刻制约着现代民主政治、现代市场经济的发展，是中国特色社会主义民主政治和市场经济建设的巨大桎梏。虽然在一定时期内，权力本位在一定程度上起到了维持稳定、组织动员的作用，关系本位在一定程度上起到了汇聚力量、提高效率的作用，但从长远来看，它们都不利于现代化建设，特别是当代中国已经开启了全面建设社会主义现代化国家新征程，民主、自由、法治等现代性价值理念需要充分发育，这必然要求破除与之相对立的权力本位、关系本位。我们应当努力消除权力至上、关系至上的传统观念，积极养成人民至上、能力至上的现代新型价值理念，推动整个社会朝着民主、自由、法治的方向发展。

二、释放资本的现代性功用

发展生产力，推进经济现代化，既是各国现代化的普遍追求，也是中国式现代化尤为突出的现实任务，这是由中国式现代化所处的历史方位和面临的主要矛盾决定的。中国式现代化没有经历资本主义的长期发展，直接由封建经济形态进入社会主义经济形态，既没有西方现代化那样的物质基础，也存在封建传统的历史包袱，仅仅在社会形式层面拥有先进的生产关系和上层建筑。虽然经过改革开放四十多年的发展，我国生产力水平极大提高，但依然与先进的生产关系和上层建筑存在不匹配性，依然与世界现代化先进水平存在较大差距，“先进生产关系与落后生产力之间的矛盾”依然构成社会根本矛盾。因此，新时代中国式现代化建设的中心任务依然是解放和发展生产力，不断提升经济发展质量，这就必然要充分借助和利用资本的力量，不断释放和更好发挥资本的现代性功用。

资本是最具魔力的现代性力量，从世界范围看，资本主义国家依然主导世界并表现出强劲的生命活力；从一国范围看，以中国为代表的广大发展中国家主要还是“苦于资本的不发展”，这就意味着资本还远没有发挥出它的全部潜力。经过改革开放四十多年的历程，党领导人民探索出了既利用资本又驾驭资本的中国式现代化道路，建立起社会主义市场经济体制，极大释放了资本的活力和潜力。但是，仍然存在诸多不利于资本进一步释放潜力的体制机制弊端，如法治体系、激励机制、要素市场机制还不健全，大资本垄断、权力腐化依然存在，营商环境有待优化等，这些弊端一方面限制了资本正向作用的发挥，另一方面为资本负面作用的产生打开了方便之门。因此，进一步释放资本的潜力须从制度改革入手，着力克服这些体制机制弊端，在释放资本潜力、发挥资本正向作用的同时，不断提升对资本的驾驭能力、利用能力和治理能力，防止资本挣脱社会主义力量的束缚而“暴走”。

三、培育公共性后现代力量

在中国式现代化进程中，后现代力量已经在社会主义制度中自然地孕育和发展，培育后现代力量的关键在于改革和完善中国特色社会主义制度。中国是以社会主义方式进行现代化建设，这决定了中国式现代化有着较为优越的社会形式，但社会主义制度并非尽善尽美，一方面，这种制度还处于初级阶段，并不是纯粹的、完全的社会主义制度，需要不断提升制度的公共属性；另一方面，这种制度存在诸多需要结合现代化实践进行改革的地方，需要不断发展制度的现代属性，只有现代属性得到充分发展，后现代的公共属性才能自然发育。在这里，笔者认为，公共性是后现代的最重要特征，具体表现为资本的公有化、资源的共享化、福利的大众化、民众的中产化和权力的社会化，社会主义制度无疑具有天然的公共性，就此而言，当代中国虽然没有进入后现代社会，但拥有向后现代社会发展的制度优势和强烈倾向，围绕驾驭资本和服务人民展开对社会制度的不断改革与优化，则是将这种制度优势和强烈倾向转化为现实的基本途径。

在改革和优化社会主义制度的同时，也要注重培育公共性的后现代精神。物质基础和社会形式构成社会的基座和骨架，是现代化发展的两个基本指标，除此之外，社会的精神气质也是不可或缺的重要层面，只有在物质基础和社会形式之上构筑起精神的堤坝，才能真正建立起现代社会的大厦，没有现代精神就无法实现人的现代化和社会现代化，对于后现代社会而言也是如此。由于当代中国是从封建社会经过新民主主义社会的短暂过渡而直接进入社会主义社会，故而现代化不仅缺乏生产力的充分发展，还缺乏现代精神的充分发育，这就使社会主义制度内蕴的公共性后现代精神缺乏必要的现实支撑，现代精神的不充分发育必然会造成后现代精神的先天不足。总之，公共性后现代精神的发育要比生产力发展还要困难和缓慢，必然要以现代精神的一定程度的发育为前提。事实上，社会精神的培养既是一个潜在自发的过程，能伴随着物质基础和社会形式的发展而自然发育，也是一个人为培育的过程，哲学社会科学的创新、思想文化的建设、艺术的创造等都是社会精神的重要生成渠道。在现代化实践中，我们一方面要注意发展现代精神；另一方面要积极培育后现代精神，以现代精神支撑和促进后现代精神发育，以后现代精神指引现代化实践。

问题17 如何理解中国式现代化的战略规划

进行科学的战略规划，是有效推进现代化的必然要求，是中国式现代化的一大优势。党的二十大擘画了中国式现代化的战略蓝图，明确了当前和今后一段时期国家现代化建设的时间表和路线图，吹响了以中国式现代化全面推进中华民族伟大复兴的时代号角。

中国式现代化的战略安排经历了从“三步走”到“新三步走”再到“两步走”的演化过程。在20世纪80年代，邓小平同志提出了“三步走”战略，并在党的十三大上得到确认：第一步，从1981年到1990年实现国民生产总值比1980年翻一番，解决人民的温饱问题；第二步，从1991年到20世纪末，使国民生产总值再增长一倍，人民生活达到小康水平；第三步，到21世纪中叶，人均国民生产总值达到中等发达国家水平，人民生活比较富裕，基本实现现代化。后来，党根据实践的发展将“三步走”战略的第三步目标作出进一步规划，在党的十五大上提出了新的“三步走”战略：“下世纪第一个十年实现国民生产总值比2000年翻一番，使人民的小康生活更加宽裕，形成比较完善的社会主义市场经济体制；再经过十年的努力，到中国共产党成立一百年时，使国民经济更加发展，各项制度更加完善；到下个世纪中叶中华人民共和国成立一百年时，基本实现现代化，建成富强民主文明的社会主义国家。”2017年党的十九大报告提出了“两步走”战略，即从2020年到2035年，在全面建成小康社会的基础上，再奋斗15年，基本实现社会主义现代化；从2035年到本世纪中叶，在基本实现现代化的基础上，再奋斗15年，把我国建成富强民主文明和谐美丽的社会主义现代化强国。党的二十大重申了这一战略安排，即全面建成社会主义现代化强国，总的战略安排是分两步走：从二〇二〇年到二〇三五年基本实现社会主义现代化；从二〇三五年到本世纪中叶把我国建成富强民主文明和谐美丽的社会主义现代化强国。[①]这便是新时代新征程推进中国式现代化的战略规划。

《中国现代化报告》通过对全球131个国家1950—2015年国家现代化水平的定量评价，发现2000年中国是一个初等发达国家，处于世界第70多位。按照1990—2015年现代化指数的年均增长率和2000—2015年现代化指数的年均增长率分别对131个国家进行测算，同时预测中国现代化的水平，预测结果是：中国有可能在2020年全面建成小康社会，基本完成第一次现代化，达到1960年工业化国家平均水平，国家现代化水平进入世界前60位；在2030—2040年超过高收入国家平均值的50%，达到中等发达国家水平，进入世界前40位，基本实现现代化；在2060—2080年超过高收入国家平均值的80%，进入发达国家行列，进入世界前20位，全国平均实现现代化；在21世纪后期超过高收入国家平均值，进入世界前10位，高标准实现现代化。根据

① 习近平：《高举中国特色社会主义伟大旗帜　为全面建设社会主义现代化国家而团结奋斗——在中国共产党第二十次全国代表大会上的报告》，人民出版社2022年版，第24页。

预测结果，中国有可能在2030—2040年达到中等发达国家水平，基本实现现代化，不同指标达到中等发达国家水平的时间有所差别。由此可见，把基本实现现代化的时间从原定的2050年提前到2035年，是有一定科学依据的。[①]

① 何传启：《现代化科学领导干部读本：现代化100问》，人民日报出版社2019年版，第281—282页。

问题 18

如何理解中国式现代化的重大原则

党的二十大既对推进中国式现代化作出了战略规划，也提出了中国式现代化进一步发展所必须遵循的重大原则。深入把握和积极遵循这些重大原则，是我们在新时代新征程充分理解和有效推进中国式现代化的基本前提，是我们走好新的长征路的关键所在。

一、坚持和加强党的全面领导

党的二十大报告指出：推进中国式现代化，要“坚决维护党中央权威和集中统一领导，把党的领导落实到党和国家事业各领域各方面各环节，使党始终成为风雨来袭时全体人民最可靠的主心骨，确保我国社会主义现代化建设正确方向，确保拥有团结奋斗的强大政治凝聚力、发展自信心，集聚起万众一心、共克时艰的磅礴力量”[①]。坚持和加强党的全面领导，体现了中国式现代化的政治保证，是推进中国式现代化必须首要遵循的重大原则。

坚持和加强党的全面领导，就是要坚持党对一切工作的领导。这里的“一切”，从横向看，是指党和国家各个方面、各个领域工作的

① 习近平：《高举中国特色社会主义伟大旗帜　为全面建设社会主义现代化国家而团结奋斗——在中国共产党第二十次全国代表大会上的报告》，人民出版社2022年版，第26—27页。

全方位；从纵向看，是指党和国家各个方面、各个领域的全过程。坚持党对一切工作的领导，也就是坚持党的全面领导。党的全面领导是具体的，不是空洞的、抽象的，必须体现在国家政权的机构、体制、制度等治国理政方方面面的设计、安排和运行之中，确保党的领导全覆盖，确保党的领导始终坚强有力。“改革开放40多年的实践启示我们：中国共产党领导是中国特色社会主义最本质的特征，是中国特色社会主义制度的最大优势。党政军民学，东西南北中，党是领导一切的。正是因为始终坚持党的集中统一领导，我们才能实现伟大历史转折、开启改革开放新时期和中华民族伟大复兴新征程，才能成功应对一系列重大风险挑战、克服无数艰难险阻，才能有力应变局、平风波、战洪水、防非典、抗地震、化危机，才能既不走封闭僵化的老路也不走改旗易帜的邪路，而是坚定不移走中国特色社会主义道路。坚持党的领导，必须不断改善党的领导，让党的领导更加适应实践、时代、人民的要求。在坚持党的领导这个决定党和国家前途命运的重大原则问题上，全党全国必须保持高度的思想自觉、政治自觉、行动自觉，丝毫不能动摇。”①

坚持和加强党的全面领导，必须完善党的全面领导制度。一要健全和落实民主集中制的各项具体制度，健全党领导国家权力机关、行政机关、检察机关、司法机关和人民团体的制度，健全各级党委（党组）的工作制度和行为规范，健全正确处理上下级党组织工作关系的具体制度，健全各级党委议事规则，把党章规定的基本原则具体化、制度化。二要健全决策议事协调机制，加强党对重大工作的集中统一

① 习近平：《在庆祝改革开放40周年大会上的讲话》，人民日报2018年12月19日。

领导。健全党中央对重大工作的领导体制机制，要求在中央政治局及其常委会领导下，优化党中央决策议事协调机构，提高对重大工作的顶层设计、总体布局、统筹协调、整体推进的领导能力和水平。三要强化党的组织在同级组织中的领导地位。在国家机关、事业单位、群团组织、社会组织、企业和其他组织中设立的党委（党组），要接受批准其成立的党委统一领导，定期汇报工作，确保党的方针政策和决策部署在同级组织中得到贯彻落实。四要健全和完善权力监督体系。强化自上而下的组织监督，改善自下而上的民主监督，发挥同级相互监督作用，加强对党员领导干部的日常管理监督。同时健全巡视制度，深化政治巡视，把权力关进制度的笼子。

坚持和加强党的全面领导，必须提升党的全面领导能力。中国共产党是世界上最大的政党，在世界上人口最多的国家执政，肩负着带领中国人民实现中华民族伟大复兴的历史使命，如果没有过硬的本领，没有高超的才能和智慧，就无法成功领导中国人民。党要强化自身领导能力，提升执政水平，必须增强政治意识、大局意识、核心意识、看齐意识，坚定道路自信、理论自信、制度自信、文化自信，坚决维护习近平总书记党中央的核心、全党的核心地位，坚决维护党中央权威和集中统一领导，自觉在思想上政治上行动上同党中央保持高度一致，在执政实践中强化学习本领、政治领导本领、改革创新本领、科学发展本领、依法执政本领、群众工作本领、狠抓落实本领、驾驭风险本领，提高党把方向、谋大局、定政策、促改革的能力和定力，使党始终作为中国特色社会主义事业的坚强领导核心，始终能够依靠过硬本领凝聚全国人民，带领人民克服各种风险考验，不断夺取新时代中国特色社会主义事业新胜利。

坚持和加强党的全面领导，必须推进新时代党的建设新的伟大工程。一要把政治建设摆在首位。要保证全党服从中央，坚持党中央权威和集中统一领导，严格执行新形势下党内政治生活若干准则，完善和落实民主集中制的各项制度，弘扬忠诚老实、公道正派、实事求是、清正廉洁等价值观，加强党性锻炼，不断提高政治觉悟和政治能力。二要思想建党和制度治党同向发力。思想建党侧重于培养内在的自觉动力，制度治党侧重于形成外部的刚性制约，两者须同向发力。为此，一方面，要自觉牢记和践行党的宗旨，坚定共产主义远大理想和中国特色社会主义共同理想，用习近平新时代中国特色社会主义思想武装全党，不断提升全党思想境界和理论水平；另一方面，要严格遵循执政党建设规律进行制度建设，不断增强党内生活和党的建设制度的严密性和科学性，编密扎紧制度“笼子”，加强制度文化建设，使党的制度建设更具针对性、更有指导性、更富实效性。三要加强干部队伍建设和基层组织建设。新时代干部队伍建设须突出政治标准，坚持党管干部原则，坚持德才兼备、以德为先，坚持五湖四海、任人唯贤，坚持事业为上、公道正派，把好干部标准落到实处。坚持正确用人导向，匡正选人用人风气，突出政治标准，提拔重用牢固树立“四个意识”和“四个自信”、坚决维护中央权威、全面贯彻执行党的理论和路线方针政策、忠诚干净担当的干部，选优配强各级领导班子。新时代基层党组织建设须强化党支部担责履职，创新党的基层组织设置和活动方式，扩大和发展党内基层民主，注重从产业工人、青年农民、高知识群体中和在非公有制经济组织、社会组织中发展党员，加强党内激励关怀帮扶，增强党员教育管理针对性和有效性。四要加强作风建设和纪律建设。加强作风建设，必须紧紧围绕保持党同人民群众的血肉联系，增强群众观念和群众感情，不断厚植党执政的群众基础。加强纪律建设，要以严守政治纪律和政治规矩为首要，同时旗帜鲜明、坚定不移地开展反腐败斗争，健全党和国家监督体系，保证干部清正、政府清廉、政治清明。

坚持和加强党的全面领导，必须推进全面从严治党。全面从严治党是一场伟大的自我革命，是关乎党和国家事业兴衰、关乎民族发展未来的重大战略。习近平总书记指出："全面从严治党，核心是加强党的领导，基础在全面，关键在严，要害在治。"①"严"就是真管真严、敢管敢严、长管长严；"治"就是从中央到地方，各级党委都要主动承担主体责任，从政治、思想、组织、纪律、作风、制度等方面将全面从严治党落到实处。全面从严治党，要求增强系统性、预见性、创造性、实效性，要求把一切努力都集中到增强党自我净化、自我完善、自我革新、自我提高能力上来，集中到提高党的领导能力和执政能力、保持和发展党的先进性和纯洁性上来。自我革命只有进行时，没有完成时，全面从严治党永远在路上，我们既不能"松口气、歇歇脚"，也不能"一劳永逸""见好就收"。要坚持思想建党和制度治党相统一，把坚定理想信念作为根本任务，把制度建设贯穿到党的各项建设之中；要坚持使命引领和问题导向相统一，在加强统筹谋划、强化顶层设计上着力；要坚持抓"关键少数"和管"绝大多数"相统一，既对广大党员提出普遍性要求，又对"关键少数"特别是高级干部提出更高更严的标准，进行更严的管理和监督；要坚持行使权力和担当责任相统一，真正把落实管党治党政治责任作为最根本的政治担当，紧紧咬住

① 习近平：《在第十八届中央纪律检查委员会第六次全体会议上的讲话》，人民出版社2016年版，第16页。

“责任”二字，抓住“问责”这个要害；要坚持严格管理和关心信任相统一，坚持真管真严、敢管敢严、长管长严，贯彻惩前毖后、治病救人的方针，抓早抓小、防微杜渐，最大限度防止干部出问题，最大限度激发干部积极性；要坚持党内监督和群众监督相统一，以党内监督带动其他监督，积极畅通人民群众建言献策和批评监督渠道，充分发挥群众监督、舆论监督作用，以永远在路上的决心和勇气，推动全面从严治党向纵深发展，使马克思主义政党的革命品格在新时代越发鲜明、日益突出。

二、坚持中国特色社会主义道路

党的二十大报告指出：推进中国式现代化，要“坚持以经济建设为中心，坚持四项基本原则，坚持改革开放，坚持独立自主、自力更生，坚持道不变、志不改，既不走封闭僵化的老路，也不走改旗易帜的邪路，坚持把国家和民族发展放在自己力量的基点上，坚持把中国发展进步的命运牢牢掌握在自己手中”①。坚持中国特色社会主义道路，体现了中国式现代化的道路属性，是推进中国式现代化必须遵循的重大原则。

中国特色社会主义道路是指在中国共产党领导下，立足基本国情，以经济建设为中心，坚持四项基本原则，坚持改革开放，解放和发展社会生产力，巩固和完善社会主义制度，建立社会主义市场经济、社会主义民主政治、社会主义先进文化、社会主义和谐社会、社会主义生态文明，促进人的全面发展，逐步实现全体人民共同富裕，建设富

① 习近平：《高举中国特色社会主义伟大旗帜　为全面建设社会主义现代化国家而团结奋斗——在中国共产党第二十次全国代表大会上的报告》，人民出版社2022年版，第27页。

强民主文明和谐美丽的社会主义现代化强国。中国特色社会主义道路有着丰富的思想内容、系统的逻辑架构和鲜明的价值取向。从内容架构看，这条道路以中国共产党为领导力量，以人民群众为主体依靠，以社会主义初级阶段为现实依据，以“一个中心，两个基本点”为基本路线，以解放和发展社会生产力、巩固和完善社会主义制度为主要任务，以社会主义市场经济、社会主义民主政治、社会主义先进文化、社会主义和谐社会、社会主义生态文明为总体布局，以促进人的全面发展，逐步实现全体人民共同富裕，建设富强民主文明和谐美丽的社会主义现代化强国为奋斗目标。从价值取向看，这条道路以实现中华民族伟大复兴的中国梦为前进方向，代表了国家的利益、民族的利益、人民的利益，是国家的现代化之路、人民的幸福生活之路、民族的伟大复兴之路。

中国特色社会主义道路是中国共产党集体智慧的结晶，是中国人民集体创造的产物，是中国特色社会主义实践经验的总结，有着重要的实践价值和世界意义。第一，中国特色社会主义道路是实现社会主义现代化的必由之路。中国特色社会主义道路立足社会主义初级阶段的基本国情，制定了党在这一阶段的路线、方针和政策，确立起社会主义现代化强国目标，勾画了实现这一目标的时间表和路线图，在实践中不断解放和发展社会生产力，不断巩固和完善社会主义制度，使中国在经济、政治、法治、科技、文化、教育、民生、生态文明、国家安全、国防和军队、外交等各领域各方面取得巨大成就。“我国在世界经济和全球治理中的分量迅速上升，我国是世界第二经济大国、最大货物出口国、第二大货物进口国、第二大对外直接投资国、最大外汇储备国、最大旅游市场，成为影响世界政治经济版图变化的一个主要因素。”[1]我国的综合国力和世界影响力、人民富裕水平和幸福指数都得到极大提高，已经全面建成小康社会，开启全面建设社会主义现代化国家新征程。可以说，中国特色社会主义道路是实现社会主义现代化的必由之路，只要坚持走中国特色社会主义道路，就一定能够在本世纪中叶把我国建设成为富强民主文明和谐美丽的社会主义现代化强国。第二，是创造人民美好生活的必由之路。人民对美好生活的向往，是中国共产党的奋斗目标。为人民谋幸福，是中国共产党人的初心，也是中国共产党开辟中国特色社会主义道路的初衷。中国特色社会主义道路把人民对美好生活的向往作为奋斗目标，紧紧围绕“人民日益增长的美好生活需要和不平衡不充分的发展之间的矛盾”这一关乎人民根本利益的核心问题，坚持以人民为中心，坚持发展为了人民、发展依靠人民、发展成果由人民共享，着力推动高质量发展，不断扩大社会公平正义，逐步实现全体人民共同富裕。改革开放以来，我国人民生活水平不断提高，人均国内生产总值达到中等偏上收入国家水平，城镇居民人均可支配收入和农村居民人均纯收入极大提高，农村贫困发生率远低于世界平均水平，居民受教育程度不断提高，城乡居民健康状况显著改善，社会保障水平极大提高，这得益于我们走出了一条适合自身发展的正确道路，得益于我们始终坚持走中国特色社会主义道路。第三，是实现中华民族伟大复兴的必由之路。“实现中华民族伟大复兴，就是中华民族近代以来最伟大的梦想。”[2]伟大梦想的实现需要正确的道路，中国特色社会主义道路就是实现中华民族伟大复兴的正确道路。行进在中国特色社会主义道路上，党和国家事业不断发

① 《习近平谈治国理政》第二卷，外文出版社2017年版，第213页。

② 《习近平谈治国理政》，外文出版社2014年版，第36页。

展进步，并且发生了历史性变革，取得了历史性成就，党和国家的面貌、整个民族的面貌焕然一新。“中国与世界的关系在发生深刻变化，我国同国际社会的互联互动也已变得空前紧密，我国对世界的依靠、对国际事务的参与在不断加深，世界对我国的依靠、对我国的影响也在不断加深”[①]，中国的国际地位不断提高，世界影响不断扩大，在世界舞台上扮演的角色越来越重要。中华民族真正实现了从“站起来”、“富起来”到“强起来”的伟大飞跃。

坚持中国特色社会主义道路，就现代化实践而言，要做好以下六个方面。一是坚持党的领导。中国特色社会主义道路是在党的领导下开辟出来的，没有党的领导，就没有中国特色社会主义道路。党的领导内在规定了中国特色社会主义道路的政治属性，赋予了中国特色社会主义道路不断开拓发展的革命品性，成就了中国特色社会主义道路优越于其他模式的巨大优势，是中国特色社会主义道路最本质的特征。二是坚持人民主体。一方面，人民群众是中国特色社会主义道路的实践主体，中国特色社会主义道路是在广大人民群众的实践中开辟出来的，也是在广大人民群众的实践中不断发展的，人民群众的实践活动是中国特色社会主义道路的生命之源、力量之基。另一方面，人民群众是中国特色社会主义道路的价值主体，中国特色社会主义道路以促进人的全面发展，逐步实现全体人民共同富裕为奋斗目标，是创造人民美好生活的必由之路。三是坚持立足现实。中国特色社会主义道路立足社会主义初级阶段的基本国情，是我国在社会主义初级阶段国情下实现发展目标的必由之路。社会主义初级阶段的国情状况，限定了

① 《习近平谈治国理政》第二卷，外文出版社2017年版，第442页。

中国特色社会主义道路的发展条件，决定了中国特色社会主义道路的奋斗目标、实施方略和战略步骤，是中国特色社会主义道路的现实依据。四是坚持改革开放。改革开放是决定当代中国命运的关键一招，是决定实现“两个一百年”奋斗目标、实现中华民族伟大复兴的关键一招。改革开放极大地解放和发展了社会生产力，巩固和完善了社会主义制度，创造了利于发展的外部条件，是解决当代中国发展问题的根本之道，是当代中国最鲜明的特色。五是坚持统筹协调。中国特色社会主义道路既坚持以经济建设为中心，又全面推进经济建设、政治建设、文化建设、社会建设、生态文明建设，以及国防和军队建设、党的建设；既坚持四项基本原则，又坚持改革开放；既不断解放和发展社会生产力，又逐步实现全体人民共同富裕、促进人的全面发展，特别注重发展的协调性、全面性。六是坚持和平发展。中国特色社会主义道路是一条和平发展之路，它既通过争取和平的国际环境来发展自己，又通过自己的发展来促进世界和平。中国始终奉行独立自主的和平外交政策和防御性的国防政策，无论发展到什么程度，都不称霸，不搞扩张。同时，中国作为最大的发展中国家，始终把发展作为第一要务，以自身发展带动周边国家发展，以自身发展贡献全球经济增长。

三、坚持以人民为中心的发展思想

党的二十大报告指出：推进中国式现代化，要“维护人民根本利益，增进民生福祉，不断实现发展为了人民、发展依靠人民、发展成果由人民共享，让现代化建设成果更多更公平惠及全体人民”[①]。坚持以

① 习近平：《高举中国特色社会主义伟大旗帜　为全面建设社会主义现代化国家而团结奋斗——在中国共产党第二十次全国代表大会上的报告》，人民出版社2022年版，第27页。

人民为中心，体现了中国式现代化的价值取向，是推进中国式现代化必须遵循的重大原则。

坚持以人民为中心，就是坚持人民立场，这体现了中国式现代化的政治原则。人民立场是马克思主义的根本政治立场，坚持以人民为中心，要求始终从人民立场出发审视现代化问题和推进现代化过程，具体而言：一是坚持现代化设计围绕人民展开。中国式现代化和西方现代化在宏观设计上有根本不同。西方现代化本质上是以“资”为本，围绕资本利益推进现代化过程，这决定了其本身具有“资本至上”的价值特征和难以克服的内在矛盾。中国式现代化本质上是以人为本，围绕人民利益推进现代化过程，在现代化的宏观考量上以人民为出发点和落脚点，始终坚持以人为本、人民至上的理念。二是坚持现代化建设依靠人民推动。中国式现代化的形成和发展并不是某一历史时期某个人或者某个团体的主观独创，而是党和人民在无数次“摸着石头过河”的实践过程中，在总结国内外正反两方面经验教训的前提下，奋勇拼搏，自立自强走出来的。广大人民群众在中国式现代化进程中始终发挥着积极性、主动性、创造性作用，始终是推进中国式现代化必须紧紧依靠的主体力量。三是坚持现代化成效由人民评判。中国式现代化是造福广大人民的现代化，中国式现代化的衡量标准是人民意志，也就是说，现代化建设得好不好，要坚持人民标准，由人民说了算，由人民来裁决。

坚持以人民为中心，就是坚守初心宗旨，这体现了中国式现代化的价值取向。为中国人民谋幸福，为中华民族谋复兴，是中国共产党的初心，也是党的宗旨的体现。中国式现代化是中国共产党领导的现代化，必然要为中国人民谋幸福，以践行党的初心和宗旨为价值取向。

党的宗旨和党的初心是内在统一的，党的初心决定党的宗旨是全心全意为人民服务，践行好全心全意为人民服务的宗旨才能守住初心。在新时代，党的初心和宗旨集中反映在以人民为中心的发展上。以人民为中心的发展，要求以维护和实现人民利益为中心，以满足人民的美好生活需要为中心，立足新时代历史方位，在理论形式上有了新表述，在内容上有了新内涵，但为人民谋幸福的初心和使命始终未变，全心全意为人民服务的宗旨始终未变。中国式现代化是一个不断实践、不断发展的过程，是一个不断为中国、为世界作出积极贡献的过程。不忘初心，方得始终，正如习近平总书记所指出的："始终要把人民放在心中最高的位置，始终全心全意为人民服务，始终为人民利益和幸福而努力工作。"[①]坚持以人民为中心，既是对党的初心的坚守，也是对党的宗旨的践行，生动体现了中国式现代化的价值取向，在新时代新征程推进中国式现代化，必须坚持以人民为中心。

坚持以人民为中心，就是要回应人民期待，这体现了中国式现代化的现实关怀。中国式现代化坚持人民立场，以践行党的初心和宗旨为价值取向，必然要时刻关注人民现实利益，积极回应人民各种期待，不断根据人民的现实需要进行调整和完善。强烈的现实关怀是中国式现代化的必然要求和重要品质，坚持以人民为中心切实反映了人民的新期待新愿景，充分体现了中国式现代化的现实关怀。新时代是我国发展新的历史方位，中华民族迎来了从"站起来"、"富起来"到"强起来"的伟大飞跃。"强起来"不仅指经济的高速发展，还包括政治、文化、社会、生态、党建等各领域、全过程的发展完善。"强起来"不仅

① 习近平：《在第十三届全国人民代表大会第一次会议上的讲话》，人民出版社2018年版，第2页。

是“物”的方面的丰富，更重要的是“人”的方面的提升。党的十九大报告指出：“我国社会主要矛盾已经转化为人民日益增长的美好生活需要和不平衡不充分的发展之间的矛盾。”[①]这反映出在当下条件下，人民不再简单地期盼获得物质文化的满足，而是向往美好生活，期待生活水准得到多方面、全方位的提升。这是新时代赋予中国式现代化的现实依据，也是中国式现代化必然要关怀的人民新愿景。坚持以人民为中心，必须以满足人民对美好生活的需要为目标，在现代化进程中不断造福于民，积极回应和满足人民的期待。

四、坚持深化改革开放

党的二十大报告指出：推进中国式现代化，要“深入推进改革创新，坚定不移扩大开放，着力破解深层次体制机制障碍，不断彰显中国特色社会主义制度优势，不断增强社会主义现代化建设的动力和活力，把我国制度优势更好转化为国家治理效能”[②]。坚持深化改革开放，体现了中国式现代化的动力机制，是推进中国式现代化必须遵循的重大原则。

社会主义初级阶段的基本国情，决定了我国必须实行改革开放，改革开放是在社会主义初级阶段解决中国发展问题的根本之道。从改革开放四十多年的实践历程看，改革开放符合社会发展的一般规律，体现社会主义建设的实践要求，是党在新的时代条件下带领全国各族人民进行的新的伟大革命，是决定当代中国命运的关键一招，是发展

① 习近平：《决胜全面建成小康社会　夺取新时代中国特色社会主义伟大胜利——在中国共产党第十九次全国代表大会上的报告》，人民出版社2017年版，第11页。

② 习近平：《高举中国特色社会主义伟大旗帜　为全面建设社会主义现代化国家而团结奋斗——在中国共产党第二十次全国代表大会上的报告》，人民出版社2022年版，第22页。

中国特色社会主义的必由之路，是实现中华民族伟大复兴的必要遵循。没有改革开放就没有今日中国的成就，也不会有未来中国的辉煌，在新时代新征程推进中国式现代化，必须坚持深化改革开放。

改革开放这一范畴，由“改革”和“开放”两个概念构成。“改革”是社会主义社会发展的直接动力，是为了扫除社会生产力发展的障碍，使中国摆脱贫穷落后的状态。改革不是对原有体制的细枝末节的修补，而是一场深刻而全面的社会变革，它既包括经济体制又包括政治体制、文化体制、社会体制、生态文明体制，既涉及生产力又涉及生产关系，既涉及经济基础又涉及上层建筑，既包括体制层面又包括思想观念层面。从解放生产力、扫除发展生产力的障碍这个意义上说，从政策的重新选择、体制的重新构建的深刻性和广泛性来说，从由此引起的社会生活和人们观念变化的深刻性和广泛性来说，改革是一场伟大的革命。但它不是一个阶级推翻另一个阶级意义上的革命，不是也不允许否定和抛弃已经建立起来的社会主义制度，它是社会主义制度的自我完善和发展。“开放”是适应当代国际形势和国家现代化建设需要的国家战略，它秉持平等互利共赢的原则，以现实国情为基本立足点，坚持稳妥推进的方略，具有全方位、多层次、宽领域的特征。改革开放是一个整体，要以开放带改革，以改革推开放，实现改革和开放良性互动，彼此促进。

随着实践的深入和时代的变化，改革开放的内涵要求也会发生变化。在新时代，改革“已进入深水区，可以说，容易的、皆大欢喜的改革已经完成了，好吃的肉都吃掉了，剩下的都是难啃的硬骨头”[①]，

① 《习近平谈治国理政》第一卷，外文出版社2018年版，第101页。

改革需要不断向纵深推进。全面深化改革，要牢牢把握正确方向，既不走封闭僵化的老路，也不走改旗易帜的邪路，而是始终坚持中国特色社会主义道路；要坚持正确方法论，以问题为导向深化改革，以法治思维和法治方式推进改革，蹄疾步稳进行改革，注重改革的系统性、整体性、协同性，促使顶层设计和基层探索良性互动；要明确目标和任务，着眼于完善和发展中国特色社会主义制度，推进国家治理体系和治理能力现代化，围绕使市场在资源配置中起决定性作用深化经济体制改革，围绕坚持党的领导、人民当家作主、依法治国有机统一深化政治体制改革，围绕建设社会主义核心价值体系、社会主义文化强国深化文化体制改革，围绕更好保障和改善民生、促进社会公平正义深化社会体制改革，围绕建设美丽中国深化生态文明体制改革，围绕提高科学执政、民主执政、依法执政水平深化党的建设制度改革。

在新时代新征程推进中国式现代化，要构建全面开放新格局。坚定不移地扩大对外开放，是实现中华民族繁荣富强的必由之路，是适应经济全球化新趋势的必然要求，是顺应新时代国内改革发展新要求的应有之义，必须毫不动摇地坚持对外开放，不断扩大对外开放。全面开放，强调开放的主动性，把开放作为发展的内在要求，更加积极主动地扩大对外开放；强调开放的双向性，把“引进来”和“走出去”更好结合起来，拓展经济发展空间；强调开放的全面性，推动形成陆海内外联动、东西双向互济的开放格局；强调开放的公平性，积极构建公平竞争的内外资发展环境；强调开放的互利性，推动经济全球化朝着普惠共赢方向发展；强调开放的包容性，探索求同存异、包容共生的国际发展合作新途径。

五、坚持发扬斗争精神

党的二十大报告指出：推进中国式现代化，要“增强全党全国各族人民的志气、骨气、底气，不信邪、不怕鬼、不怕压，知难而进、迎难而上，统筹发展和安全，全力战胜前进道路上各种困难和挑战，依靠顽强斗争打开事业发展新天地”①。坚持发扬斗争精神，体现了中国式现代化的精神状态，是推进中国式现代化必须遵循的重大原则。

当今世界正处于大发展大变革大调整时期，国际形势复杂多变，不确定不稳定因素增多，外部风险挑战严峻。综观世界，“经济全球化大潮滚滚向前，但保护主义、单边主义为世界经济增长蒙上了阴影。新科技革命和产业变革蓄势待发，但增长新旧动能转换尚未完成。国际格局深刻演变，但发展失衡未有根本改观。全球治理体系加快变革，但治理滞后仍是突出挑战。当今世界的变局百年未有，变革会催生新的机遇，但变革过程往往充满着风险挑战，人类又一次站在了十字路口”②。“人类依然面临诸多难题和挑战，国际金融危机深层次影响继续显现，形形色色的保护主义明显升温，地区热点此起彼伏，霸权主义、强权政治和新干涉主义有所上升，军备竞争、恐怖主义、网络安全等传统安全威胁和非传统安全威胁相互交织。”③这些不稳定、不安全因素是世界和平与发展的巨大威胁，在给全世界带来风险的同时，也构成了中国发展的外部环境考验，中国要在世界变局中稳健前行必须强化

---

① 习近平：《高举中国特色社会主义伟大旗帜　为全面建设社会主义现代化国家而团结奋斗——在中国共产党第二十次全国代表大会上的报告》，人民出版社2022年版，第27页。

② 习近平：《同舟共济创造美好未来——在亚太经合组织工商领导人峰会上的主旨演讲》，《人民日报》2018年11月18日。

③《习近平谈治国理政》，外文出版社2014年版，第272页。

风险意识。

在世界经历百年未有之大变局的同时，中国社会也在发生深刻变革。党的十八大以来，中国特色社会主义进入新时代，我国发展成就巨大、优势显著、形势大好，同时，改革发展稳定面临着新情况、新问题、新挑战，各种矛盾和风险开始集中暴露，可谓“险象环生”。就经济领域而言，我国经济社会发展面临着世界经济持续低速增长、总需求不足与产能相对过剩矛盾上升、企业生产经营成本上升和创新能力不足问题并存、经济发展和资源环境矛盾加剧等风险挑战，必须加快转变经济发展方式，健全化解各类风险的体制机制，建立现代金融监管框架，提高对外开放的质量和发展的内外联动性，着力做好金融工作，防范化解各类经济风险。就政治领域而言，政治安全风险威胁中国共产党领导和社会主义制度，牵涉党和国家的根本，一旦出现就无法挽回、无法弥补，必须立场坚定，旗帜鲜明，坚决防止西方化、资本主义化，坚决反对各种分裂言行。就文化领域而言，意识形态安全关乎政权稳定，必须把牢意识形态工作领导权、管理权、话语权，打赢网络舆论斗争，大力培育和践行社会主义核心价值观，提高整合社会思想文化和价值观念的能力，发展中国特色哲学社会科学。就社会领域而言，我国已进入社会矛盾多发期，食品安全、农村社会矛盾、城市安全、就业问题等严重影响着社会稳定，必须不断优化社会治理，不断提高社会管理科学化水平，促进社会和谐稳定。就生态文明领域而言，生态环境安全是国家安全的重要组成部分，是经济社会持续健康发展的重要保障，水、大气、土壤等的污染是损害群众健康的突出问题，必须增强生态环境保护意识，加快构建生态文明体系，有效防范生态安全风险。搞好党的建设是战胜各类风险挑战、推进中国特色社会主义事业、实现中华民族伟大复兴的根本保证，我们党面临的“四大考验”“四大危险”是长期的、尖锐的，必须以自我革命的精神持续推进全面从严治党，努力化解党的建设面临的风险。放眼世界，新一轮科技革命正在酝酿，各国围绕前沿高端科技展开的竞争愈演愈烈，然而我国科技创新基础不牢、自主创新特别是原创力不强、装备制造业短板较多、互联网核心技术缺乏、关键信息基础设施安全保障体系尚未构建、基础科学研究短板依然突出、应急管理装备技术有待强化等问题，要求我们积极进行科技创新，切实保证科技安全，努力抓住和用好新一轮科技革命和产业变革的机遇。新冠疫情给各国人民生命健康和全球经济发展带来了沉重灾难，生物安全问题现在已经成为全世界、全人类共同面临的重大生存和发展威胁，我们要将生物安全纳入国家安全体系，对全球生物安全情况和我国生物安全状况进行全面研究，系统规划国家生物安全风险防控和治理体系建设，全面提高国家生物安全治理能力。此外，还要着力防范化解其他领域的风险，确保粮食安全、能源安全、核安全、军事安全等各领域的安全，防止局部性、小领域的安全风险发展扩大而影响大局。

防范化解风险挑战必须首先科学研判风险挑战，准确把握风险挑战的特点和发展趋势。具体而言，在新时代新征程推进中国式现代化可能面临的各种风险挑战具有以下基本特征：一是长期性。习近平总书记立足现实，着眼长远，深刻觉察到中国式现代化进程中会长期面临风险挑战。他指出，“我们面临的各种斗争不是短期的而是长期的，至少要伴随我们实现第二个百年奋斗目标全过程”①。二是艰巨

①《习近平谈治国理政》第三卷，外文出版社2020年版，第226页。

性。习近平总书记指出了我国面临的风险挑战日益增多的趋势，作出了我国发展进入各种风险挑战不断积累甚至集中显露时期的判断，认识到这是我国由大向强发展过程中无法回避的挑战，是实现中华民族伟大复兴躲不过的门槛。他指出，“改革开放已走过千山万水，但仍需跋山涉水，摆在全党全国各族人民面前的使命更光荣、任务更艰巨、挑战更严峻、工作更伟大”[①]。必须意识到，越是到事业发展的关键期，顶住压力、冲破阻碍、化解风险的任务就越是艰巨，面临的斗争形势就越是严峻，我们就越要保持高度警惕，越要坚持斗争，着力防范化解重大风险挑战。三是复杂性。当前和今后我们面临的风险挑战呈现出诸多新的时代特征，而且不断发展演变，不能对其进行简单化、单一化理解，必须充分认识其复杂性。习近平总书记指出，“各种矛盾风险挑战源、各类矛盾风险挑战点是相互交织、相互作用的。如果防范不及、应对不力，就会传导、叠加、演变、升级，使小的矛盾风险挑战发展成大的矛盾风险挑战，局部的矛盾风险挑战发展成系统的矛盾风险挑战，国际上的矛盾风险挑战演变为国内的矛盾风险挑战，经济、社会、文化、生态领域的矛盾风险挑战转化为政治矛盾风险挑战，最终危及党的执政地位、危及国家安全”[②]。为此，必须充分认识和估计各类风险挑战的复杂性，制定科学的策略，采取有效的方式，避免各类风险挑战的转移和升级，及时发现、防范和化解重大风险挑战。同时也应看到，在当前和今后一个时期，我国面临的风险挑战总体上可控，我国发展仍然可以大有作为，仍处于重要战略机遇期，我们要以乐观

① 中共中央党史和文献研究院编：《十九大以来重要文献选编》（上），中央文献出版社2019年版，第739页。

② 《习近平谈治国理政》第二卷，外文出版社2017年版，第222页。

的态度积极应对各种复杂风险的挑战。

“实现中国现代化，实现中华民族伟大复兴，实现全体中国人民共同富裕，我们还有很长的路要走，还有很多困难和风险要去战胜”[①]，必须发扬斗争精神。我们讲的斗争不是为斗争而斗争，也不是为了一己私利去斗争，而是为了实现人民对美好生活的向往，实现中华民族伟大复兴攻坚克难。让中国人民过上幸福生活，实现中华民族伟大复兴，是中国共产党的初心和使命。在践行初心使命、实现伟大梦想的前进道路上充满各种风险挑战，必须进行战胜这些风险挑战的伟大斗争，而进行伟大斗争必须发扬斗争精神，增强斗争本领。斗争精神不是与生俱来的，而是在后天培养中逐渐形成的，要在实践中锤炼思想素质，强化政治意识，培育斗争精神。斗争本领体现在政治领导、驾驭风险、群众工作、依法执政等多个方面，要从这些具体方面着手培养和提升斗争本领。唯有坚持发扬斗争精神，不断增强斗争本领，才能在与各类风险挑战的斗争中赢取胜利，才能真正担起使命，在实现中华民族伟大复兴的征程中砥砺前行。

① 习近平：《在纪念孙中山先生诞辰150周年大会上的讲话》，人民出版社2016年版，第13页。

问题19 如何理解中国式现代化的“并联式”逻辑

在世界范围内，现代化的源头可以追溯到16世纪，但对人类生活产生广泛影响的现代化运动肇端于18世纪的工业革命。较为流行的观点是，现代化主要指的是人类社会自工业革命以来发生的从传统社会到现代社会的变革过程。虽然人们对这一历史进程有不同的阶段划分，但从“范式变迁”意义看，它大致分为两大阶段：一是指从18世纪到20世纪中叶的现代化阶段，主要是从农业社会到工业社会的转变，技术创新、工业革命是其主要推动力，工业化、城市化、民主化构成其典型特征；二是指20世纪中叶以来的新一轮现代化阶段，主要是从工业社会到知识社会、信息社会等（可以统称为“后工业社会”）的转变，知识创新、制度创新和创新型人才是其主要推动力，信息化、知识化、生态化等构成其典型特征。前者可以称为“第一次现代化”（工业化是中轴），后者可以称为“第二次现代化”（信息化是中轴）。西方发达国家基本上完成了工业化任务，进入第二次现代化阶段；绝大多数发展中国家没有完成工业化任务，还处在第一次现代化阶段。

中国处在现代化的哪个阶段？总体来说，中国处于工业化中后期，第一次现代化任务还没有全部完成，但是第二次现代化通过全球化在当代中国又逐步呈现。中国式现代化是发展中国家的现代化，开辟了后发国家走向现代化的新道路。中国选择的并不是先完成工业化，再进行信息化、城镇化、农业现代化，而是同步进行，走新型工业化道路，以工业化带动信息化，信息化提升工业化，实现“四化同步”协调发展。从现代化理论角度看，先工业化再信息化的战略选择就是先完成第一次现代化，然后再进行第二次现代化，即“串联式”现代化战略。“四化同步”战略选择则是两次现代化同步进行、协调发展，即“并联式”现代化战略。

第一，中国式现代化超越了单一线性论，体现了现代化的多样性与非线性逻辑。西方现代化是先发的、原初的现代化，在几百年历史进程中依次经历启蒙现代化、工业时期现代化、后工业时期现代化。西方这种“依次历时态”现代化特点被一些人抽象化、模式化，将其当成现代化的唯一路径。这便是单一线性论。由于全球化影响，西方历时态出现的现代化进程在当代中国是共时态呈现的。中国走西方“串联式”发展道路，既无条件，也没有必要。中国式现代化的成功意义在于，从实践上说明了并联式现代化的可行性。更为重要的是，它打破了现代化的线性逻辑，说明了现代化道路的多样性。

第二，中国式现代化超越了渐序发展逻辑，遵循了跨越式发展逻辑。人类社会既存在渐序发展，也存在跨越式发展。在一定历史条件下，不仅社会制度可以跨越，而且生产力跨越式发展也是可行的。比如，针对否定俄国跨越式发展可能性观点时，马克思指出：“俄国为了采用机器、轮船、铁路等，是不是一定要像西方那样先经过一段很长的机器工业的孕育期呢？同时也请他们给我说明：他们怎么能够把西方需要几个世纪才建立起来的一整套交换机构（银行、信用公司等）

一下子就引进到自己这里来呢？”[1]改革开放以来，我国大胆吸收和借鉴人类社会创造的一切文明成果，为实现跨越式发展奠定了基础。并且，中国式现代化紧跟世界科技潮流，以信息化带动工业化，发挥后发优势，借助先进科技力量，在诸多方面实现了社会生产力的跨越式发展。

第三，中国式现代化摆脱了跟随西方亦步亦趋的依附性发展，开辟了独立自主发展道路。西方经典现代化理论给发展中国家开出的“现代化方案”是“串联式”发展战略。发展中国家的现代化目标完全被限定为西方发达国家已经完成的工业化，亦步亦趋移植西方，放弃聚焦前沿技术、信息化潮流的自主创新。长此以往，发展中国家会被“锁定”在国际科技链条和世界经济体系的低端，依附于发达国家主导的分工体系中。如果中国搞“串联式”现代化，我们与西方发达国家的差距会越来越大，因为两者根本不是在一个发展跑道上，我们只有走“并联式”发展战略，实现“弯道超车”，才能真正赶超西方发达国家，才能摆脱国际科技链条的末端、世界生产力体系中的初级生产者和依附发展者的地位，实现真正意义上的独立自主发展。

第四，中国式现代化超越了简单现代化，担负着复杂现代化的时代课题。中国是在“时空压缩”条件下进行现代化建设的，其“并联式”现代化是一种复杂现代化进程。这里的“压缩”，指发展时间压缩、发展任务压缩和发展问题压缩。发展时间压缩指西方发达国家用二三百年走过的现代化道路，我们压缩到用几十年左右的时间走完；发展任务压缩指西方发达国家用较长时间完成的现代化任务，我

---

① 《马克思恩格斯选集》第三卷，人民出版社2012年版，第821页。

们压缩到在较短时间内较快地完成；发展问题压缩指西方发达国家在二三百年现代化进程中依次出现的各种阶段性、不同性质的问题，我们压缩到在较短时间内同时交织地出现。因此，各种复杂的任务和问题在当代中国同时“并联存在”，增加了破解现代化难题、完成现代化任务的难度。概括来说，中国式现代化在实践进程中面临“双重压力”，一是要实现第一次现代化（工业化、城市化、市场化）的压力；二是要快速进入并奋力完成第二次现代化（信息化、智能化、生态化）的压力。双重压力体现在现代化评价标准上，就是要处理好一系列“矛盾”关系：一是生产与生态的关系——既要解放和发展生产力，又不能破坏生态环境；二是公平与效率的关系——既要提升社会公平，促进社会进步，又不能影响经济发展；三是自由与秩序的关系——既要提升人的自由解放，促进全面发展，又不能过度分化、损害社会和谐。

总之，复杂性社会现实决定了单一的西方现代化理论无法解决中国问题，我们必须用复杂现代化思维，观察现代化进程中的各种挑战，最终完成中国式现代化的历史任务。改革开放以来，中国式现代化创造了经济快速发展和社会长期稳定两大奇迹，这雄辩地说明，中国式现代化能够有效处理诸如经济发展与社会秩序等一系列复杂现代化关系，破除现代化难题，实现赶超式发展。

问题 20

如何理解推进中国式现代化必须贯彻新发展理念

“理念是行动的先导，一定的发展实践都是由一定的发展理念来引领的”[①]，“发展理念是战略性、纲领性、引领性的东西，是发展思路、发展方向、发展着力点的集中体现”[②]。新发展理念集中体现了中国式现代化建设的思路、方向和着力重点，对中国式现代化的内在动力、整体要求、生态关怀、外部条件和价值取向进行了科学系统的回答，“明确了我国现代化建设的指导原则”[③]，中国式现代化的成功推进离不开新发展理念的科学引领。

一、“创新”理念与中国式现代化的内在动力

“创新”理念要求中国式现代化以创新为内在动力，而非延续或者套用其他既有现代化模式，这从根本上体现了中国式现代化的自主性，即要通过自主探索的方式走出不同于西方模式和苏联模式的中国式现代化道路。

从现代化发展的历史长时段看，“创新”对一个国家的发展具有关

① 《习近平谈治国理政》第二卷，外文出版社2017年版，第197页。
② 《习近平谈治国理政》第二卷，外文出版社2017年版，第197页。
③ 《习近平谈治国理政》第四卷，外文出版社2022年版，第178页。

键意义。当代发达资本主义国家都具有很强的创新能力，尤其是老牌资本主义强国，基本都是通过创新把握先机从而占据了优势地位，比如，“发端于英国的第一次产业革命，使英国走上了世界霸主地位；美国抓住了第二次产业革命机遇，赶超英国成为世界第一”[①]。可以说，“创新”是推进现代化的第一动力，是建构现代性的关键动因。从现代化发展的时代背景看，“当今世界，经济社会发展越来越依赖于理论、制度、科技、文化等领域的创新，国际竞争新优势也越来越体现在创新能力上。谁在创新上先行一步，谁就能拥有引领发展的主动权”[②]。因此，作为后发现代化国家的中国，必须更加注重创新，通过创新不断赶超先发国家，不断推进中国式现代化进程。

中国式现代化实践表明，中国没有照搬照抄西方模式，而是通过自主创新开辟出中国式现代化道路，通过自主创新不断发展中国式现代化。坚持创新发展，是中国式现代化的首要实践遵循和根本实践要求。“创新发展注重的是解决发展动力问题”[③]，要“把创新作为引领发展的第一动力，把人才作为支撑发展的第一资源，把创新摆在国家发展全局的核心位置，不断推进理论创新、制度创新、科技创新、文化创新等各方面创新，让创新贯穿党和国家一切工作，让创新在全社会蔚然成风”[④]。通过创新发展，中国的文化、制度、技术等各方面的现代性将被逐步建构起来，国家整体现代化水平也将不断提升。

---

① 《习近平谈治国理政》第二卷，外文出版社2017年版，第202页。

② 《习近平谈治国理政》第二卷，外文出版社2017年版，第203页。

③ 《习近平谈治国理政》第二卷，外文出版社2017年版，第198页。

④ 《习近平谈治国理政》第二卷，外文出版社2017年版，第198页。

二、"协调"理念与中国式现代化的整体要求

改革开放后，中国的现代化进入新时期，开始突出经济建设的中心地位，虽然也兼顾政治、文化等其他领域和方面的发展，但还是产生了发展的不平衡不充分问题，当前我国社会的主要矛盾就是人民日益增长的美好生活需要和不平衡不充分的发展之间的矛盾。有效解决现代化进程中出现的不平衡不充分问题，必须坚持和贯彻"协调"理念。"协调既是发展手段又是发展目标，同时还是评价发展的标准和尺度"①，"协调发展注重的是解决发展不平衡问题"②，体现了中国式现代化的整体要求。

中国共产党人历来注重统筹协调，有着系统思维，毛泽东同志曾经提出"弹钢琴"的工作方法和"统筹兼顾、适当安排"的方针，邓小平同志曾经提出"综合平衡，不能单打一"的思想和"两手抓，两手都要硬"的战略方针，江泽民同志曾经提出社会主义现代化建设进程中必须处理好12个带有全局性的重大关系，胡锦涛同志曾经提出"全面、协调、可持续"的发展观。党的十八大以来，中国共产党人继续坚持和发展统筹协调的方法，统筹推进"五位一体"总体布局，协调推进"四个全面"战略布局，使中国式现代化的全面性和系统性更加突出。善于运用统筹协调的方法推进发展是中国共产党人的宝贵经验和优良传统。

现代性作为现代社会的本质规定，是在由传统社会向现代社会转型过程中开启和演进的，意味着对传统社会的生产方式、生活方式、

---

① 《习近平谈治国理政》第二卷，外文出版社2017年版，第205页。

② 《习近平谈治国理政》第二卷，外文出版社2017年版，第198页。

思想观念、价值理念的全面扬弃和整体超越。“协调”理念要求推进中国式现代化必须坚持系统性、全面性。针对当前现代化建设中存在的不平衡、不协调、不可持续问题，要“着力推动区域协调发展、城乡协调发展、物质文明和精神文明协调发展，推动经济建设和国防建设融合发展”①，“牢牢把握中国特色社会主义事业总体布局，正确处理发展中的重大关系，不断增强发展整体性”②，从而系统、全面、协调推进中国式现代化。

三、“绿色”理念与中国式现代化的生态关怀

“绿色”理念体现了中国式现代化在生态维度的基本要求。中国式现代化是人与自然和谐共生的现代化，人与自然和谐共生关乎人民幸福生活，关乎经济社会发展，内在决定着中国式现代化的实现程度和发展质量，体现了中国式现代化的生态关怀。

“绿色发展，就其要义来讲，是要解决好人与自然和谐共生问题。”③在现代化进程中，工业化一方面带来了经济的巨大增长；另一方面也带来了环境的污染和生态的破坏，生态环境恶化问题是伴随现代化进程而出现的，是各国现代化建设的共性问题。在改革开放前二十年，出于迅速释放市场活力和发展经济的迫切需要，国家集中精力进行经济建设，生态环境保护问题既不突出也不受重视，经济的迅速增长付出了比较大的生态环境代价。“2003年中国自然资源消耗比例，大约是日本、法国和韩国的100多倍，是德国、意大利和瑞典的30多倍，

① 《习近平谈治国理政》第二卷，外文出版社2017年版，第206页。

② 《习近平谈治国理政》第二卷，外文出版社2017年版，第198页。

③ 《习近平谈治国理政》第二卷，外文出版社2017年版，第207页。

是美国和英国的2倍多；2002年中国工业废物密度大约是德国的20倍、意大利的18倍、韩国和英国的12倍、日本的11倍、法国和瑞典的4倍；2002年中国城市空气污染程度，大约是法国、加拿大和瑞典的7倍多，是美国、英国和澳大利亚的4倍多，是日本、德国、意大利、韩国和巴西的2倍多。中国农牧业造成的生态退化也远远超过发达国家。”[①] 资源短缺、环境污染、生态恶化等问题日益凸显并逐渐影响和制约经济社会发展。对此，党的十六届五中全会提出建设资源节约型、环境友好型社会，开始从国家发展战略的高度出发重视生态环境保护问题，中国的现代化正式开始走可持续发展之路。整体来看，从“1990—2015年，可再生能源消费比例从34.1%下降到12.4%；1990—2016年，森林覆盖率提高了34%；1990—2017年，$PM_{2.5}$年均浓度先上升后下降，2011年为最高点，约70.5微克/米^3；1960—2014年，二氧化碳排放密度从6.1千克/美元降低到1.2千克/美元（2010年价格）；2005—2017年，生活废水处理率从52.0%提高到94.5%；2005—2018年，城市废物处理率从51.7%提高到99.0%”[②]。基于制度本身的优势以及党和人民及时认识到生态环境保护问题的重要性并及时采取有效应对措施，中国在现代化建设中并没有出现像资本主义国家那样严重的生态环境危机，但这并不意味着中国的现代化现在已经不存在或者将来无须应对生态环境问题，处理好经济社会发展与生态环境保护的关系将伴随中国式现代化全过程。

---

① 何传启主编：《如何成为一个现代化国家：中国现代化报告概要：2001—2016》，北京大学出版社2017年版，第177页。

② 何传启主编：《中国现代化报告2020——世界现代化的度量衡》，北京大学出版社2020年版，第144页。

在新时代新征程推进中国式现代化，必然坚持绿色发展理念，积极应对生态环境带来的考验，努力实现人与自然和谐共生。“环境就是民生，青山就是美丽，蓝天也是幸福，绿水青山就是金山银山；保护环境就是保护生产力，改善环境就是发展生产力。”[①]要在现代化实践中“坚持节约资源和保护环境的基本国策，坚定走生产发展、生活富裕、生态良好的文明发展道路，加快建设资源节约型、环境友好型社会，推进美丽中国建设，为全球生态安全作出新贡献”[②]。

四、“开放”理念与中国式现代化的外部条件

“开放”理念体现了中国式现代化的外部条件要求。现代化是全人类的共同追求，各国的现代化是在世界现代化的大背景下进行的，各国的现代化都离不开对世界优秀文明成果的借鉴和吸纳，没有哪一个国家能够在自我封闭中实现自身现代化。“开放发展注重的是解决发展内外联动问题”[③]，是中国式现代化的必由之路。

“实践告诉我们，要发展壮大，必须主动顺应经济全球化潮流，坚持对外开放，充分运用人类社会创造的先进科学技术成果和有益管理经验。”[④]中国作为后发现代化国家，在起步时已经和先发国家存在非常大的发展差距，必须在开放中顺应世界现代化潮流、借鉴现代化既有成果、把握现代化发展机遇，必须在开放中创造良好外部环境、参与全球资源配置、有效利用外部助力。对外开放是我国迅速赶超世界

① 《习近平谈治国理政》第二卷，外文出版社2017年版，第209页。

② 《习近平谈治国理政》第二卷，外文出版社2017年版，第199页。

③ 《习近平谈治国理政》第二卷，外文出版社2017年版，第198页。

④ 《习近平谈治国理政》第二卷，外文出版社2017年版，第211页。

现代化先进水平的必然选择。从试办经济特区到开放沿海城市，从扩大沿海开放区域到内地省会城市开放，从加入世贸组织到新时代更高水平对外开放，中国的对外开放实现了由地区到全国、由单一到全面、由被动到主动、由低层次到高水平的转变，中国的现代化在开放中与世界现代化紧密结合在一起，既在世界现代化进程中更好地发展了自己，也通过自身更好发展为世界现代化作出了贡献。不像其他后发国家那样在“依附”中艰难发展，中国在处理对外关系中始终坚持和平共处五项原则，坚决维护国家主权、安全和发展利益，反对一切形式的霸权主义和强权政治，既不屈从和依附任何国家，也不侵害和压迫任何国家，始终坚持走独立发展、自主发展、共同发展之路，对外开放并没有导致中国对先发国家的依附和对世界现代化先进水平的依赖。事实证明，后发国家如果自我封闭，与世界现代化“脱钩”，不可能成功建设本国现代化；如果与世界现代化“接轨”，又很容易陷入对先发国家的“依附”，必然会因为先发国家的剥削和压迫而不能很好发展，中国在独立自主对外开放中克服了这个二元对立难题，这既是中国式现代化的优势，也是中国式现代化的特色。

在当今时代，经济全球化深入发展，各国之间联系日益紧密，扩大开放是必然选择，封闭自守只有死路一条，只有融入世界现代化，积极吸收借鉴人类文明一切有益成果，才能科学高效建设本国现代化，顺利实现现代化目标。对当代中国而言，“必须坚持对外开放的基本国策，奉行互利共赢的开放战略，深化人文交流，完善对外开放区域布局、对外贸易布局、投资布局，形成对外开放新体制，发展更高层次的开放型经济，以扩大开放带动创新、推动改革、促进发展”[①]。

五、“共享”理念与中国式现代化的价值取向

“让广大人民群众共享改革发展成果，是社会主义的本质要求，是社会主义制度优越性的集中体现，是我们党坚持全心全意为人民服务根本宗旨的重要体现。”[②]中国式现代化是一种“共享”现代化，“共享”理念体现了中国式现代化的价值取向。

“共享”理念内涵丰富，党的十八届五中全会提出了共享发展理念，指出了其四个方面的内涵，即全民共享、全面共享、共建共享、渐进共享。[③]其中，全民共享是针对共享主体而言的，意指共享的主体是全体中国人民；全面共享是针对共享对象而言的，意指共同享受的是一切改革发展的成果，是各领域各方面的成果共享；共建共享和渐进共享是针对过程而言的，意指共享的实现需要全体中国人民共同参与和建设，且这个过程不可能一蹴而就，需要逐渐推进和逐步实现。“共享”理念赋予中国式现代化以独有的“中国特色”和“中国魅力”，是推进中国式现代化的价值遵循。

新时代新征程推进中国式现代化，必须贯彻“共享”理念，逐步缩小贫富差距和促进社会公平正义。“必须坚持发展为了人民、发展依靠人民、发展成果由人民共享，作出更有效的制度安排，使全体人民朝着共同富裕方向稳步前进，绝不能出现‘富者累巨万，而贫者食糟

① 《习近平谈治国理政》第二卷，外文出版社2017年版，第199页。

② 《习近平谈治国理政》第二卷，外文出版社2017年版，第200页。

③ 参见《习近平谈治国理政》第二卷，外文出版社2017年版，第215—216页。

糠’的现象。”[①]为此，要“充分调动人民群众的积极性、主动性、创造性，举全民之力推进中国特色社会主义事业，不断把‘蛋糕’做大”[②]，也要把“不断做大的‘蛋糕’分好，让社会主义制度的优越性得到更充分体现，让人民群众有更多获得感”[③]。真正在现代化实践中处理好效率和公平、先富和后富的关系，在做大“蛋糕”的同时分好“蛋糕”，使发展成果更多更广泛惠及全体人民。

六、贯彻新发展理念必须推动高质量发展

高质量发展是新发展理念的现实要求和生动实践，“是全面建设社会主义现代化国家的首要任务”[④]。贯彻新发展理念，全面建设社会主义现代化国家，必须转变发展方式，着力推动和实现高质量发展。

改革开放以来特别是社会主义市场经济体制建立以来，我国经济社会迅猛发展，综合国力和国际影响力不断提升。根据世界银行数据，我国的人均GDP在1978年只有156.4美元，比印度的205.7美元还要低，被列入低收入国家行列。经过四十多年的发展，我国人均GDP在20世纪末跨入中低收入阶段，到2010年进入中高收入阶段，到2021年达到12551美元，超过世界平均水平，接近高收入国家人均水平的下限，比印度2021年的2277美元高出4.51倍。从2013年到2021年，我国对世界经济增长的平均贡献率达到38.6%，是推动世界经济增长的第一动力，成为名副其实的世界经济增长引擎。我国还是全世界唯一拥有联合国

① 《习近平谈治国理政》第二卷，外文出版社2017年版，第200页。

② 《习近平谈治国理政》第二卷，外文出版社2017年版，第216页。

③ 《习近平谈治国理政》第二卷，外文出版社2017年版，第216页。

④ 习近平：《高举中国特色社会主义伟大旗帜 为全面建设社会主义现代化国家而团结奋斗——在中国共产党第二十次全国代表大会上的报告》，人民出版社2022年版，第28页。

产业分类中所列全部工业门类的国家，是制造业、货物贸易、外汇储备第一大国，以及商品消费、外资流入第二大国。就现代化的综合水平而言，“在2000—2017年，中国综合现代化指数提高了14，排名提高了15位。在1990—2017年，中国综合现代化指数提高了17，排名提高了39位”[①]。与此同时，中国特色社会主义民主制度、法治体系、市场经济体制、公共文化服务体系、惠民和保障制度、生态保护机制等也都日益健全和完善，国家现代化的发展速度之快、成就之大无疑是惊人的。

在总体上取得巨大成就的同时，我国的现代化也存在突出的发展不平衡不充分问题。从区域发展不平衡来看，长江三角洲、珠江三角洲、环渤海地区现代化水平较高，其他地区现代化水平较低；沿海地区、东北地区、黄河中游、长江中游地区现代化水平较高，西北地区、西南地区现代化水平较低；东部地区现代化水平高于中部地区，中部地区现代化水平高于西部地区。[②]从领域发展不平衡来看，我国经济发展相对超前，但社会法治化水平不高，文化建设相对滞后，社会建设存在很多短板，生态文明建设也有很多问题，各领域发展不够协调和同步。从群体发展不平衡来看，“虽然不能说中国现在已经出现了‘导致两极分化因而改革失败了’的局面，但是贫富差距的确也够大了，造成了劳动收入偏低、内需不足且难以扩大、严重挫伤劳动者生产经营积极性、使得劳资冲突不断、经济增长的动力减弱、无法维持社会

---

① 何传启主编：《中国现代化报告2020——世界现代化的度量衡》，北京大学出版社2020年版，第225页。

② 何传启主编：《如何成为一个现代化国家：中国现代化报告概要（2001—2016）》，北京大学出版社2017年版，第133页。

稳定、难以实现社会公平正义和社会主义共同富裕的本质要求等多重危害，中国现在已经到了由让一部分人、一部分地区先富起来转向着力解决贫富差距、逐步实现共同富裕的时候了”[①]。此外，我国发展还存在制度改革不充分、科技创新不充分、市场竞争不充分、效率发挥不充分、有效供给不充分、动力转换不充分、潜力释放不充分等问题。发展不平衡不充分问题的存在具有必然性，需要通过高质量发展予以解决。

推动高质量发展，必须完整、准确、全面贯彻新发展理念，坚持社会主义市场经济改革方向，坚持高水平对外开放，加快构建以国内大循环为主体、国内国际双循环相互促进的新发展格局，把实施扩大内需战略同深化供给侧结构性改革有机结合起来，增强国内大循环内生动力和可靠性，提升国际循环质量和水平，加快建设现代化经济体系，着力提高全要素生产率，着力提升产业链供应链韧性和安全水平，着力推进城乡融合和区域协调发展，推动经济实现质的有效提升和量的合理增长。具体而言有以下几点要求。

一是构建高水平社会主义市场经济体制。要坚持和完善社会主义基本经济制度，坚持两个“毫不动摇”，充分发挥市场在资源配置中的决定性作用，更好发挥政府作用，深化国资国企改革，支持中小微企业发展，优化民营企业发展环境，深化简政放权、放管结合、优化服务改革，深化金融体制改革，完善中国特色现代企业制度，构建全国统一大市场，健全宏观经济治理体系，健全现代预算制度，健全资本市场功能，加强反垄断和反不正当竞争。

---

① 简新华：《中国特色社会主义政治经济大疑难问题研究》，安徽大学出版社2018年版，第168页。

二是建设现代化产业体系。要坚持把发展经济的着力点放在实体经济上，推进新型工业化，实施产业基础再造工程和重大技术装备攻关工程，巩固优势产业领先地位，推动战略性新兴产业融合集群发展，构建优质高效的服务业新体系，建设高效顺畅的流通体系，促进数字经济和实体经济的深度融合，优化基础设施布局、结构、功能和系统集成，构建现代化基础设施体系。

三是全面推进乡村振兴。要坚持农业农村优先发展，坚持城乡融合发展，加快建设农业强国，全方位夯实粮食安全根基，构建多元化食物供给体系，发展乡村特色产业，增强脱贫地区和脱贫群众内生发展动力，统筹乡村基础设施和公共服务布局，巩固和完善农村基本经营制度，深化农村土地制度改革，保障进城落户农民合法土地权益，鼓励依法自愿有偿转让，完善农业支持保护制度，健全农村金融服务体系。

四是促进区域协调发展。要深入实施区域协调发展战略、区域重大战略、主体功能区战略、新型城镇化战略，构建优势互补、高质量发展的区域经济布局和国土空间体系，推动西部大开发形成新格局，推动东北全面振兴取得新突破，促进中部地区加快崛起，鼓励东部地区加快推进现代化，支持革命老区、民族地区加快发展，加强边疆地区建设，推进京津冀协同发展、长江经济带发展、长三角一体化发展，推动黄河流域生态保护和高质量发展，推动成渝地区双城经济圈建设，健全主体功能区制度，优化国土空间发展格局，推进以人为核心的新型城镇化，以城市群、都市圈为依托构建大中小城市协调发展格局。

五是推进高水平对外开放。要增强国内国际两个市场两种资源联动效应，稳步扩大规则、规制、管理、标准等制度型开放，加快建设贸易强国，营造市场化、法治化、国际化一流营商环境，推动共建“一带一路”高质量发展，优化区域开放布局，加快建设西部陆海新通道，扩大面向全球的高标准自由贸易区网络，有序推进人民币国际化，深度参与全球产业分工和合作，维护多元稳定的国际经济格局和经贸关系。

高质量发展主要针对经济问题而言，但不限于经济领域，而是关涉社会发展的各个领域和方面，因此，推动高质量发展，要着眼国家发展全局，聚焦解决我国社会主要矛盾。一方面，要以高质量发展促进高水平生产，提升生产平衡性和充分性。在新时代，我国社会主要矛盾已经发生转变，“不平衡不充分”取代“落后性”成为主要矛盾的主要方面，建设和发展人民关系，必须着力提升生产的平衡性和充分性，以高质量发展促进高水平生产。具体而言，针对生产不平衡的问题，要处理好局部和整体的关系，坚持系统观念，统筹各领域各区域各方面的生产；处理好当前和长远的关系，坚持战略思维，注重生产的可持续性和规划性；处理好生产和安全的关系，坚决维护国家安全和社会稳定，为实现更好生产提供必要保障；处理好物质生产和精神生产的关系，既不断厚植现代化的物质基础，实现物质富足，也不断强化现代化的精神支撑，实现精神富有。针对生产不充分问题，要处理好数量与质量的关系，在持续“增量”的过程中着力“提效”，实现从“有没有”到“好不好”的转变；处理好效率和公平的关系，在保持效率的同时更加注重公平，既“做大蛋糕”又“分好蛋糕”；处理好“破旧”与“育新”的关系，既要“毫不动摇把培育发展新动能作为打造竞争新优势的重要抓手，又要坚定不移把破除旧动能作为增添发展新动能、厚植整体实力的重要内容”[①]；处理好供给和需求的关系，既进行供给侧结构性改革，也加强需求侧管理，以完整健康的内需体系引育高质全面的生产体系。

另一方面，要以高质量发展促进高品质生活，满足人民美好生活需要。“高质量发展，就是能够很好满足人民日益增长的美好生活需要的发展。”[②]通过高质量发展，能够为广大人民提供各类高水平、高品位的产品，使广大人民过上高品质生活。高质量发展主要针对经济建设而言，但绝不仅仅局限在经济领域，其体现了一种新的发展理念和发展方式，表现出对人的高度关怀，对整个社会发展都具有普遍引领意义。要紧紧围绕人民的现实需求，在高质量发展中更好推进“五位一体”建设，发展全过程人民民主，推动经济实现质的有效提升和量的合理增长，建设社会主义文化强国，提高民生福祉水平，提升生态环境质量，使人们享受到充裕的物质财富、广泛的民主权利、丰富的精神生活、切实的民生福祉和优美的生态环境，在社会全面进步中过上高品质生活，实现对美好生活的向往。

---

① 习近平：《在深入推动长江经济带发展座谈会上的讲话》，人民出版社2018年版，第17—18页。

② 《习近平谈治国理政》第三卷，外文出版社2020年版，第238页。

问题 21

中国式现代化进程中如何推进国家治理现代化

党的十九届四中全会审议通过的《关于坚持和完善中国特色社会主义制度　推进国家治理体系和治理能力现代化若干重大问题的决定》（以下简称《决定》），对推进国家治理现代化作出了系统安排和全面部署。将国家治理现代化作为国家现代化建设的重要目标，体现了现代国家治理实践科学化、规范化、法治化的要求，丰富了中国式现代化的实践蕴涵。推动和实现国家治理现代化，是中国式现代化的内在要求和重要目标。

一、国家治理现代化的要义是促使制度优势更好向治理效能转化

国家治理现代化是一个系统工程，涉面广泛、系统性强，需要整体把握、渐进推进，在实践中做到国家治理体系和治理能力现代化共同推进。制度优势更好向治理效能转化，能够充分展现我国制度根本优势，从而优化治理结构，切实推进国家治理体系现代化；能够极大提升制度执行能力，从而优化治理功能，切实推进国家治理能力现代化；能够促使制度和制度执行能力充分结合，促使制度建设和治理实践有效互动，整体推进治理体系和治理能力现代化。因此，推进国家

治理现代化，要遵循促使制度优势更好向治理效能转化这一实践取向。

（一）推进国家治理体系现代化要求制度优势更好向治理效能转化

国家治理体系是在党的领导下管理国家的制度体系，是一整套紧密相连、相互协调的国家制度，其蕴含的巨大优势，是治理能力不断提升的基础和根据。推进国家治理体系现代化，本质上要充分展现社会主义制度根本优势，使治理结构得以优化升级。制度优势更好向治理效能转化，能够促使我国制度优势得到更充分展现、更切实发挥和更广泛发展，促进我国制度和制度体系自我完善和发展，从而优化治理结构，达到推进国家治理体系现代化的目的。

中国特色社会主义制度具有顶层设计谋大事、集中力量干大事、自主创新成大事的根本优势，制度优势更好向治理效能转化，能够充分展现这些优势。《决定》指出了我国国家制度和国家治理体系具有十三个方面的显著优势[①]，这些显著优势是根本优势在各领域各方面的具体表现。其中，坚持党的集中统一领导，坚持人民当家作主，坚持全面依法治国，坚持我国社会主义基本经济制度，坚持“一国两制”等显著优势向效能的转化充分展现了我国制度具有的顶层设计谋大事的根本优势。坚持全国一盘棋，坚持各民族一律平等，坚持以人民为中心，坚持德才兼备、选贤任能，坚持党指挥枪等显著优势向效能的转化充分展现了我国制度具有的集中力量办大事的根本优势。坚持改革创新、与时俱进，坚持独立自主和对外开放相统一等显著优势向效

① 《中共十九届四中全会在京举行》,《人民日报》2019年11月1日。

能的转化充分展现了我国制度具有的自主创新成大事的根本优势。这些显著优势不断向治理效能转化，能够促使我国制度根本优势得到充分展现、切实发挥和广泛发展，使我国制度优势进一步彰显。同时在此进程中，制度本身内蕴的现实价值会得到提升，制度价值对于治理实际需要的满足程度会得到有效提高，这就对整个制度体系和治理结构的适应性调整提出了新的发展要求，从而客观上进一步完善制度体系，进一步优化治理结构，切实为治理体系现代化创造制度层面的坚实基础和必要条件。

（二）推进国家治理能力现代化要求制度优势更好向治理效能转化

国家治理能力是运用国家制度管理社会各方面事务的能力①，其产生的实际效能，是制度优势得以彰显的现实依托。推进国家治理能力现代化，本质上要提升制度执行能力，使治理功能得以优化升级。在制度优势更好向治理效能转化的过程中，制度执行能力能够得到极大提升，治理功能能够得以优化升级，国家治理能力现代化能够实现有力推进。

制度优势向治理效能转化，是实践主体执行制度要求、发生治理行为、产生实际效果的过程。这一转化过程具有主体性、渐进性、双向性三个基本特性。第一，这一转化过程具有主体性。主体性主要体现在过程的展开始于实践主体的介入、过程的推进依靠实践主体的行为、过程的效果在于实践主体创造性的发挥程度三个方面，这决定了

① 《习近平总书记系列重要讲话读本（2016年版）》，学习出版社、人民出版社2016年版，第73页。

主体实践在制度优势向治理效能转化过程中的重要地位和关键作用。第二，这一转化过程具有渐进性。渐进性主要体现在过程的长期性和发展性。制度优势向治理效能转化，其实在我国社会主义基本制度确立起来之后就已经开始进行，至今也远未结束，这种过程的长期性从根本上说是由社会历史发展的长期性决定的。制度的产生、发展和完善需要经历一个长期过程，其优势的获得、扩大以及向治理效能的更好转化亦需要经历一个长期过程。此外，这一过程还具有发展性，表现为制度优势越来越多、越来越突出，制度优势向治理效能的转化越来越彻底、越来越具有实效，即向"更好"的方向发展。第三，这一转化过程具有双向性。双向性是指这一过程不仅是制度作用于社会现实、产生实际效果的过程，同时也是社会现实作用于制度、促使制度进行自我调整和改变的过程。这一转化过程的更好进行意味着制度执行能力得到提升，治理功能亦在制度执行能力的提升中得以优化升级。具体看来，在更好进行的转化过程中，制度执行能力的提升和治理功能的优化表现在：实践主体的介入更加积极而使过程的展开更加顺利，实践主体的行为更加规范而使过程的推进更加高效，实践主体的创造力更好发挥而使过程的结果更具实效；长期性的发展过程迎来了阶段性的质变和突破，进入到新的发展时期，表现出明显的"更好"态势；制度能够更好地契合和服务于社会现实，产生出更具实效的现实结果。总之，通过制度优势更好向治理效能转化这一过程，制度执行能力得到极大提升，治理功能得以优化升级，国家治理能力现代化得以切实推进。

（三）整体推进国家治理现代化要求制度优势更好向治理效能转化

"国家治理体系和治理能力是一个有机整体，相辅相成"[①]，国家治理现代化的实现要求从整体上把握和推进治理体系和治理能力现代化。这是因为：制度优势更好向治理效能转化，能够使制度和制度执行能力充分结合，使制度建设和治理实践有效互动，实现治理体系和治理能力共同发展。

首先，制度优势更好向治理效能转化，既要依靠制度本身，也有赖于制度执行能力，能够使制度和制度执行能力在实践中得到充分结合。制度优势向治理效能转化的过程具有主体性，主体性充分体现了实践主体对整个转化过程的必要性和重要性，制度优势更好向治理效能的转化意味着有实践主体参与其中并切实发挥出作用。实践主体的参与使制度得以执行并表现出一定的执行能力，这种执行能力与制度本身通过实践主体联结起来，并且联结作用在实践主体的更有效行为中得以不断强化，从而实现制度和制度执行能力的充分结合。制度和制度执行能力的充分结合意味着治理体系和治理能力实现了良好对接，这为两者互动发展创造了必要前提。其次，制度优势更好向治理效能转化，既能促进制度建设，也能推进治理实践，从而实现制度建设和治理实践有效互动。制度优势向治理效能转化的过程具有双向性，一方是制度及其优势，一方是社会现实及其效果，双方交互作用的结果体现在前者促进制度建设，后者推进治理实践，因此，制度优

① 《习近平总书记系列重要讲话读本（2016年版）》，学习出版社、人民出版社2016年版，第73页。

势更好向治理效能转化能够实现制度建设和治理实践的有效互动。制度建设和治理实践的有效互动本质上是治理体系和治理能力的有效互动，为实现治理体系和治理能力共同发展提供了实践基础。最后，制度优势更好向治理效能转化，既能促使治理体系完善，也能促使治理能力提升，从而实现治理体系和治理能力共同发展。制度和制度执行能力的充分结合，以及制度建设和治理实践的有效互动都能促使治理体系完善和治理能力提升，且制度优势更好向治理效能转化，既需要治理体系更加完善以具备更大更多的优势，亦需要治理能力不断提升以实现制度优势的更好释放和发挥，这意味着治理体系和治理能力都能在制度优势更好向治理效能转化的过程中得到发展。因此，制度优势更好向治理效能转化，蕴含着促使治理结构和治理功能优化升级，以及推动治理体系和治理能力整体发展的价值作用，是推进国家治理现代化需要遵循的实践取向。要以制度优势更好向治理效能转化为实践遵循，依托现实基础，充分利用有利条件，坚持科学的实践进路，不断促使制度优势更好向治理效能转化，从而实现国家治理现代化。

二、将制度优势更好转化为治理效能的实践遵循

促使制度优势更好转化为治理效能，要在充分利用有利条件的基础上坚持科学的实践进路，做到突出治理实践这一关键环节，通过“三个阶段”推进实践过程，基于十三个“坚持和完善”把握任务重点。

（一）关键环节：治理实践

制度优势向治理效能转化的逻辑理路是：制度优势—治理体系—

治理实践—治理效能。在这一过程中，制度优势构成既存前提，治理效能构成逻辑结果，治理体系是制度优势的实际载体和治理实践的制度依据，治理实践是治理体系的贯彻执行和治理效能的生成渠道，其中，制度优势、治理体系和治理效能具有既定性和稳定性，治理实践具有可变性和不稳定性。因此，决定整个过程能否顺利推进以及效果好坏的关键环节是治理实践。治理实践的可变性和不稳定性是由治理实践主体的主观性和治理实践方式的有限性共同决定的。实现制度优势更好向治理效能转化，需要突出治理实践这一关键环节，着力解决治理实践主体主观性和治理实践方式有限性带来的问题。

治理实践的主体是现实社会中的个人，个人在贯彻执行制度要求时会带有主观性，这种主观性的存在使作为实践主体的个人在对制度本身的理解，以及对制度指向的社会现实的认知上往往具有片面性和不彻底性，在进行治理实践的行为中容易出现偏差，这会导致制度与社会现实不能很好对接，进而影响制度优势向治理效能的转化。针对这一问题，可以从治理主体的关系协调、主体个人的能力培养两个方面进行应对。就治理主体的关系协调而言，要妥善处理党、政府、企事业各单位、社会各团体各组织之间的关系，明确各行为主体的活动领域和具体职责，在坚持主体多元化的同时注重不同主体之间的协调配合，在坚持党的领导核心地位的同时积极推动全民参与治理，努力形成社会共治的良好局面。就主体个人的能力培养而言，要注重提升主体个人的思想水平和能力水平，使主体个人既具有科学认知和准确把握制度以及社会现状的能力，又具有良好的执行能力、应变能力和省察能力，能够在制度优势向治理效能转化的过程中发挥出更为理想的中介作用。

治理实践的方式是主体个人在治理活动中不断积累经验而逐渐形成的，受现实条件和主体经验的制约而具有有限性。有限性意味着不完善性，意味着治理方式只能在一定条件或特定层面满足治理实践的需要。同时，有限性意味着发展空间和进步可能，意味着治理方式能够根据条件的变化和经验的积累而不断改进。针对治理方式的这一特点，在当下推动制度优势更好向治理效能转化，既要坚持多样化的治理方式，又要结合新的实践状况不断改进治理方式。要坚持系统治理、依法治理、综合治理、源头治理相结合，通过系统治理做到统筹谋划、整体推进，通过依法治理提升制度化和规范化程度，通过综合治理实现各领域各方面协同配合，通过源头治理实现“治根治本”。这四种治理方式是总结长期以来我国治理实践经验而得出的科学结论，是符合当前我国治理实际的有效治理方式，对把制度优势更好转化为治理效能具有重要实践价值，需要长期坚持和遵循。同时，也要以发展的眼光看待现有治理方式，坚持在治理实践中不断总结经验，坚持结合变化着的治理状况不断进行创新，从而不断完善和发展治理方式。

（二）推进过程：“三个阶段”

《决定》指出，要通过“三个阶段”[①]逐步实现国家治理现代化。这就对制度优势更好转化为治理效能的推进过程进行了阶段划分，即要通过“三个阶段”逐步达成目标。“三个阶段”的进程划分有着充分的现实依据，体现着必要的原则要求，为制度优势更好转化为治理效能提供了科学的推进过程。

---

① 《中共十九届四中全会在京举行》,《人民日报》2019年11月1日。

将制度优势更好向治理效能转化的推进过程划分为“三个阶段”，依据在于分“两步走”实现社会主义现代化强国目标的战略安排。制度优势向治理效能的更好转化以国家现代化为背景，服务于现代化建设，与现代化进程相协调，与现代化目标相契合。具体看来，“三个阶段”的推进过程与“两步走”战略安排内在一致。其中，第一个阶段是指，到建党一百年，在各方面制度更加成熟更加定型上取得明显成效，其时段和目标与第一个百年奋斗目标相适应；第二个阶段是指，从建党一百年到二〇三五年，各方面制度更加完善，基本上实现国家治理体系和治理能力现代化，其时段和目标与“第一步”战略安排相适应；第三个阶段是指，从二〇三五年到新中国成立一百年，全面实现国家治理体系和治理能力现代化，其时段和目标与“第二步”战略安排相适应。这充分说明，制度优势更好转化为治理效能的内在依据是“两步走”战略安排。作为国家现代化建设宏观部署下的具体层面安排，“三个阶段”的推进过程统一于“两步走”战略安排，服务于国家现代化发展大局，是顶层设计下的重大战略任务，是国家现代化战略部署的重要层面，有着重大的战略意义。要在实践中遵循“三个阶段”的推进过程，着眼国家现代化发展全局，不断促使制度优势更好向治理效能转化。

通过“三个阶段”推动制度优势更好转化为治理效能，需要在进程中坚持好四个原则。一是坚持社会主义道路。制度优势更好转化为治理效能，从本质上看是为更充分展现我国社会主义制度的根本优势，更好服务于我国社会主义现代化建设，因此，必须坚持社会主义道路，坚持党的领导。二是坚持稳步行进、循序渐进。制度优势更好转化为治理效能，是实践主体执行制度要求、发生治理行为、产生更为突出的实际效果的过程，是制度建设和治理实践更有效互动的过程。这个过程具有渐进性，不可能一蹴而就，要在实践中稳扎稳打、规避风险、稳步行进，同时积累经验、把握规律、循序渐进。三是坚持与时俱进、改革创新。社会现实是不断变化的，制度也要据实而发展，要结合新情况新需要，改进不合时宜的制度规范，发展扩大优势，创新推进实践，不断优化治理结构和治理功能。四是坚持独立自主、借鉴先进。制度优势更好转化为治理效能，要依据本国制度实际和社会实际，不能盲目照搬他国治理模式，同时，也要借鉴吸收国外优秀治理经验，不能封闭自守。这些原则是在制度优势更好向治理效能转化的进程中需要坚持和遵循的必要原则，要在实践中坚持好这些原则，通过“三个阶段”推动实现制度优势更好向治理效能转化。

（三）任务重点：十三个“坚持和完善”

《决定》指出，推进国家治理现代化，要做到十三个“坚持和完善”[①]。十三个“坚持和完善”提出了发展制度“优势”和改进制度“不足”的实践要求，蕴含着突出的方法论原则，遵循这些方法论原则以不断发展制度“优势”和改进制度“不足”，是制度优势更好转化为治理效能的任务重点。

十三个“坚持和完善”的依据在于我国国家制度和国家治理体系现存的“优势”和“不足”，其内在要求是要“坚持”和发展我国国家制度和国家治理体系既有的“优势”，“完善”和改进我国国家制度和国家治理体系存在的“不足”。就当前而言，我国国家制度和国家治理

① 《中共十九届四中全会在京举行》，《人民日报》2019年11月1日。

体系的优势显著，具有十三个方面，同时也存在不足，有很多“短板”和“弱项”，如系统性、完备性不够，规范化、法治化程度不高，运行方式和手段的现代化程度有待进一步提升，等等，这些不足需要在实践中逐渐改进和消除。十三个“坚持和完善”针对既有“优势”和“不足”提出了具体的原则要求和方法遵循，从理论和实践两个层面回答了如何发展这些“优势”、如何改进这些“不足”所涉及的制度体系问题、体制机制问题、治理实践问题。通过发展“优势”和改进“不足”，中国特色社会主义制度优势将更加显著，制度优势向治理效能转化的逻辑前提将更加充分，这能有力促使制度优势更好向治理效能转化。

十三个“坚持和完善”蕴含着突出的方法论原则，集中体现在五个方面：一是强调政治性，突出党的领导重要地位。在制度优势更好向治理效能转化的过程中，要始终突出和不断强化党的领导地位。二是强调整体性和全面性，促使各领域各方面一体推进。十三个“坚持和完善”涉及包括经济、政治、文化、社会、生态、军事、国家统一、外交、监督在内的各个领域和各个方面，从整体上把握和谋划国家制度以及国家治理体系建设，体现了整体性发展的要求。三是强调系统性，坚持根本制度、基本制度、重要制度系统推进。从各项国家制度体系本身来看，其具有从宏观到微观、从大制度到子制度的内在结构，坚持根本制度、基本制度、重要制度系统推进是完善和发展各项制度体系的科学选择。四是强调协同性，坚持国家治理、政府治理、社会治理共同推进。针对不同治理主体划分不同领域是高效治理的内在要求，我国在国家宏观统筹下，明确国家治理、政府治理、社会治理的具体领域和各自职能，同时强调彼此间的协调配合、内在联动。

五是强调世界性，坚持推进国家治理和参与全球治理有效结合。在推进国家治理的同时积极参与全球治理，是对国际责任的自觉担当，不仅能将中国的治理经验分享给世界，亦能吸收借鉴他国优秀成果，是一个共赢、多赢的伟大举措。要遵循这些方法论原则，不断发展制度“优势”和改进制度“不足”，促使制度优势更好向治理效能转化。

问题22 中国式现代化进程中如何实现全体人民共同富裕

扎实推动共同富裕是党领导人民在新时代新征程推进中国式现代化的重要任务。要在实践中明确发展目标、探索有效途径、做好制度安排，结合现代化来谋划推动共同富裕，使资本成为共同富裕的促进因素，通过完善制度体系促进共同富裕，使全体人民朝着共同富裕目标扎实迈进。

一、结合现代化来谋划推动共同富裕

共同富裕是中国式现代化的一个重要目标，需要在现代化过程中逐渐实现，扎实推动共同富裕需要紧密结合现代化来进行科学谋划。这体现为三个方面的基本要求：一是在现代化全局中把握共同富裕的战略地位。共同富裕对中国式现代化具有重要意义，在新发展阶段推进现代化建设必须高度重视共同富裕问题。二是结合现代化的战略安排来规划共同富裕过程。习近平总书记指出，“到‘十四五’末，全体人民共同富裕迈出坚实步伐，居民收入和实际消费水平差距逐步缩小。到2035年，全体人民共同富裕取得更为明显的实质性进展，基本公共服务实现均等化。到本世纪中叶，全体人民共同富裕基本实现，居民收入和实际消费水平差距缩小到合理区间”[①]。通过结合现代化的战略安排来规划共同富裕过程，我们能够将推动共同富裕和推进现代化有机结合起来，从而在现代化进程中分阶段、有步骤、循序渐进地推动共同富裕。三是以现代化的发展理念指导推动共同富裕。在新发展阶段推进现代化建设，须更加注重高质量发展，更加注重创新和共享，推动共同富裕同样要重视发展的高质量、创新性和共享性，通过创造高质量成果来优化共同富裕的现实基础，通过增强创新能力来探索科学高效的共同富裕途径，通过提升共享水平来切实推动共同富裕。总之，要结合现代化来谋划共同富裕，将共同富裕与现代化高度结合，在现代化进程中扎实推动共同富裕。

二、使资本成为共同富裕的促进因素

在当代中国实现共同富裕，离不开资本作用的发挥，借助资本的力量来推动共同富裕，是中国式现代化的必然选择。因此，在新发展阶段扎实推动共同富裕，必须克服资本的负面效应，使资本成为共同富裕的促进因素。这需要在实践中做好以下几个方面：一是大力发挥公有资本的主体作用。公有制是我国基本经济制度的基础，公有资本是国民经济的重要支撑，是维护社会主义制度、解放和发展生产力、增强国家实力、造福广大人民的主体经济力量，对促进国民经济发展具有决定性意义，推动共同富裕首要的是发挥好公有资本的作用。二是充分发挥私有资本的积极作用。私有经济是国民经济的重要组成部分，发展私有经济是壮大社会主义市场经济的一条必然之路，共同

① 习近平：《扎实推动共同富裕》，《求是》2021年第20期。

富裕的前进道路上私有资本不能缺席，要发挥好私有资本对活跃市场经济、推动技术创新、扩展就业渠道等多方面的积极作用。三是防止资本野蛮生长和无序扩张。资本如果不加以管束，必然会野蛮生长和无序扩张，后果极其严重，轻则干扰经济发展，重则颠覆国家政权，必须通过完善制度、加强法治监管等方式切实有效地规制资本。四是私有资本不能占主体地位，不能控制国民经济命脉。这是私有资本存在和发展的一条底线，坚决不能触碰，一旦私有资本占据主体地位和控制国民经济命脉，党的执政地位就会受到威胁，人民的根本利益就会受到侵害，共同富裕也将无法实现。五是增强企业家的职业道德素质和市场经济才能。市场经济的健康发展和各类资本的规范运行都要求企业家具备良好的职业道德素质和市场经济才能，要调动企业家的积极性、创造性、主体性，培养有担当、有才能、有情怀的社会主义现代企业家。六是优化公益慈善事业管理。要健全公益慈善规程，完善再分配制度，鼓励高收入群体和企业多回报社会，形成互帮互助、先富带动后富的良好社会局面。

三、通过健全制度体系促进共同富裕

扎实推动共同富裕，离不开制度的保障，健全相关制度体系是实现共同富裕的根本之策。制度健全了，共同富裕才能自发而高效地推进，否则会处处碰壁受挫。当前我国制度还存在诸多不适于共同富裕的地方，需要不断改革和完善这些制度，建立促进共同富裕的完备制度体系。一要完善社会主义市场经济体制、分配制度体系等经济制度。“构建初次分配、再分配、三次分配协调配套的基础性制度安排，加大税收、社保、转移支付等调节力度并提高精准性，扩大中等收入群体比重，增加低收入群体收入，合理调节高收入，取缔非法收入，形成中间大、两头小的橄榄型分配结构。”[①]二要健全党的领导和全过程人民民主等政治制度。党的领导是实现共同富裕的根本保证，人民民主是实现共同富裕的应有之义，通过健全党的领导制度和全过程人民民主制度来强化党的领导和促进人民民主，能够从政治层面为推动共同富裕提供保障、开拓路径。三要健全社会保障体系和福利政策等社会制度。通过健全养老和医疗保障体系、兜底救助体系、住房供应和保障体系、失业保障体系来优化广大民众的医疗卫生条件、居住条件、就业创业条件，使人们普遍享有优质的医疗卫生服务、舒适的生活、稳定的工作和理想的收入，从而有效推动共同富裕。四要健全文化普惠和教育公平等文化制度。教育和文化公平是社会公平的重要体现，精神生活共同富裕是共同富裕的重要内容，实现共同富裕必然要求健全文化和教育制度，使广大民众共享精神文明成果和优质教育资源。五要健全污染防治和美丽中国建设等生态制度。良好的生态环境是最普惠的民生福祉，是共同富裕的应有之义，共同富裕不仅要使人们共享物质财富和精神财富，还要共享生态环境财富，为此，要健全生态文明制度，消除污染，共建美丽家园，使人民共享绿水、青山和蓝天。通过构建健全有效的制度体系，共同富裕将在现代化实践中规范、有序、扎实地向前推进。

---

① 习近平：《扎实推动共同富裕》，《求是》2021年第20期。

问题 23

中国式现代化进程中如何促进人与自然和谐共生

促进人与自然和谐共生，是中国式现代化的一项重要任务。要以绿色发展理念为指导，着力构建生态文明制度和探索发展循环经济模式，通过“理念—制度—模式”三维一体促进人与自然和谐共生。

一、贯彻落实绿色发展理念

绿色发展是现代化的必由之路，凸显了资源和环境在现代社会发展中的重要意义和价值，体现了经济社会发展不能以牺牲自然为代价的原则要求，是一种科学合理、可持续的发展方式。在中国式现代化进程中，绿色发展理念为促进人与自然和谐共生提供了有效思路。

现代化的全面推进必然要求绿色发展。全面性是现代化的基本属性，现代化是人全面发展的过程，是社会全面进步的过程，是人与社会关系、自然关系、自身关系全面变革的过程。在现代化建设中，不仅要考虑物质生产的需要，还要考虑不断产生的新需要、人自身再生产的需要、人与自然关系再生产的需要和精神生产的需要。[①] 只有兼顾和满足各种需要，现代化才能全面推进，只注重某种或几种需要，现

① 孙承叔：《资本与社会和谐》，重庆出版社2008年版，第63页。

代化发展必然畸形化。一直以来，现代化建设都是重物质生产，轻精神生产，重经济社会发展，轻资源环境保护，因而引发了人的发展危机、社会发展危机和生态危机，克服现代化的发展危机必须坚持全面发展、协调发展。绿色发展凸显了生态保护的重要性，致力于解决生态危机和改善人与自然的关系，体现了现代化全面协调的发展要求，是全面推进现代化、促使现代化健康发展的必要遵循。

现代化的可持续推进必然要求绿色发展。持续性是现代化的必然要求，现代化是一个连续、持久的过程，既不能时常中断，也不会迅速达成，只能在持续发展中不断推进。可持续发展意味着不能一次性耗尽发展的资源和条件，必须保留发展的空间和潜力；意味着人类社会和生态自然不能丧失自我修复和进一步发展的能力，必须能够延存和接续；意味着人类对自然的索取与人类向自然的回馈相平衡、人类在当代的努力与对后代的贡献相平衡、人类思考本区域的发展能同时考虑到其他区域乃至全球的利益。①可持续发展内蕴着“经济、社会、自然”大系统的运行规则，体现了“人与社会、人与自然、人与自身”总关系的构建原则。绿色发展正是自然可持续发展、人与自然关系可持续发展的集中表现，没有绿色发展，可持续发展就会失去其重要维度，现代化也无法持续推进。

二、着力构建生态文明制度

贯彻落实绿色发展理念，促进人与自然和谐共生，关键在制度。“生态文明建设的实现是一个技术演化的过程。这一过程的实现或者说

① 牛文元：《中国可持续发展的理论与实践》，《中国科学院院刊》2012年第3期。

生态技术的实施需要社会制度和社会体制的配合。没有健全的相应的社会制度存在，生态技术的实现就只能是纸上谈兵，人类就难以实现新的技术方式转变。”[①]资本主义制度服务于资本增殖和扩张，以资本利益为核心利益，不可能从根本上消除经济发展对生态的破坏，只能是在某种程度上缓解或转移生态危机。在社会主义制度中，资源和环境是公共财产，资本对其既不能非法侵占也不能任意使用，这在根本上解决了资本和生态的矛盾问题。此外，党和人民还能针对生态问题采取相关有力措施，构建生态文明制度，从而有效规避和消除生态危机。生态文明制度包括正式制度、非正式制度和实施机制三类，其中，正式制度是强制性规范，守护着生态文明建设的底线；非正式制度是调适性规范，对生态文明建设具有广泛、深刻、不可或缺的重要作用；实施机制是操作性规范，决定着正式制度和非正式制度的作用发挥和实际效果。要兼顾这三类制度建设，使其协调配合发挥作用，从而构建系统有效的生态文明制度。

建设生态文明制度体系。“只有实行最严格的制度、最严密的法治，才能为生态文明建设提供可靠保障。”[②]第一，完善法律法规。建立健全保护环境、节约资源、绿色发展的法律法规，使生态文明建设上升为国家意志，成为全党全国各族人民必须遵循的国家规范。此外，还要制定和完善生态保护的具体法规，深入经济社会发展的方方面面，实现行有其法、为有其规。第二，建立生态保护制度。围绕大气、水、土壤污染防治和各类自然资源使用制定有关制度，“实施重要生态系统

---

① 王传玲、杨建民：《资本逻辑与生态文明》，山东人民出版社2019年版，第161页。

② 《坚持节约资源和保护环境的基本国策　努力走向社会主义生态文明建设新时代》，《人民日报》2013年5月25日。

保护和修复重大工程，优化生态安全屏障体系，构建生态廊道和生物多样性保护网络，提升生态系统质量和稳定性”①。第三，建立生态补偿制度。对资源提供地和生态破坏区进行保护，补偿其资源环境损耗，不让“贡献者买单”，而让“破坏者付费”，“建立市场化、多元化生态补偿机制”②。第四，建立公众参与和教育制度。公众是生态保护的主体，教育是培育生态文明观的主要途径，要通过制定相关制度使公众参与到生态治理中来，“构建政府为主导、企业为主体、社会组织和公众共同参与的环境治理体系”③。

构建生态文明实施机制。第一，建立生态监管体系。生态监管是确保生态文明制度有效实施的关键保障。要强化相关部门监管职责，对资源使用、污染物排放进行标准设定，对各级生态保护主管部门、各类企事业单位、个体经济的生态行为进行监督管理，及时制止和惩办不良行为，及时总结和推广宝贵经验，从而形成完备高效的生态监管体系。第二，建立考核奖惩机制。要结合评价体系制定详细可操作的绩效考核制度，根据生态保护实效对政府履责、企业行为、个人行为进行科学而及时的评价，对为生态保护作出贡献的干部、企业、个人进行表彰和宣传，对漠视法律制度、造成生态破坏恶果的行为进行严厉惩治，追究其责任，整改其单位，纠正其行为。第三，完善风险防范机制。要高度重视生态安全风险防范，积极建立有效机制，在生

---

① 中共中央党史和文献研究院编：《十九大以来重要文献选编》(上)，中央文献出版社2019年版，第36页。

② 中共中央党史和文献研究院编：《十九大以来重要文献选编》(上)，中央文献出版社2019年版，第36—37页。

③ 中共中央党史和文献研究院编：《十九大以来重要文献选编》(上)，中央文献出版社2019年版，第36页。

态文明建设中守住生态安全底线，构建生态安全格局，防范生态安全风险。

培育生态文明非正式约束。非正式约束是人们在长期的生产生活实践中形成的潜在的思想观念、价值取向和行为倾向，具有非强制性、内在导向性、潜移默化作用，体现为人们的生态观念、环保意识和环保行为习惯，是对正式约束的必要补充，是生态文明制度的重要组成。非正式约束虽然不能以法律制度的形式确定，但能以引导教育的方式培养。一方面，要引导人们形成生态保护的观念意识。通过多种渠道宣传党和国家的制度、政策、法规，将党和国家的生态文明理念灌输到人民大众的思想中，使人们意识到生态保护对国家民族发展和个人幸福生活的重要意义，形成个人正确的生态观。另一方面，要引导人们自觉主动参与到生态保护的社会运动中。生态保护需要每个人的参与和努力，在法律制度关照不到的方面和环节，人们的自觉行为显得尤为重要，每个人都应当在遵守生态保护法规的同时，自觉将节约资源、保护环境的行为落实到生产生活的方方面面，以实际行动维护周边生态。

三、探索发展循环经济模式

贯彻落实绿色发展理念，促进人与自然和谐共生，既要求保护好自然生态，不能因为发展经济而损害资源环境，也要求满足人的发展需要，不能因为保护生态而放弃发展经济。探索发展循环经济模式，体现了可持续发展的基本要求，是贯彻落实绿色发展理念和促进人与自然和谐共生的必然选择。

循环经济要求辩证看待生态和资本的关系，促进生态资本化和资本生态化。习近平总书记指出，“既要绿水青山也要金山银山，宁要绿水青山不要金山银山，绿水青山就是金山银山”[①]。这段话生动而深刻地揭示了生态与经济的内在关系，说明了资源环境和经济财富具有紧密联系，资源环境在某种意义上就是经济财富。据此，对于经济社会发展而言，“破坏资源环境就是破坏生产力，保护资源环境就是保护生产力，改善资源环境就是发展生产力”[②]，经济建设要以生态保护为前提，而决不能以生态破坏为代价。实现生态资本化和资本生态化是协调经济发展和生态保护关系的有效途径。生态资本化就是以自然为基础，以生态为主体，通过合理运用资源环境来创造经济效益，实现生态的“自我增殖”。“生态资本与其他资本不一样的地方在于它一定遵循生态规律，具有生态的属性，在增殖的过程中达到保护环境的效果，实现经济发展和保护环境的统一。”[③]资本生态化是指强化资本的生态关照，资本不再通过吸收损耗自然资源来增殖自身，而是通过开发改造资源环境来增殖自身，在此过程中既实现了资本的增殖，也提升了生态的价值，是资本与生态的“双赢”。生态资本化和资本生态化从根本上而言是资本与生态的和谐统一，是人与自然和谐共生的生动体现，是绿色发展的内在要求和必然趋向。

循环经济要求发挥生态系统的自我修复能力和可再生能力，既注意保留生态基本空间，也注意开发生态发展空间。自然资源并非取之不尽、用之不竭，生态环境也并非无畏污染、长绿长青，它们都有自

① 中共中央文献研究室编：《十八大以来重要文献选编》(上)，中央文献出版社2014年版，第463页。

② 中共中央文献研究室编：《江泽民论有中国特色社会主义(专题摘编)》，中央文献出版社2002年版，第282页。

③ 王传玲、杨建民：《资本逻辑与生态文明》，山东人民出版社2019年版，第231页。

己的承受限度，一旦突破了承受限度，资源环境将受到永久性、不可逆的破坏，既无法自我修复，也不能进行再生。因此，要注意保留生态的基本空间，不突破资源环境的承受限度。循环经济注意考虑资源环境的承载力，拒绝高能耗、高污染，追求低能耗、零污染，致力于发展绿色产业，从而充分保留了生态的基本空间。此外，循环经济还使自然资源和生态环境处于不断地循环和再生之中。资源和环境能够不断再生产，资源和环境由于损耗和破坏程度很小而能及时恢复，且恢复能力会随着社会技术的改进不断提高，这就使整个生态系统处于良性的循环再生过程中，生态的发展空间也会不断扩大。通过对生态空间的保护和开发，循环经济能够克服经济发展与生态保护的矛盾，克服资本逻辑引发的生态危机，有效促进人与自然和谐共生。

问题 24

中国式现代化进程中如何对待资本问题

以何种态度对待资本，是考察现代化道路不同形式需要关注的重要问题，中国式现代化在资本问题上具有不同于其他现代化道路的目标取向、基本立场和实践原则，这构成了现代化之“中国形式”的重要蕴涵。具体而言，在目标取向上，中国式现代化追求对资本逻辑的“超越”，并以“重构”作为现时代条件下超越资本逻辑的基本方式；在基本立场上，中国式现代化强调对资本逻辑的“批判”，并以“鉴纳”作为批判的题中之义，以“扬弃”作为批判的实践指向；在实践原则上，中国式现代化坚持“利用”和“限制”相统一，既积极发挥资本的积极作用，又有效克服资本的负面效应。

一、目标取向：以“重构”求“超越”

不同于资本主义社会奉资本为主义，当代中国追求对资本逻辑的超越，中国式现代化在资本问题上具有和西方现代化完全不同的目标取向。从长远看，这一目标取向直指共产主义社会，意味着实现对资本逻辑的“完全超越”，就现时代而言，这一目标指向要求重构资本逻辑，实现对资本逻辑的“部分超越”。“超越”资本逻辑是中国式现代化的必然追求，“重构”则是现时代的中国超越资本逻辑所采取的基本方式。

（一）“超越”：中国式现代化的必然追求

超越资本主义时代，进入共产主义社会，实现人的自由全面发展，是人类社会发展的必然走向，是中国共产党和中国人民的理想愿景。正是由于价值追求的不同，中国走上了不同于西方的现代化之路，探索出中国式现代化道路，中国式现代化是追求超越资本逻辑的现代化。

社会主义是作为资本主义的对立面出现在人类历史进程中，通过不同于资本主义的生产方式、政权结构、思想文化、社会制度来推进现代化，具有和资本主义现代化根本不同的价值取向和实践逻辑。中国式现代化本质上是社会主义的现代化，不像资本主义现代化那样遵循资本至上原则和以发展资本为目标，而是坚持人民至上原则并以超越资本为追求。从已有的实践基础来看，中国式现代化超越了资本主义发展阶段，直接建立起社会主义制度，实现了对资本逻辑的“部分超越”，这为“完全超越”资本逻辑打下了坚实基础。但是，当前中国的现代化水平还不够高，与发达资本主义国家之间的差距还比较大，要赶超发达资本主义国家并实现对资本逻辑的“完全超越”还有很长的路要走。在此过程中，现代化建设必然会遭遇诸多困难和挑战，我们必须坚定超越资本逻辑的信心和决心，在实践中深入把握资本的特性和行为规律，着力构建驾驭资本的制度体系，积极探索扬弃资本的有效途径，不断扩大“部分超越”的范围和程度，在超越资本逻辑的过程中朝着共产主义远大理想砥砺前行。

（二）“重构”：超越资本逻辑的时代方式

马克思、恩格斯当年没有设想在社会主义国家搞市场经济，当然也不会发现社会主义条件下资本运作的特殊规律。现代化的历史和实践有力说明，社会主义革命并不能完成超越资本逻辑的全部历史任务，在社会主义建设中驾驭资本并重构资本的逻辑，是社会主义国家超越资本主义时代的必由之路，也是现时代的中国超越资本逻辑所采取的基本方式。

重构资本的逻辑，就是要改变资本运行的条件和方式，赋予资本以社会主义内容，使资本在社会主义条件下合理运作。资本主义社会的资本体现资本主义的生产关系和价值要求，社会主义社会的资本服务于社会主义生产和人民需要，两种条件下的资本具有不同的存在样态和功能属性，而不同的资本必然呈现出不同的运作规律，呈现出资本逻辑的不确定性。从这种意义上说，当代中国发展社会主义市场经济、驾驭资本的过程就是重构资本逻辑的过程。从实践发展看，社会主义市场经济体制的建立和完善、资本作为生产驱动力量的作用发挥、公有制和按劳分配制的健全和发展、人民主体地位的不断巩固等，都在客观上确证着中国式现代化对资本的逻辑重构，并为在更大范围和更大程度上超越资本逻辑提供着现实基础。当然，重构资本逻辑并不意味着否定资本的增殖本性，也不意味着能够完全消除资本的负面效应，而是要利用资本的增殖本性为社会主义服务，尽可能发挥资本的积极作用和克服资本的负面效应。通过重构资本逻辑，中国式现代化不仅能够回答马克思、恩格斯不曾探讨的重大理论问题，发展马克思的资本理论和中国特色社会主义政治经济学，而且能够回应社会主义现代化建设的重大实践难题，推进中国的现代化事业和世界社会主义运动，中国式现代化对资本逻辑的重构无疑具有普遍而深远的重要意义。

二、基本立场：在“批判”中“扬弃”

如何对待资本逻辑，既取决于资本的内在本性，也要充分结合资本的在场方式。一方面，资本逻辑作为资本本性的逻辑展开，是一种物的逻辑，是追求价值增殖的逻辑，是资本主义社会主导一切的逻辑，社会主义国家须谨慎对待和坚决批判资本逻辑；另一方面，在当代中国，资本呈现出诸多不同于资本主义社会资本的新的行为特性、存在样态和价值功能，具有独特的在场方式。因此，简单遵照马克思批判资本主义社会资本的一般逻辑来对待当代中国社会的资本问题，既不完全符合事实，也不适于现代化发展要求。我们应立足现实，把握好资本逻辑的“一般”和“特殊”，在批判资本的过程中吸收借鉴资本的有益方面，努力实现对资本的扬弃。

（一）“批判”：对待资本逻辑的根本立场

中国式现代化之所以不同于西方现代化和苏联现代化，一个根本原因在于，中国对待资本逻辑的立场不同于西方的“全盘接受”和苏联的“完全否定”，是在“批判”中“扬弃”资本。正是在扬弃资本的过程中，中国式现代化不断超越资本逻辑，走出了不同于西方模式和苏联模式的现代化新道路，创造了有别于西方文明的人类文明新形态。其中，“批判”是中国式现代化对待资本逻辑的根本立场，这一立场是由我国历史发展境况、意识形态性质以及世界资本主义发展现状共同决定的。

从历史发展境况看，中国自鸦片战争以来便长期受到资本主义列强的侵害，饱受他国资本输出带来的苦难，对资本主义存在着天然的拒斥心理。此外，几千年塑造的文化传统、民族心理以及近代中国社会的现实国情，都决定了中国要选择一条能够集中广大力量、可以实现迅速赶超的和平发展道路进行本国现代化建设，这条道路只能是杜绝资本主义、坚决批判资本、努力摆脱资本逻辑统摄的社会主义道路。从意识形态性质看，马克思主义在意识形态领域占据着主导地位，超越资本主义、建设社会主义和实现共产主义是马克思主义的根本政治要求。马克思主义认为，畸形的劳资关系既是广大劳动人民贫困的根源，也是资本主义生产方式内在矛盾的体现，在批判和消灭资本中重塑现代生产关系是历史进步的必然要求。基于对历史发展规律和资本主义生产规律的深刻认知，我国的意识形态要求以批判的立场对待资本，不能奉资本为主义，只能把资本当手段。从世界资本主义发展现状看，当今时代仍然是资本主义占主导地位并逐渐向社会主义过渡的时代，社会主义和资本主义的较量具有长期性和复杂性，资本主义和社会主义两种制度将在相当长一段时间内共存。时代特点和国际形势共同决定了21世纪的社会主义国家要在不断赢得比较优势的过程中推动世界历史由资本主义向社会主义、共产主义转变，而要超越资本主义和消灭资本，首先要以理性的态度对待资本，坚持对资本本身进行批判，批判是消灭资本的认识基础和主观前提。

总之，我国的历史发展境况、意识形态性质以及世界资本主义发展现状共同决定了要对资本进行批判，“批判”是中国式现代化对待资本逻辑的根本立场。唯有坚持把“批判”作为根本立场，才能保持中国式现代化的社会主义本色，才能以理性的态度和科学的方式对待资本，才能通过合理运用资本来构建社会主义条件下的资本逻辑，使资本成为中国式现代化发展的积极因素和正向逻辑。

（二）“鉴纳”：资本逻辑批判的题中之义

批判资本并不意味着否定资本，中国式现代化既要通过批判资本来确保社会主义本色和克服资本的负面效应，也要在批判中借鉴和吸纳资本的积极方面，发挥资本对现代化的正面作用，可以说，“鉴纳”是资本逻辑批判的题中之义。“鉴纳”资本是由生产发展规律、初级阶段国情以及当今时代背景共同决定的。

从生产发展规律看，资本是生产得以进行的必备要素和生产不断发展的重要基础。对生产而言，资本“表现为生产过程的简单要素，表现为供劳动用的使用价值，表现为劳动发挥作用的对象的条件，或者说表现为劳动的对象的要素”①，离开了资本，现代生产就无法展开。此外，资本还是“新的生产方式的前提”②，对生产工具变革、生产方式演进有着关键作用，应当充分鉴纳资本以推进生产进步和经济发展。从初级阶段国情看，我国仍处于并将长期处于社会主义初级阶段，面临着生产力发展不充分、经济发展质量不高等突出问题，要解决这些问题，客观上须借助资本的力量。社会主义经济发展不仅依靠国家权力来配置资源，同时也需要一种能够自发地将剩余劳动投入到扩大再生产中的社会关系力量——资本来配置资源，③资本对于处在初级阶段的中国而言，既是解放和发展生产力的必需要素，也是科学高效推进现代化建设的重要手段，我们必须积极鉴纳和利用资本。从当今时代

① 《马克思恩格斯文集》第八卷，人民出版社2009年版，第75页。

② 《马克思恩格斯文集》第八卷，人民出版社2009年版，第169页。

③ 鲁品越：《社会主义：在驾驭资本中走向强大——社会主义对资本的辩证否定》，载上海市社会科学界联合会编《改革开放制度·发展·管理：上海市社会科学界第六届学术年会文集（2008年度）》，上海人民出版社2008年版，第143页。

背景看，发达资本主义国家依然掌握着经济、科技和军事的制高点，并且正在掀起新一轮科技革命，唯有积极鉴纳和利用资本，进一步扩大对外开放，不断增进与发达资本主义国家的交流互鉴，深入学习它们的先进成果，才能集百家之长而成自家之长，才能在紧随时代潮流中引领时代潮流，在世界现代化进程中凯歌行进。

总之，生产发展的客观规律、初级阶段的现实国情以及当今时代背景共同决定了要在批判资本的同时充分鉴纳资本，“鉴纳”是资本逻辑批判的题中之义。在中国式现代化进程中，我们要处理好“批判”和“鉴纳”的关系，以“批判”来引导和规范“鉴纳”，以“鉴纳”来补充和调适“批判”，在“批判”和“鉴纳”的统一中有效扬弃资本。

（三）“扬弃”：资本逻辑批判的现实指向

“批判”的立场是以“扬弃”为现实指向，中国式现代化就是在批判和鉴纳资本的过程中扬弃资本的。批判资本为扬弃资本设立了基本前提和根本立场，扬弃资本为批判资本提供了现实指向，批判资本和扬弃资本是内在统一的。

“扬弃”资本是指积极引导和规范资本的活动，使资本尽可能多地发挥创造文明、推动社会进步的积极作用，尽可能少地产生消解文明、阻碍社会进步的负面效应。从“扬弃”的结构和要求看，“扬”是特定历史阶段的必然选择，是为了合理运用资本，发挥资本的积极作用；“弃”是社会主义社会的必然要求，是为了有效规制资本，克服资本的负面效应。如果只“扬”不“弃”，中国式现代化就与西方现代化无异；如果只“弃”不“扬”，中国式现代化就与苏联现代化无异。既“扬”又“弃”、“扬”“弃”合一，是中国式现代化进行资本逻辑批判的现实指向。从“扬弃”的条件和基础来看，中国式现代化以马克思主义及其中国化成果为指引，为扬弃资本奠定了思想基础；以中国共产党为领导力量，为扬弃资本提供了政治保证；坚持中国特色社会主义制度，为扬弃资本创造了制度条件；坚持改革开放，为扬弃资本找到了实践方式；积极吸收借鉴中西方、国内外现代化建设的经验教训，为扬弃资本积累了宝贵经验。中国式现代化一方面不断创造和发展这些条件，另一方面在实践中充分利用这些条件，从而既合理运用了资本，充分发挥了资本的积极作用，又有效限制了资本，极大克服了资本的负面效应。

三、实践原则：既“利用”又“限制”

资本逻辑作为一个有机系统，既有内在的规定性，也有具体的表现形式，历史发展阶段的不同和社会制度条件的区别都会导致资本运作方式的差异，我们可以基于对这种差异的比较分析而将资本的现实运作划分为非理性和理性两种形式。“在非理性形式中，资本以实现自身利益为目的、无限式地追求价值增殖，社会对资本采取盲崇的非理性态度，资本在整个社会生产体系中处于主导地位，是社会运行的最高法则。在理性形式中，资本以实现社会效益为目的、有限式地追求价值增殖，社会能够理性对待资本并且有效驾驭资本，资本在整个社会生产体系中处于从属地位，是社会进步的推动力量。”[①]扬弃资本就是要使资本合理运作，这在实践中体现为两个基本原则：一是利用资本，二是限制资本。利用资本是要为资本“开绿灯”，使资本尽可能多地发

① 毕国帅、张琳：《中国现代化道路对资本逻辑的超越》，《理论视野》2020年第9期。

挥积极作用；限制资本则是要为资本“设红灯”，使资本尽可能少地产生负面效应。“利用”和“限制”相结合，构成了中国式现代化对待资本逻辑的实践原则。

（一）“利用”：发挥资本的积极作用

处于社会主义初级阶段的当代中国仍需要借助资本的力量来推进现代化建设，资本在当代中国具有革故鼎新和驱动生产的价值功能（前面已经论及，在此不再赘述）。利用资本以发挥资本的积极作用，是中国式现代化对待资本逻辑的重要实践原则，这一原则具有以下几方面的内容要求。

一是冲破思想的藩篱，科学看待资本及其逻辑。社会主义制度能否与资本共存？资本在社会主义社会应当处于何种地位和发挥什么作用？这些问题长期困扰着共产党人，对这些问题的认识关乎社会主义建设的成败。邓小平关于计划和市场关系的论述极大解放了人们的思想，新时代推进现代化建设需要进一步冲破思想的藩篱，破除对资本、市场、企业家的保守认识，充分释放资本的正面潜能、发挥市场的积极作用、调动企业家的能动性和创造性。二是形成功能性思维，以现实功能为导向。科学对待资本及其逻辑，不能机械地从阶级立场和意识形态角度出发，而应按照邓小平“三个有利于”的标准进行具体分析，以资本的现实功能为导向。三是坚持制度改革，破除束缚资本积极作用发挥的体制机制弊端。中国的社会主义制度不是由资本主义制度自然演变而来的，而是通过革命的方式强行建立的，体现的是社会主义生产关系，必然与资本和市场存在巨大不适应性。因此，要使资本合理运作并发挥积极作用，必须对制度进行改革，改革是社会主义条件下有效驾驭和利用资本的必然选择。四是进行实践创新，探索社会主义条件下资本运作的合理方式。资本与社会主义制度相结合并进行运作是全新的实践，中国式现代化的一项重要任务就是要在实践中创新资本运作方式，探索和塑造资本合理运作的有效形式，这是扬弃资本的应有之义。

（二）“限制”：克服资本的负面效应

资本在促进生产发展和社会进步的同时，也会不断吸收“人的自然力”“社会劳动的自然力”“自然界的自然力”而增殖，不断侵蚀人的发展空间、社会发展空间和生态空间而扩张，造成人的发展危机、社会发展危机和生态危机，这些危机是资本运作难以避免的负面效应，中国式现代化需要在限制资本的过程中尽可能克服资本的负面效应。限制资本以克服资本的负面效应，是中国式现代化对待资本逻辑的重要实践原则，这一原则主要涉及以下几方面内容。

一是划定界线，将资本控制在经济领域并使资本作为生产要素发挥作用。资本在当代中国的存在样态和功能定位十分明确，就是作为驱动生产的要素和手段存在，发挥促进经济增长和激发社会活力的作用，资本不应当也不能够超越经济领域而成为一种总体性、支配性的存在。二是设置红线，资本不能干预国家政权，不能左右意识形态。国家政权和意识形态是党和人民的生命线，资本必须为社会主义服务、为广大人民服务，不能动摇党的执政根基和人民主体地位，不能颠覆国家政权性质和意识形态属性，这是资本在当代中国存在并发挥作用的红线。三是明确底线，私有资本不能占据主体地位，不能控制国民经济命脉。公有制为主体，是我国基本经济制度的核心要求，是确保现代化沿着社会主义方向前进的基本保障，公有资本须始终保持对私有资本的优势地位，始终占据主体地位并控制国民经济命脉。总之，要构建系统完备、可行有效的制度体系和法治体系，对资本的行为进行有效管控，通过制度规范、法治监管等方式切实维持界线、保护红线、守住底线，将资本限制在服务社会主义和造福广大人民的可控范围内，防止资本野蛮生长和无序扩张，从而尽可能克服资本的负面效应。

第四部分

中国式现代化的价值逻辑

从价值逻辑来看，中国式现代化作为社会主义现代化的全新类型和成功实践，对于中华民族、世界社会主义运动和人类社会都具有极为广泛和深刻的伟大意义。中国式现代化从根本上超越了资本主义现代化，是一种全新的人类文明形态，拓展了发展中国家走向现代化的路径选择，具有伟大的世界历史意义。接下来，我们试就六个基本问题探讨中国式现代化的价值逻辑。

问题 25

如何理解中国式现代化对于中华民族的伟大意义

1840年以来，中华民族遭受着严峻挑战和全面危机——国家蒙辱、人民蒙难、文明蒙尘。西方国家在资本拐杖中展开现代化进程，并在整个世界范围扩张开来，促使“民族历史”向“世界历史”转变，并且在这个过程中逐步构建了不平等的世界秩序：“使未开化和半开化的国家从属于文明的国家，使农民的民族从属于资产阶级的民族，使东方从属于西方。”[①]中华民族被无情地抛入“三个从属于”的支配体系中。“中国向何处去？”为了寻求答案，无数仁人志士不屈不挠、前赴后继寻求救国救民的道路。十月革命一声炮响，给我们送来了马克思列宁主义。中国共产党应运而生，担负起寻求救国救民光明道路的历史使命，其所开创的中国革命道路特别是中国式现代化改变了中华民族的命运，中华民族迎来了从站起来、富起来到强起来的伟大飞跃，日益走近世界舞台中央。

一、传统国家的现代化转型

近代以来，落后的东方社会在世界历史进程中“表现不出任何伟

① 《马克思恩格斯文集》第二卷，人民出版社2009年版，第36页。

大的作为和历史首创精神”①。过去，永恒的“文明规律”是野蛮征服者被他们所征服的民族的较高文明所征服。但是，西方文明入侵东方社会，打破了这一规律。“不列颠人是第一批文明程度高于印度因而不受印度文明影响的征服者。”②现代化在世界历史进程中取得了“绝对权利”，中国面临的现代化任务是历史的必然，正如马克思所说：“迫使一切民族——如果它们不想灭亡的话——采用资产阶级的生产方式；它迫使它们在自己那里推行所谓的文明。”③中国人自己也充分意识到：“近百年的中华民族根本只有一个问题，那就是：中国人能近代化吗？能赶上西洋人吗？能利用科学和机械吗？能废除我们家族和家乡观念而组织一个近代的民族国家吗？能的话，我们民族的前途是光明的；不能的话，我们这个民族是没有前途的。”④

西方殖民扩张或资本全球化具有双重性，一方面是对落后国家的掠夺与榨取，即殖民化（主导性的、自觉的）；另一方面是传播先进生产方式，即资本主义化（第二位的、不自觉的）。殖民化反映的是民族国家之间的矛盾，资本主义化则是社会形态之间的矛盾。近代中国面临着双重矛盾：民族国家矛盾与社会形态矛盾。并且，中国与西方国家之间的民族矛盾，即帝国主义侵略是主要矛盾，近代中国要实现现代化的前提是解决这一矛盾，实现民族独立。“帝国主义列强侵入中国的目的，决不是要把封建的中国变成资本主义的中国。帝国主义列强的目的和这相反，它们是要把中国变成它们的半殖民地和殖民地。”⑤正

① 《马克思恩格斯文集》第二卷，人民出版社2009年版，第683页。
② 《马克思恩格斯文集》第二卷，人民出版社2009年版，第686页。
③ 《马克思恩格斯文集》第二卷，人民出版社2009年版，第35页。
④ 蒋廷黻：《中国近代史大纲》，江苏教育出版社2006年版，第2页。
⑤ 《毛泽东选集》第二卷，人民出版社1991年版，第628页。

如当年英国资本主义在印度的“输入”，并没有带来印度资本主义化或现代化，“不仅没有对印度进行‘现代化’，反而在英国政府的帮助下把印度退回到了更为古老的非资本主义的形态。这种对印度社会进行‘传统化’的战略，被指责为通过牢固地确立甚至创造早已过时的地主—农民关系使得印度的经济与社会发生了倒退”[①]。历史的结论可以概括为一句话：民族国家矛盾是首要矛盾，解决民族独立是首要任务。

我们通过中国特色革命道路，成功实现了民族独立，实现了中华民族从“东亚病夫”到站起来的伟大飞跃。实现民族独立的革命道路同时也决定了现代化道路的基本定向：新民主主义—社会主义方向。中国式现代化建立在社会形态的跨越基础之上，将社会主义与现代化结合起来，“使中国这个古老的东方大国创造了人类历史上前所未有的发展奇迹”[②]。不管如何界定现代化，其核心一点始终是从传统的农业社会向现代工业社会的大变革。中国仅用几十年时间就走完发达国家几百年走过的工业化历程，创造了经济快速发展和社会长期稳定两大奇迹。现代化关涉从传统文明向现代文明的“文明转型”，内含着文明进步逻辑。对于中华民族而言，中国式现代化的根本意义就在于，它是实现中华民族伟大复兴的正确道路，是使传统文明整体转型、进入现代文明的成功通道。

中华民族命运的改变，在很大程度上显现为中国与世界关系的变化。“现代化本身具有一种侵略的能力，而针对这一侵略力量能作的最

① [美]埃伦·M.伍德：《资本的帝国》，王恒杰、宋兴无译，上海译文出版社2006年版，第83页。

② 中共中央党史和文献研究院编：《十九大以来重要文献选编》(上)，中央文献出版社2019年版，第427页。

有效的自卫，则是以其矛攻其盾，即尽快地实现现代化。”[①]中国通过极其快速、成功的现代化，使得自身从“三个从属于”的支配—依附关系摆脱出来，逐步从世界边缘走向中心；从落后时代、赶上时代，逐步走向引领时代。中国式现代化的成功也全面瓦解了西方对中国的话语规制，即用“传统—现代”“野蛮—文明”“落后—先进”阐释中国的二元框架。

二、中华文明在现代文明中的接续发展

民族危机必然带来文化危机、文明危机，而后者是更为深刻的民族危机。“近代以后，创造了灿烂文明的中华民族遭遇到文明难以赓续的深重危机，呈现在世界面前的是一派衰败凋零的景象。”[②]不管西方文明在殖民扩张进程中如何受极卑鄙的利益驱使，犯下多少罪行；也不管我们如何用诸如“君子不器”所蕴含的古典主义、人文主义攻击西方文明的工具理性，有两点是毋庸置疑的：一是西方现代文明的先进性：“资产阶级在它的不到一百年的阶级统治中所创造的生产力，比过去一切世代创造的全部生产力还要多，还要大。”[③]二是它的反传统的解构性：“一切等级的和固定的东西都烟消云散了，一切神圣的东西都被亵渎了。”[④]面对西方强势的现代文明，古老的中华文明可以说是节节败退。中华文明面临着能否存续的根本问题。

近代以来，“师夷长技以制夷”“中学为体、西学为用”“全盘西

① 艾恺：《世界范围内的反现代化思潮》，贵州人民出版社1991年版，第3页。

② 《〈中共中央关于党的百年奋斗重大成就和历史经验的决议〉辅导读本》，人民出版社2021年版，第72页。

③ 《马克思恩格斯文集》第二卷，人民出版社2009年版，第36页。

④ 《马克思恩格斯文集》第二卷，人民出版社2009年版，第34—35页。

化”“中西文化分途”“中西文明之外第三种文明崛起”等方案无不是为了拯救中华文明、保持中华民族主体性。如何救亡民族、赓续文明？十月革命一声炮响，给我们带来了答案：“用无产阶级的宇宙观作为观察国家命运的工具，重新考虑自己的问题。走俄国人的路——这就是结论。”[①]中国共产党带领中国人民用社会革命的方式来解决民族危机、文明危机。中国革命并不全然解决救亡问题，它本身意味着“启蒙”。正如亨廷顿所说：“革命是现代化所特有的东西。它是一种使一个传统社会现代化的手段。”[②]中国要实现现代化，必须经历一场彻底的社会革命来为之奠基。中国革命并没有抛弃中华文明，恰恰是她的继承者。毛泽东说：“我们不应当割断历史。从孔夫子到孙中山，我们应当给以总结，承继这一份珍贵的遗产。”[③]中国革命实现了民族独立，让中华民族站起来，也让中华文明接续下来。但是真正让中华文明在现代世界繁花盛开，是中国式现代化的“文明效应”，它“使具有五千多年文明历史的中华民族全面迈向现代化，让中华文明在现代化进程中焕发出新的蓬勃生机”[④]。中华文明并不是韦伯所说的与现代文明格格不入的“传统主义”，而是可以与现代文明融合共生的。

中国式现代化深刻改变了中国贫穷落后的状况，带来了中国奇迹，为中华文明在现代世界的存在提供了坚实的合法性基础。文明的果实是既得的生产力，生产力是文明最核心的本质。中国式现代化及其生

---

① 《毛泽东选集》第四卷，人民出版社1991年版，第1471页。

② [美]塞缪尔·P.亨廷顿：《变化社会中的政治秩序》，王冠华、刘为等译，上海人民出版社2008年版，第220—221页。

③ 《毛泽东选集》第二卷，人民出版社1991年版，第534页。

④ 中共中央文献研究室编：《十八大以来重要文献选编》（下），中央文献出版社2018年版，第343页。

产力效应是中华文明在现代社会得以繁荣最根本的前提，也是中华文明主体性最有力的显现，这是其一。中国式现代化超越了“传统—现代”二元对立模式，中华文明在“文明融合”中返本开新、枝繁叶茂，这是其二。西方经典现代化理论认为，传统与现代是完全对立的、不相容的，现代化的过程就是彻底否定传统的过程。中国式现代化打破了这样的二元论，它是一种“液体模式”的思维方式：传统与现代类似于流动的、相互交融的液体。中国式现代化强调对传统的创造性转化、创新性发展，并且主张借鉴吸收人类文明成果，继承革命文化，发展社会主义先进文化，正是在这样的“文化的结合锻炼”中，中华文明再度青春化。其三，随着中国崛起、中国式现代化的成功，中华文明伴随着当代中国日益走近世界舞台中央而不断增强自身的影响力和吸引力。总而言之，“以中国式现代化推进中华民族伟大复兴”，这是我们的历史结论，这样的结论也非常明显地表达了一点：中华文明在现代文明中得以接续与发展。

三、中华民族的精神自立

“东方从属于西方”既表现为中国沦为半殖民地，也表现为中华民族精神上陷入被动状态。西方资本主义文明无论从器物层面，还是从制度、知识层面，都实现了对中国封建农业文明的全面超越。韦伯更是直接指出，以儒家为核心的中华文明是消极的、保守的、传统的，与理性的、积极进取的现代文明背道而驰，因而它也是落后的，甚至是愚昧的。“儒教是要去适应这个世界及其秩序与习俗。”[①]辛亥革命没

① ［德］马克斯·韦伯：《中国的宗教：儒教与道教》，康乐、简惠美译，广西师范大学出版社2010年版，第213页。

有改变中国半封建半殖民地的社会性质，也没有改变中华民族被动的精神状态。“‘外国势力的无所不在’是中国政治舞台上一件主要的事实：不仅是通商口岸和长江上的英美炮艇还在游弋，而且在通商口岸的租界和内地各省都有英、美、日本和欧洲的企业。这是一股无孔不入的势力。”[①]与此相配套的文化现象便是西方各种社会思潮在中国粉墨登场。

中国人的精神自立始于马克思主义在中国的传播、中国共产党的诞生。“自从中国人学会了马克思列宁主义以后，中国人在精神上就由被动转入主动。从这时起，近代世界历史上那种看不起中国人，看不起中国文化的时代应当完结了。”[②]中国革命实现了民族独立，为精神自立创造了最根本前提。中国式现代化解决了中华民族落后状态、中国人民贫困问题，为精神自立奠定了物质基础。工业上的落后、物质上的贫困，不可能有真正的精神自立。一穷二白的中华民族面临“被开除球籍的危险”。毛泽东说：“现在我们能造什么？能造桌子椅子，能造茶碗茶壶，能种粮食，还能磨成面粉，还能造纸，但是，一辆汽车、一架飞机、一辆坦克、一辆拖拉机都不能造。”[③]从“毛泽东之问”，我们可以看出，自立或独立不仅是一个政治概念、文化概念，更是工业化的问题。“要中国的民族独立有巩固的保障，就必需工业化。”[④]工业化必然涉及发展道路选择的问题。“我们的国权，我们的国格，我们的民族自尊心，我们的民族独立，关键是道路、理论、制度的独立。”[⑤]

---

① [美]费正清：《美国与中国》，张理京译，世界知识出版社1999年版，第200页。

② 《毛泽东选集》第四卷，人民出版社1991年版，第1516页。

③ 《毛泽东文集》第六卷，人民出版社1999年版，第329页。

④ 《毛泽东文集》第三卷，人民出版社1996年版，第146页。

⑤ 《习近平谈治国理政》第二卷，外文出版社2017年版，第12页。

中国式工业化、现代化道路让落后的中华民族不断从“四个现代化”，走向“小康式现代化”，正在迈向“全面现代化”；让十四亿多中国人民实现全面小康，解决了绝对贫困问题，使中国人民对美好生活的向往不断变为现实。中国人民在现代化的接续奋斗中增强了志气、骨气、底气，在实践的历史主动、创造中彰显了精神的自信、自立、自强。在近代，“中国人民的贫困和不自由的程度，是世界所少见的”[①]。这一现象随着中国式现代化开辟与发展，永远消失在历史陈列馆里。

① 《毛泽东选集》第二卷，人民出版社1991年版，第631页。

问题26 如何理解中国式现代化对于世界社会主义运动的伟大意义

从根本性质看，中国式现代化就是中国特色社会主义道路，是科学社会主义理论逻辑和中国社会发展历史逻辑的辩证统一。中国式现代化（抑或其他本质关联的对象）对世界社会主义运动意味着什么？我们可以从历史演进、道路探索、理论创新三个方面，把握其意义叙事。

一、世界社会主义运动的振兴

20世纪世界社会主义运动经历了高潮—低潮—再次高潮—再次低潮—又一次高潮的历程。[①]第一次高潮以十月革命为标志，使社会主义实现了从理想到现实、从理论到实践的飞跃。第一次低潮是20年代中期，以中西欧国家武装起义失败和1927年中国大革命失败为主要表现。第二次高潮是指以中国为代表的许多第三世界国家取得革命胜利，走上社会主义道路，开始形成世界社会主义体系。第二次低潮就是20世纪80年代末90年代初，以苏联解体和东欧剧变为主要表现，整个世界社会主义运动遭受空前挫折，陷入低谷。当时，各种“终结论”甚

---

① 参见陈学明、马丽雅、马拥军等：《中国道路的世界意义》，天津人民出版社2015年版，第219—225页。

嚣尘上。福山在《历史的终结及最后之人》中宣告社会主义已经死亡。布热津斯基在《大失败——二十世纪共产主义的兴亡》中宣告，共产主义在21世纪将“不可逆转地在历史上衰亡”。中国改革开放和中国特色社会主义事业使世界社会主义运动从第二次低潮中走出来，中国特色社会主义道路的开创，是世界社会主义运动复兴的新起点；中国特色社会主义进入新时代，可以说是世界社会主义运动走向新的高潮的标志，因为它“意味着科学社会主义在二十一世纪的中国焕发出强大生机活力，在世界上高高举起了中国特色社会主义伟大旗帜”[①]。中国式现代化的开辟以及向全面建设社会主义现代化国家新征程的迈进，雄辩地说明了中国在世界上把科学社会主义旗帜举住了、举稳了，使世界范围内社会主义和资本主义两种意识形态、两种社会制度的历史演进及其较量，发生了有利于社会主义的重大转变。概要说来，中国式现代化对世界社会主义运动的促进，可从三个角度加以窥视：一是破除了对社会主义污蔑、攻击等西方话语。中国式现代化的成功意味着“历史终结论”终结了、“社会主义崩溃论”崩溃了。“中国崛起为世界主要大国标志着西方普世主义的终结。”[②]二是引导人们正确认识社会主义，坚定走社会主义的信心。中国特色社会主义事业的成功让人民更加意识到，苏联解体和东欧剧变决不是社会主义的失败——只不过是传统社会主义模式的失败，社会主义只要与本国国情、时代特征结合好，就能走出一条通往社会公正、人类解放的现实道路。三是重塑了社会主义在世界人民心目中的形象。创造中国奇迹的中国特色社会

① 《习近平谈治国理政》第三卷，外文出版社2020年版，第8页。

② ［英］马丁·雅克：《当中国统治世界：中国的崛起和西方世界的衰落》，张莉、刘曲译，中信出版社2010年版，第343页。

主义向全世界人民说明，社会主义不仅善于破坏一个旧世界、搞革命，也善于建设一个新世界、促发展。社会主义能解决民族发展问题，能创造人民美好生活，也能推进人类进步事业。

二、“世界社会主义运动的难题”的破解

马克思和恩格斯预测，社会主义革命首先在发达资本主义国家取得胜利。20世纪世界社会主义运动的实践并未按照他们的设想展开，反而是在经济文化落后的国家爆发了革命，这些国家率先走上了社会主义道路。列宁曾说过：“我们的革命是开始容易，继续比较困难，而西欧的革命是开始困难，继续比较容易。”[①]所谓的“开始”指夺取政权，建立社会主义制度；“继续”则指巩固和发展社会主义。“继续比较困难”，实际上揭示了一个“世界社会主义运动的难题”：经济文化落后国家取得政权、建立社会主义制度之后，如何建设社会主义，如何巩固和发展社会主义？简言之，就是经济文化落后国家如何建设社会主义。也许表现形式不同，但是这一难题始终存在于20世纪世界社会主义运动的实践中。十月革命之后，第二国际以及俄国的孟什维克分子群起攻之：“俄国生产力还没有发展到可以实行社会主义的高度。”针对此质疑，列宁反问：“我们为什么不能首先用革命手段取得达到这个一定水平的前提，然后在工农政权和苏维埃制度的基础上赶上别国人民呢？”[②]20世纪80年代末90年代初，一些人将东欧剧变归结为“社会主义的原罪”：俄国等经济文化落后国家跨越“卡夫丁峡谷”，直接进入社会主义，违背了马克思的本意，抑或说，违背了人类社会客观

---

① 《列宁全集》第三十四卷，人民出版社2017年版，第343页。

② 《列宁选集》第四卷，人民出版社2012年版，第777页。

规律。

经济文化落后东方国家跨越“卡夫丁峡谷”直接建立社会主义，并没有违背马克思本意，这一点，我们可以从马克思晚年关于东方社会的一系列论述中得到佐证；也没有违背人类历史发展的客观规律，这一点，学术界已有相关论证。[①]以苏联为代表的国家建立社会主义制度，尽管没有任何“原罪”或“不合理性”，但同样不可否认的是，社会主义运动在这些国家遭受到极其严重的挫折。原因何在？就在于他们始终没找到一条经济文化落后国家建设社会主义的正确道路。这一历史任务是由中国共产党带领中国人民来完成的。以毛泽东为代表的中国共产党人最早提出“以苏为鉴”，独立探索适合中国国情的社会主义建设道路。“现在是社会主义革命和建设时期，我们要进行第二次结合，找出在中国怎样建设社会主义的道路。”[②]由于各种复杂的历史原因，在这一历史时期，“第二次结合”并没有成功。改革开放以后，我们才成功实现“第二次结合”，开创了中国特色社会主义道路。

从世界社会主义叙事看，中国式现代化的最重要意义在于，它破解了“世界社会主义运动的难题”，探索到一条经济文化落后国家建设社会主义的成功之路。如何建设社会主义？中国式现代化首先从区分两种社会主义概念出发，明确了中国建设社会主义的历史方位。一是“发达社会主义”。它是经典作家所设想的共产主义第一阶段，是生产力水平高于资本主义的“后资本主义社会”。二是“不发达社会主义”。它指生产力水平远低于发达资本主义的“前资本主义”（或与资本

① 参见唐爱军：《中国道路：超越资本现代性》，《北京大学学报（哲学社会科学版）》2020年第3期，第25—28页。

② 《毛泽东年谱（1949—1976）》第二卷，中央文献出版社2013年版，第557页。

主义同一历史序列）的社会主义。中国共产党人借助于“不发达社会主义”，明确提出了社会主义初级阶段概念，确立了中国式现代化的历史方位，特别认识到，市场经济是不可逾越的历史阶段，实现现代化是建设社会主义不可或缺的历史主题。“我们必须经历一个很长的初级阶段，去实现别的许多国家在资本主义条件下实现的工业化和生产的商品化、社会化、现代化。”[①]不承认中国可以跨越“卡夫丁峡谷”、不经过资本主义充分发展阶段而走上社会主义道路，是机械论。以为不经过生产力的巨大发展就可以越过社会主义初级阶段，是空想论。那些主张用马克思关于未来社会或发达社会主义基本特征的具体论述来指导落后国家社会主义建设的人都是空想论者。社会主义在苏联和东欧失败的根源在于，脱离本国生产力实际，按照“后资本主义”的社会主义模式搞建设。中国式现代化立足社会主义初级阶段历史方位，成功探索经济文化落后国家建设社会主义的新模式，其基本特征有立足本国国情的社会主义、不断解放和发展生产力的社会主义、改革开放的社会主义、实行市场经济的社会主义、吸收资本主义一切积极成果的社会主义、主张和平的社会主义、与现代化目标有机结合的社会主义等。中国社会主义建设新模式“使具有五百年历史的社会主义主张在世界上人口最多的国家成功开辟出具有高度现实性和可行性的正确道路，让科学社会主义在二十一世纪焕发出新的蓬勃生机”[②]。

---

① 中共中央文献研究室编：《十三大以来重要文献选编》（上），中央文献出版社1991年版，第10页。

② 中共中央文献研究室编：《十八大以来重要文献选编》（下），中央文献出版社2018年版，第343页。

三、科学社会主义理论的新发展

中国式现代化既坚持了科学社会主义基本原则，又根据时代条件赋予其鲜明的中国特色。中国式现代化及其蕴含的创新理论，以我们正在做的事情和将要做的事情为中心，以一系列具有原创性的新思想新观点新论断，写出了马克思主义新篇章、科学社会主义理论的新版本。中国式现代化实现了社会主义逻辑、现代化逻辑和民族复兴逻辑三者的统一，在把实现社会主义现代化、实现中华民族伟大复兴有机贯通的基础上，实现了对科学社会主义的创新性发展。一是提出了社会主义初级阶段理论，深化和发展了社会主义发展阶段理论。二是提出了社会主义本质理论，创造性回答了“什么是社会主义”这一社会主义发展史上的基本问题。三是提出了社会主义改革开放理论，深化和发展了社会主义发展动力理论。四是提出了社会主义市场经济理论，实现了社会主义发展史上最伟大的理论创新，谱写了科学社会主义新篇章。五是提出了社会主义现代化强国理论，深化和发展了经济文化落后国家建设社会主义的新认识。作为中国式现代化的最新理论表达，习近平新时代中国特色社会主义思想“既书写了坚持和发展中国特色社会主义的崭新篇章，也推动中国特色社会主义成为21世纪科学社会主义发展的旗帜，成为振兴世界社会主义的中流砥柱，为科学社会主义新发展作出了重大贡献”[①]。

① 《〈中共中央关于党的百年奋斗重大成就和历史经验的决议〉辅导读本》，人民出版社2021年版，第122页。

问题 27

如何理解中国式现代化对于人类社会的伟大意义

福山曾说过："当今世界上，我们却难以想象出一个从根本上比我们这个世界更好的世界，或一种不以民主主义和资本主义为基础的未来。"[①] 中国式现代化的成功，使福山修正了自己的观点：人类思想宝库要为中国传统留有一席之地。从促进人类进步事业看，中国式现代化的世界意义可以从国际格局新变化、现代化新模式、人类文明新形态等方面得到充分澄明。

一、促进"权力转移"

合法性和权力构成世界秩序的两大要素[②]，权力是最根本的。近代以来，西方国家通过资本权力重构了世界秩序，其核心是"东方从属于西方"的世界格局、"中心—边缘"的世界体系。中国改革开放的成功、中国式现代化的成功，带来了中国快速发展，也深刻改变了后冷战世界格局的力量对比和世界发展趋势。中国崛起是当今世界百年未

① [美]弗朗西斯·福山：《历史的终结及最后之人》，黄胜强、许铭原译，中国社会科学出版社2003年版，第52页。

② [美]亨利·基辛格：《世界秩序》，胡利平、林华、曹爱菊等译，中信出版社2015年版，"序言"第XⅧ页。

有之变局的关键。中国共产党带领中国人民在世界上最大的发展中国家开辟了中国式现代化，其世界性影响是空前的，促进了权力转移、改变了世界格局。一是世界经济格局之变。超大规模的中国快速现代化带动了新兴市场国家和发展中国家经济发展。按照经济总量计算，发展中国家群体已占全球经济总量一半；按照购买力平价（PPP）计算，发展中国家群体已经超过发达国家群体。据预测，到2035年，发展中国家GDP规模将超过发达经济体，在全球经济和投资中的比重接近60%。[①]全球经济增长的重心从欧美转移到亚洲、从发达国家转移到发展中国家。二是国际权力格局之变。中国快速全方面发展，带动了发展中国家的“群体性崛起”，使当前国际力量对比呈现出“东升西降”的历史性趋势，推动国际格局大变革加速演进，国际格局逐步从西方主导走向东西方平衡。

二、提供现代性新类型

“党领导人民成功走出中国式现代化道路，创造了人类文明新形态，拓展了发展中国家走向现代化的途径，给世界上那些既希望加快发展又希望保持自身独立性的国家和民族提供了全新选择。”[②]这段话高度凝练，集中揭示了中国式现代化的世界意义。也许，可以从诸多维度把握中国式现代化的世界意义，但其中最核心、最关键的一点是：它提供了不同于西方现代性的新现代性类型。中国式现代化的成功意

---

① 国务院发展研究中心课题组：《未来15年国际经济格局变化和中国战略选择》，《管理世界》2018年第12期。

② 《中共中央关于党的百年奋斗重大成就和历史经验的决议》，人民出版社2021年版，第64页。

味着，西方现代性模式已从人类现代化的“普世模式”或“唯一模式”，还原为地区性发展模式。“我国的实践向世界说明了一个道理：治理一个国家，推动一个国家实现现代化，并不只有西方制度模式这一条道，各国完全可以走出自己的道路来。可以说，我们用事实宣告了‘历史终结论’的破产，宣告了各国最终都要以西方制度模式为归宿的单线式历史观的破产。”[①]作为一种新现代性模式，中国式现代化有哪些基本要素或核心逻辑（尤其与西方现代性相比较）？我们认为可以从以下几个方面揭示它的基本逻辑：从发展理念看，中国式现代化确立了以人民为中心的发展逻辑，超越了以资本为主导的发展逻辑；从现代化的动力及作用模式看，构建了“资本—国家—劳动”三元主体的驱动模式，超越了单一的资本驱动模式；从现代性的社会维度看，建立了社会平等和共同富裕的社会和谐模式，超越了西方两极分化的社会冲突模式；从现代化的发展战略看，选择工业化和信息化综合协调的现代化发展道路，遵循了“并联式”现代性逻辑，超越了“串联式”现代性逻辑；从现代性的“品性”角度看，开启和平发展的大国崛起之路，超越了西方对内掠夺、对外殖民的扩张之路；等等。此外，可以从中国式现代化的基本特征把握其内在逻辑：人口规模巨大的、全体人民共同富裕的、物质文明和精神文明相协调的、人与自然和谐共生的、走和平发展道路的现代化。不管怎么描述中国式现代化的性质或特点，有一点是确定无疑的：“当代中国的伟大社会变革，不是简单延续我国历史文化的母版，不是简单套用马克思主义经典作家设想的模板，不是其他国家社会主义实践的再版，也不是国外现代化发展的

① 中共中央文献研究室编：《习近平关于社会主义政治建设论述摘编》，中央文献出版社2017年版，第7页。

翻版。”①

作为后发现代化国家，发展中国家不仅遭遇现代化进程中的一般普遍问题，而且要应对落后国家实现现代化才会有的特殊问题。实事求是地说，西方国家率先开启的现代化进程不是一帆风顺的，也面临一系列冲突、矛盾甚至悖论，比如，人们常常提及的“托克维尔悖论”（为什么经济发展了反而加速了革命的到来？为什么减轻民众负担、政治相对开明了，反而引起民众反抗？）、“亨廷顿悖论”（现代性孕育着稳定，而现代化过程却滋生着动乱）。中国式现代化所主张或实践的“渐进式改革策略”“改革发展稳定有机统一”“有效国家权威”“在发展中化解矛盾”等，对发展中国家避免或降低现代化进程中的一系列矛盾或冲突，具有极其重要的启示意义。增长（发展）、公平、民主、秩序、自主（独立）等都是发展中国家所追求的现代化目标。在全球资本主义体系下，发展与独立是发展中国家现代化的两大核心诉求。中国式现代化对于发展中国家最为重要的启示就是如何正确处理发展与独立、摆脱贫困与摆脱依附之间的关系问题。经典现代化理论给发展中国家开出的现代化方案就是完全遵循西方现代化模式的“亦步亦趋式”发展。这样的方案无法回答：“为什么落后的资本主义国家没有沿着其他资本主义国家的历史所常见的资本主义发展道路前进，以及为什么它们一直没有什么进展或进展缓慢？”②针对经典现代化理论的弊端，发展中国家一些学者提出“依附论”。“依附论”者从发展中国家所处的国际经济体系出发，提出“中心—边缘”的二元结构，认为发展中国

① 《习近平谈治国理政》第二卷，外文出版社2017年版，第344页。

② [美]保罗·巴兰：《增长的政治经济学》，蔡中兴、杨宇光译，商务印书馆2017年版，第234页。

家落后贫困的根源在于不平等的国际经济体系，作为边缘国家，发展中国家完全依附于发达国家（中心国），受其制约、剥削。尽管“依附论”揭露了“亦步亦趋式”发展的幻想，也将外部因素纳入发展中国家现代化的探讨中，但是它给出的解决方案并不可行。一是选择“融入”，在国际资本和发达国家主导的“中心—边缘”体系中实现“依附性发展”。二是选择“自主”，与资本全球化和资本主义世界体系完全“脱钩”，实现“封闭式发展”，同时也是低水平的发展。中国式现代化超越了“依附发展”或“脱钩发展”的二元难题[①]，走出了一条“既能发展又能独立”的现代化之路：既对外开放，充分占有资本主义一切积极文明成果，又有效抵制国际资本对国内经济社会发展的控制；既积极加入、参与、顺应乃至引领经济全球化潮流，又能有效防范全球化风险，掌握自身发展的主动权。中国式现代化可以说是“独立型发展”模式的成功典范。

三、引领世界文明走向

“世界怎么了、我们怎么办？这是整个世界都在思考的问题，也是我一直在思考的问题。”[②]这是2017年1月18日国家主席习近平在联合国日内瓦总部演讲时首次发出的“世界之问”。世界怎么了？当今世界面临着严峻的全球性挑战和世界性难题——和平赤字、发展赤字、治理赤字、信任赤字、文明赤字。我们怎么办？合作还是对抗？开放还是封闭？互利共赢还是零和博弈？人类又一次站在了十字路口。中国式

---

① 孙代尧：《论中国式现代化新道路与人类文明新形态》，《北京大学学报（哲学社会科学版）》2021年第5期。

② 《习近平谈治国理政》第二卷，外文出版社2017年版，第537页。

现代化不仅能解决中国自身发展问题，而且始终坚持人类命运共同体理念，以自身的发展观、治理观、安全观、文明观等为解答“世界之问”、解决人类重大问题提供中国智慧和中国方案。一是维护世界和平方案。中国方案超越西方的“敌友区分”的二元论，坚持“相互承认”的价值理念。以“承认政治观”为基本理念，中国方案坚决摒弃冷战思维、强权政治，反对不平等的霸权秩序，坚持相互尊重、平等协商原则，主张“对话而不对抗、结伴而不结盟”的国际交往，化解矛盾冲突，维护世界和平。二是促进共同繁荣的发展方案。中国式现代化的成功，在某种意义上，是发展理念、发展战略的成功。解决世界发展问题，中国开出的发展方案有：在经济全球化上，既明确拒绝“逆全球化”主张，又反对西方发达国家主导的不平等的“旧全球化”方案，而是提倡“开放、包容、普惠、平衡、共赢”的新型全球化方案，引导经济全球化向普惠性的方向发展。在发展理念上，提倡“创新、协调、绿色、开放、共享”的新发展理念，着力解决全球发展不平衡不充分问题，促进共同繁荣。在发展合作上，秉持“开放、融通、互利、共赢”的合作观，反对自私自利、短视封闭的狭隘政策。三是优化全球治理体系的治理方案。中国方案坚持共商共建共享原则，超越“一国独霸”或“几方共治”的西方治理逻辑；主张推动全球治理体系变革，构建什么样的国际秩序和全球治理体系不能由一家说了算、少数人说了算，要由各国人民商量，并且要更好地反映发展中国家的意愿和利益。四是实现普遍安全的信任方案。“信任是国际关系中最好的黏合剂。”①不同的民族、国家、社会制度、文明之间缺乏信任，整个世

① 《习近平谈治国理政》第三卷，外文出版社2020年版，第461页。

界信任赤字严重，必然导致普遍危机感、不安全感。在面对人类重大问题上，中国方案主张齐心协力应对挑战，开展全球性协作，构建人类命运共同体；在大国关系上，主张构建新型大国关系，建立大国战略互信；在安全秩序上，主张合作的、可持续的安全观，反对利己的、对抗性的片面安全观，树立共同安全思维，反对单一的“唯我独安”的安全思维。五是推动开放包容的文明方案。中国方案提供了世界不同文明交往的新模式。西方所主导的文明交往模式主张（西方）“文明优越论”“普世论”“文明冲突论”，在实践中导致了极其严重的文明赤字。新的文明交往模式坚持平等、互鉴、对话、包容的文明观，尊重“文明多样性”，强调“文明交流互鉴”，主张“文明共存”。中国式现代化实现传统文明与现代文明有机结合，将中华文明所蕴含的“各美其美，美人之美，美美与共，天下大同”文明理念贡献给整个世界；将和平、发展、公平、正义、民主、自由的全人类共同价值彰显于整个世界。

关于人类社会的意义叙事，还不仅仅是一般层面的“世界意义”——给世界提供物质财富，抑或在某些方面改变力量对比、重塑世界格局，其更高层面的、具有普遍性的是“世界历史意义”。正如黑格尔指出：“一个民族在世界历史的发展阶段中究竟占据着什么样的位置，不在于这个民族外在成就的高低，而在于这个民族所体现出的精神，要看该民族体现了何种阶段的世界精神。”[①]某一个民族在特定的历史发展阶段承担着“世界历史任务”，因为这一任务在世界历史发展进程中具有更高的普遍性、未来展开的必然性，所以，这一世界历史

① [德]黑格尔：《黑格尔历史哲学》，潘高峰译，九州出版社2011年版，第58页。

任务及其承担者就具有世界历史意义。从这个角度看，中国式现代化或中华民族伟大复兴的世界历史意义就不在于中国成为“另一个美国”或“现代化俱乐部一员”，而在于：在现代化不断扩张并展现其内在界限的历史进程中，中国式现代化要在完成现代化任务的同时，着力解决现代性文明危机，寻求一种超越现代性的人类文明新形态的可能性。“新的文明类型是指什么呢？它是指超越现代资本主义的文明类型：它的现实前提是在特定的现代化基础上产生出来的，但它的成长却绝不仅限于现代性之中。”[①]扬弃资本主义文明，引领世界文明走向，开启一种人类文明新形态，这是中国式现代化承担的更高历史任务。正如尽管是地域性文明的西方文明承担着开辟现代资本文明的历史任务，因此“在它的那个阶段获得它的绝对权利”[②]，中国式现代化在未来的历史进程中同样如此，当然它仍然在不断生成当中。但不管怎样，到目前为止，它超越了西方现代性模式，开启了一种独特的新现代性模式，证明了人类文明的多样性，充分彰显了中国式现代化的重大意义。

---

① 吴晓明：《世界历史与中国道路的百年探索》，《中国社会科学》2021年第6期。

② [德]黑格尔：《法哲学原理》，范扬、张企泰译，商务印书馆1961年版，第353页。

问题28 如何理解中国式现代化对西方模式的超越

现代化起始于18世纪60年代[①]的欧洲，是世界性的历史流变、全方位的社会变革、全人类的共同事业，既具有普遍性的内容特征，也具有多样化的道路形式，是确定性与不确定性、不可选择性与可选择性的统一。在人类追求现代化的过程中，产生了西方模式、苏联模式、混合模式等多种类型，其中，西方模式跨度最久、影响最大、较为典型。基于自身的发展优势，一些资本主义国家主张“西方中心论”和单线发展观，强行进行模式输出，妄图将整个世界纳入西方模式的轨道。事实上，“世界上既不存在定于一尊的现代化模式，也不存在放之四海而皆准的现代化标准”[②]，各国都应当且能够走出适合本国国情的现代化道路。中国式现代化由中国共产党领导人民独立自主探索得来，遵循人的逻辑而非资本逻辑，以鲜明的人民性和举世瞩目的伟大成就超越了资本主导的西方模式，是社会主义现代化的成功实践。

---

① 关于现代化的起点问题，目前学界主要有三种观点：一是以16—17世纪的科学革命为起点，二是以17—18世纪的启蒙运动为起点，三是以18世纪的英国工业革命和法国大革命为起点。详见何传启主编:《如何成为一个现代化国家：中国现代化报告概要：2001—2016》，北京大学出版社2017年版，第22—23页。

② 《高举中国特色社会主义伟大旗帜　奋力谱写全面建设社会主义现代化国家崭新篇章》，《人民日报》2022年7月28日。

一、生成逻辑层面："人民书写历史"超越"资本书写历史"

从生成逻辑来看，中国式现代化和西方模式有着不同的"源"和"流"，西方模式根源于资本逻辑，形成于资本的积累和扩张过程，中国式现代化根源于人的逻辑，形成于人民选择和创造历史的能动过程。不同的生成逻辑注定了中国式现代化和西方模式的差异性。

西方模式的生成史，是资本书写的剥削史、掠夺史、血泪史。资本，作为一种特殊的社会关系力量，是人类劳动发展到一定阶段而自我分裂的产物，它在诞生之时起就包含着对劳动的"权力优势"，能够支配劳动开展社会生产，并且无偿占有劳动创造的剩余价值。在资本原始积累时期，劳动只是在形式上从属于资本，生产方式本身并没有发生本质变化，资本积累以绝对剩余价值生产为基本方式，资本家和工人的关系还只是"发展着统治和从属的经济关系"①。随着生产规模的扩大、雇佣工人人数的增长、资本量的增加，资本积累方式逐渐转变为相对剩余价值生产，资本家和工人的关系也转变为"政治的和社会上固定的统治和从属关系"②，劳动对资本形式上的从属便发展为对资本实际上的从属，真正意义的资本主义生产方式得以确立。在这一过程中，作为资本主义萌芽的手工生产、商品经济、市民阶层迅速发展，资本主义的自由意志、民主观念、商业精神迅速发育，围绕并服务资本主义生产方式的政权结构、制度体系、价值观念、海外市场得以建立，从而形成以资本主义生产方式为轴心的社会运转体系和现代化发展形式，即西方模式。

---

① 《马克思恩格斯文集》第八卷，人民出版社2009年版，第507页。

② 《马克思恩格斯文集》第八卷，人民出版社2009年版，第506页。

西方模式虽然“把一切民族甚至最野蛮的民族都卷到文明中来了”①，但这一模式是在剥削和掠夺中形成的，“是用血和火的文字载入人类编年史的”②。以英国为例，为了进行资本原始积累，英国国会在1761—1801年的40年间通过了2000个法令，圈占了农民约5585平方千米耕地，资本体系不断发育的背后是越来越多的人沦为无产者。此外，资本不仅在国内进行阶级统治和剥削劳动，而且在世界范围内疯狂扩张和掠夺，对外掠夺伴随着早期资本主义发展的全过程，是西方模式生成的内涵逻辑。比如，英国为了进行资本积累，曾把加拿大作为粮仓，把澳大利亚作为畜牧场，把撒哈拉以南非洲作为矿产地，在近200年间从印度攫取财富达54万亿美元，平均每年2700亿美元。美国在建国之初仅有13个州约80多万平方千米，之后通过巧取豪夺、对外侵略而扩张了10余倍。总之，西方模式的生成过程以资本体系的发育为内在主线，既有“羊吃人”的历史原罪，也有侵略扩张的黑暗历史，表现出强烈的资本倾向和物的支配逻辑，这决定了西方模式必然是一种遵循资本逻辑而背离人的逻辑的现代化道路形式。

中国式现代化的生成史，是党领导人民写就的奋斗史、创新史、变革史。鸦片战争的爆发将中国卷入世界现代化洪流之中，迫使中国开始探寻向现代社会转型的变革之路。洋务运动、戊戌变法、义和团运动、辛亥革命接连而起，各个阶级的先进分子积极探索，各种救国方案轮番出台，但都没能改变旧中国的命运，也无法开启国家的现代化进程。五四运动之后，中国工人阶级作为独立的政治力量登上历史舞台，工人运动逐渐与马克思主义结合起来，中国共产党带领人民浴

① 《马克思恩格斯文集》第二卷，人民出版社2009年版，第35页。

② 《马克思恩格斯文集》第五卷，人民出版社2009年版，第822页。

血奋战，赢得了新民主主义革命的胜利，建立起人民当家作主的新中国，为中国式现代化的生成创造了根本社会条件。此后，党继续带领人民艰苦奋斗，完成了社会主义革命，推进了社会主义建设，进行了改革开放和社会主义现代化建设，为中国式现代化的生成奠定了根本政治前提、宝贵经验、理论准备和物质基础，提供了充满新的活力的体制保证和快速发展的物质条件。党的十八大之后，以习近平同志为核心的党中央团结带领人民坚持和发展新时代中国特色社会主义，顺利实现第一个百年奋斗目标，开启了全面建设社会主义现代化国家新征程。

中国式现代化的生成具有鲜明的人民性。从生成依据看，这条道路以人民的需要为内驱动力。从推翻“三座大山”到满足“人民日益增长的物质文化需要”，再到满足“人民日益增长的美好生活需要”，人民的需要始终驱动着中国式现代化的持续探索。从生成途径看，这条道路以人民的主体作为为基本方式。新民主主义革命的胜利是在人民的英勇战斗中取得的，社会主义革命和建设的成功是在人民的顽强奋斗中实现的，改革开放和社会主义现代化事业是在人民的艰辛探索中展开的，新时代中国特色社会主义是在人民的创新创造中推进的，正是人民的牺牲、汗水和智慧造就了革命、建设和改革的辉煌历史。可以说，“人民既是历史的创造者、也是历史的见证者，既是历史的‘剧中人’、也是历史的‘剧作者’”[①]。从领导力量看，这条道路以中国共产党领导为本质特征。人民创造历史的伟大实践是在党的领导下进行的，没有党的正确、坚强、有力领导，就不会有中国式现代化的一

① 中共中央文献研究室编：《十八大以来重要文献选编》(中)，中央文献出版社2016年版，第127页。

个又一个伟大胜利，我们也无法成功走出中国式现代化。总之，中国式现代化的生成史，“是人民书写的历史”[①]。走中国式现代化，是历史的结论、人民的选择。

二、价值立场层面：“人民至上”超越“资本至上”

价值立场决定现代化道路的基本性质，是区分不同现代化道路的根本层面。不同的生成逻辑规定和蕴含着不同的价值立场，由资本书写的西方模式从资本立场出发，坚持资本至上；由人民书写的中国式现代化则从人民立场出发，坚持人民至上。不同的价值立场从根本上决定了中国式现代化和西方模式的差异性。

现代化应当“以人为本”还是“以物为本”？这是关于现代社会“为谁”发展的价值追问，是任何一个现代化国家都无法回避的根本性问题。在马克思看来，人类社会历史是以“现实的人”为逻辑起点，以“人的发展”为核心要义，以“人的解放”为终极归向，应当从“人”的立场而非“资本”的立场出发理解历史和推动历史进步，“人们的社会历史始终只是他们的个体发展的历史”[②]。从传统社会到现代社会，人的发展事实上摆脱了“人的依赖关系”[③]而获得了一定程度的独立性和自由性，这正是现代化的根本意义所在。现代化是“人的依赖关系”的历史终结，是“以物的依赖性为基础的人的独立性”[④]的现实

① 中共中央文献研究室编：《十八大以来重要文献选编》(上)，中央文献出版社2014年版，第694页。

② 《马克思恩格斯文集》第十卷，人民出版社2009年版，第43页。

③ 《马克思恩格斯文集》第八卷，人民出版社2009年版，第52页。

④ 《马克思恩格斯文集》第八卷，人民出版社2009年版，第52页。

发展，是奔向“自由个性”[①]的伟大实践。总之，“现代化的本质是人的现代化”[②]，人的现代化构成现代化的根本意义与核心内容，现代化不应背离人，而必须立足人、关怀人、回归人。

然而，对于西方模式而言，社会生产的主导力量是资本而非劳动，资本在生产中作为生产条件和要素的支配者而“主体化”和“目的化”，劳动作为单纯的生产条件和要素而“客体化”和“工具化”，这种“主客颠倒”的生产过程必然不断生产出“主客颠倒”的生产关系，导致生产领域的“资本化”和经济世界的“物化”。而生产关系是社会关系的基础，资本对生产关系的占有必然导致其对社会关系的占有，即对人的本质的占有。通过将整个生活世界货币化、将全部社会关系物质化，“资本挪用了各个人的自身关系之间的社会结合的总体性，从而僭越于个人之上，成为生产与交往两大社会活动的支配性发展形式，而将个人主体仅仅当作自身增殖的工具、资源来加以利用和耗费”[③]。总之，资本既夺走了人的生产权力，也剥去了人的主体意义，既使整个世界“失去主体”而物质化、符号化、虚幻化，也使自身作为备受崇拜的“非神圣形象”存在于现实社会中，成为一种统摄一切的“本位性存在”。

“存在的异化”引发“价值的颠倒”，资本的主体化必然导致意识形态的虚假化，使“资本至上”成为现代化的实然倾向，资本正是披着“虚假意识”的外衣，才使自己剥削和压迫劳动的行为看起来既“合法”又“合理”。其实，在资本主义社会中，自由只是“资本所享

① 《马克思恩格斯文集》第八卷，人民出版社2009年版，第52页。

② 《十八大以来重要文献选编》(上)，中央文献出版社2014年版，第594页。

③ 郗戈：《资本逻辑与主体生成：〈资本论〉哲学主题再研究》，《北京大学学报（哲学社会科学版）》2019年第4期。

有的压榨工人的自由”[1]，“在一个阶级剥削另一个阶级的一切可能性没有完全消灭以前，决不可能有真正的事实上的平等”[2]，资本主义的意识形态和价值观念从根本而言是为资本主义的生产关系和社会关系服务的，体现的是“资本至上”的价值立场。在“资本至上”原则的统摄下，西方模式以资本利益为主导，以资本增殖为目的，遵循资本的逻辑而非人的发展逻辑，结果虽然使人摆脱了对自然的“臣服”和对他人的“依附”，但也使人陷入对物的依赖之中，使现实社会陷入物的统治之中。“资本至上”作为西方模式的价值立场，既不合理，也不人道，而批判和超越“资本至上”的异化倾向，确立“人民至上”的价值立场，正是中国式现代化的首要使命。

不同于西方现代化，中国式现代化以马克思主义为理论指导，以社会主义为鲜明底色，既关注和维护人的现实利益，也强调并追求人的最终解放，“是绝大多数人的，为绝大多数人谋利益的独立的运动”[3]，即立足人、关怀人、为了人的运动。这一运动的属人性决定了中国式现代化的价值立场是“人民至上”而非“资本至上”。从现代化的社会条件看，中国式现代化坚持“国家一切权力属于人民”，建立和发展人民民主专政制度、基本经济制度等一系列社会主义制度，使人民不仅掌握生产资料，拥有切实的生产权力，而且作为国家的主人，拥有广泛的社会权力，真正确保了“权力在人”，从而为“人民至上”创造了政治前提和制度基础。从现代化的发展理念看，中国式现代化坚持“人民利益高于一切”，强调发展的为民性、共享性、普惠性，从

① 《马克思恩格斯文集》第一卷，人民出版社2009年版，第757页。

② 《列宁选集》第三卷，人民出版社2012年版，第611页。

③ 《马克思恩格斯文集》第二卷，人民出版社2009年版，第42页。

而为“人民至上”明确了具体意指和现实内容。从现代化的实践主体看，中国式现代化坚持“依靠人民推动国家发展”，充分发挥人民的积极性、主动性、创造性，从而为“人民至上”找到了主体依靠和实现机制。另外，从现代化的实际成效来看，中国式现代化统筹推进“五位一体”建设，不断满足人民对切实的民主权利、充裕的物质财富、丰富的精神生活、和谐的社会关系、良好的生态环境的需要，从而为“人民至上”提供了有力印证和现实支撑。总之，“人民至上”的价值立场在当代中国不是一句空话，而是切实体现在现代化的方方面面，从根本上超越了西方模式的“资本至上”原则，构成了中国式现代化特有的精神标识。

三、实践方式层面：“以人民为中心”超越“以资本为中心”

现代化道路的现实展开逻辑由其历史逻辑和价值逻辑决定，不同的生成逻辑和价值立场内在规定了不同的实践方式。资本主导形成、坚持资本至上的西方模式，必然以资本为中心展开，在资本的关系体系中运行，而人民自主选择、坚持人民至上的中国式现代化，则是以人民为中心展开，在人民的关系体系中运行。中国式现代化在“以人民为中心”的实践中充分彰显了人民性，实现了对“以资本为中心”的西方模式的超越。

唯物史观认为，历史运动是群众的活动，人民群众在具体的劳动实践中推动历史进步，是历史的真正创造者。但是，在资本主义社会，生产资料主要掌握在少数资本家手中，生产力水平主要体现为资本的增殖能力，生产关系事实上由资本占有和规定，资本既掌控着生产权力，也主宰着生产过程。这决定了西方模式是“以资本为中心”展开现代化，资本构成现代化的主导力量和运展机制，作为一种“总体性存在‘一览无遗’地解释着资本社会所有的内在联系、运动轨迹和发展规律”[①]，资本增殖扩张带来的生活世界货币化，构成现代化运展的深层主线。[②]具体而言，西方模式以资本增殖为核心动力，以私有制度为制度基础，以资本扩张为发展方式，以资产阶级为统治力量，以资本意志为支配精神，以资本规则为主要遵循，以资本演进为动态过程，是资本主导、物的逻辑支配的现代化模式。在这一模式中，不仅劳动被强行并入资本，“成为资本的一个要素”[③]，而且生产资料、生产关系、社会制度、思想文化等也被资本重新规定，成为资本体系的有机组成部分。可以说，资本既重塑了社会生产，也重塑了社会关系，使整个社会作为一个统一的资本体系进行运作，资本体系就是西方模式“普照的光”[④]和“特殊的以太”[⑤]。

资本的关系体系本质上是一种属物的、宰制人的异化力量，在创造出巨大生产力的同时，也存在以下明显弊病：“资本—劳动”关系上的“资本目的化、劳动工具化”倾向；“自我—他人”关系上的“自我中心化、他人边缘化”倾向；“个体—社会”关系上的“个体原子化、社会异己化”倾向；“人类—自然”关系上的“人类中心主义”倾向；“物质—精神”关系上的“物质主义膨胀”倾向。这些弊病必然导致资本与劳动的冲突、自我与他人的对抗、个体与社会的对立、人与自然关系的紧张、物质与精神的分裂，其内蕴的以资本和劳动的矛盾为轴

① 余达淮：《资本伦理学》，中国社会科学出版社2020年版，第240页。

② 鲁品越、骆祖望：《资本与现代性的生成》，《中国社会科学》2005年第3期。

③ 《马克思恩格斯文集》第八卷，人民出版社2009年版，第77页。

④ 《马克思恩格斯文集》第八卷，人民出版社2009年版，第31页。

⑤ 《马克思恩格斯文集》第八卷，人民出版社2009年版，第31页。

心的人与人、人与社会、人与自然、人与自身的矛盾体系深刻影响社会的和谐稳定与持续发展，并不断催生出一系列现代性的矛盾和危机。西方国家在资本的关系体系中推进现代化，必然要承受这一关系体系带来的各种矛盾和危机。超越西方模式，核心要务在于超越“以资本为中心”的实践方式及其资本关系体系，构建“以人民为中心”的实践方式和人民的关系体系。

不同于资本主义社会，在当代中国，现代化是从人民立场而非资本立场出发，遵循马克思的群众史观而非资产阶级的唯心史观，人民群众始终作为“能动的主体力量”发挥创造历史的伟大作用，这决定了中国式现代化不是“以资本为中心”，而是“以人民为中心”开展现代化实践。具体而言，中国式现代化以马克思主义为理论指导，以中国共产党为领导力量，以中国特色社会主义制度为制度基础，以人民的现实需要为动力依据，以人民的创造性实践为现实依托，以“五位一体”总体布局为发展方式，紧紧依靠人民、围绕人民推动社会发展和历史进步，是政党主导、人民主体、人的逻辑支配的现代化模式。在这一模式中，由于党的领导和社会主义制度的规范，“人在积极实现自己本质的过程中创造、生产人的社会联系、社会本质”[①]，资本无法像在资本主义社会中那样构成一种“主义”，而只能作为一种重要的生产要素发挥积极作用，服务于人的发展和现代化事业，这决定了当代中国能够超越资本的关系体系，构建起以人民为中心的全新的社会关系形式，即人民的关系体系。[②]

---

① 《马克思恩格斯全集》第四十二卷，人民出版社1979年版，第24页。

② 关于“人民关系”的内涵及其对“资本关系”的超越，详见毕国帅：《马克思社会关系思想的价值旨趣、实践意蕴与当代启示》，《马克思主义研究》2022年第12期。

人民的关系体系不同于资本的关系体系，以“人”为价值内核，以“人民”为现实确指，是一种属人、为人、利人的社会关系形式。这种关系形式在人与物的关系层面强调“人对物的支配和利用”，在人与人的关系层面强调“全体人民共同富裕”，在人与自然的关系层面强调“人与自然和谐共生”，是一种合理、优越、先进的社会关系形式。正是依托这样一种全新的社会关系形式，当代中国成功走出了一条不同于西方模式的现代化新路。整体来看，相较于西方模式中“人的关系表现为生产关系和交换关系的纯粹产物”①，现代化表现为“物的自觉发展”（资本增殖扩张）过程，资本构成现代化的内在尺度和实现形式，中国式现代化将人的关系作为一切社会关系的本质内容，以人的关系支配物的关系，通过“人的积极作为”推进现代化过程，使人的意志、人的利益、人的作用得到确证和彰显，从而在现代化运展的深层实践逻辑层面超越了西方模式。

四、目标追求层面：“人的全面发展”超越“物质主义膨胀”

现代化的实践方式既以一定的价值立场为内在规定，也以具体的目标追求为现实指向，不同的实践方式趋向和达成不同的目标追求。“以资本为中心”展开的西方模式强调“物的世界的增值”②，必然导向“物质主义膨胀”③，“以人民为中心”展开的中国式现代化促进“物的全面丰富”④，

① 《马克思恩格斯文集》第八卷，人民出版社2009年版，第59页。

② 《马克思恩格斯文集》第一卷，人民出版社2009年版，第156页。

③ 习近平：《以史为鉴、开创未来　埋头苦干、勇毅前行》，《求是》2022年第1期。

④ 习近平：《高举中国特色社会主义伟大旗帜　为全面建设社会主义现代化国家而团结奋斗——在中国共产党第二十次全国代表大会上的报告》，人民出版社2022年版，第23页。

追求实现“人的全面发展”[①]，“人的全面发展”是对“物质主义膨胀”的超越。

西方模式坚持资本至上，以资本为中心展开，通过物化的社会关系形式推进现代化，强调的是“物的世界增值”，其对于物质利益的片面追求势必会带来一系列现代性的悖论和难题：一方面催生了世界的理性化，将人类从迷信神明的宗教狂热中解放出来，实现了对生活世界的“祛魅”和人性化改造，另一方面也埋下了理性自我分裂的种子，导致工具理性膨胀，使理性逆转为“反理性”；一方面创造了巨大的物质财富，开启了人类文明的伟大进程，另一方面也助长了不公，加剧了冲突，制造了更大程度的剥削和压迫，使“文明在现实当中又倒退到了野蛮状态”[②]；一方面造就了经济的增长、政治的民主、文化的繁荣、科技的勃兴，推动了社会进步，另一方面也引发了经济危机和生态危机，加剧了阶级对抗和社会分化，增加了社会的不稳定性和风险性；一方面发展了人的能力和个性，使人摆脱了人身依附关系，拥有了改造自然的能力，另一方面也使人深陷被物统治、对物依赖的困境，处于一种“物化”和“异化”的生存状态[③]；一方面打破了不同国家和地区的界限，将整个世界联系起来，开启了世界历史进程，促进了人类的联系和互动，另一方面也将各种危机和灾难引向全世界，制造了全球性的剥削和冲突；等等。

这些悖论和难题充分说明，西方模式强调“物的世界增值”，追求

---

① 习近平：《高举中国特色社会主义伟大旗帜 为全面建设社会主义现代化国家而团结奋斗——在中国共产党第二十次全国代表大会上的报告》，人民出版社2022年版，第23页。

② [德]马克斯·霍克海默、西奥多·阿道尔诺：《启蒙辩证法——哲学断片》，渠敬东、曹卫东译，上海人民出版社2006年版，第5页。

③ 郗戈：《资本逻辑与现代性的矛盾本质》，《北京行政学院学报》2011年第5期。

的是“属物”的文明、“背离人”的文明、“资本宰制”的文明，其现代化结果必然是物质主义的膨胀和人的世界的萎缩，“西方文明的福祉刚好包藏了它的祸根”①。法兰克福学派的主要代表人物之一赫伯特·马尔库塞就曾指出：“资本主义进步的法则寓于这样一个公式：技术进步=社会财富的增长（社会生产总值的增长）=奴役的加强”②。这里所说的“奴役”指的就是资本对劳动的奴役，即物对人的奴役。其实，现代化进程必然要以物质财富的创造为基础，必然要借助资本的力量来发展经济，问题的关键在于不能以物的发展遮蔽或取代人的发展，不能使资本取代人而成为整个社会的主导力量和主体性存在。西方模式的弊端就在于没能处理好物的发展与人的发展、物质文明建设与精神文明建设的关系，在片面追求资本增殖和经济利益的过程中走向了物质主义膨胀，缺乏对人自身的发展目标的必要关照。

中国式现代化的成功之道就在于妥善处理了物的发展与人的发展的关系，以人的发展为导向，以物的发展为基础，以人的逻辑统摄资本逻辑，强调物质文明与精神文明相协调，在促进“物的全面丰富”中追求实现“人的全面发展”，从而规避了西方模式的悖论，为实现人的全面发展开辟出全新道路。改革开放四十多年来，我们始终坚持以经济建设为中心，建立了社会主义市场经济体制，完善了社会主义基本经济制度，推动国家经济实力不断跃升。当前，我国已成为制造业第一大国、货物贸易第一大国、外汇储备第一大国，拥有全世界最完整的现代工业体系和最大的高速铁路网、高速公路网，2021年国内生

---

① 哈佛燕京学社编：《全球化与文明对话》，江苏教育出版社2004年版，第134页。

② [美]赫伯特·马尔库塞等：《工业社会和新左派》，任立编译，商务印书馆1982年版，第82页。

产总值达到114万亿元，经济总量稳居世界第二位，彻底解决了生产力2021年落后的历史性问题，切实促进了“物的全面丰富”，为实现“人的全面发展”奠定了坚实的物质基础。

促进“物的全面丰富”是为了实现“人的全面发展”。我国在集中力量进行经济建设的同时，也着力“实现高质量发展，发展全过程人民民主，丰富人民精神世界，实现全体人民共同富裕，促进人与自然和谐共生”①，从各个领域、各个方面不断满足人民对美好生活的需要，不断促进人的全面发展。从人与物的关系看，中国式现代化注重发展的属人性、为民性。我国人均国内生产总值已经达到8.1万元，人均预期寿命增长到78.2岁，建成了世界上规模最大的社会保障体系、医疗卫生体系、教育体系，使人民群众获得感、幸福感、安全感不断提升，确保了现代化的成果属于人、造福人。从人与人的关系看，中国式现代化注重发展的共享性、普惠性。我国城镇居民与农村居民人均收入倍差已经从2007年的3.33倍下降至2022年的2.69倍，城镇居民和农村居民恩格尔系数分别从1978年的57.5%、67.7%下降至2022年的29.5%、33.0%，扎实推动了全体人民共同富裕。从人与自然的关系看，中国式现代化注重发展的可持续性。新时代以来，我们贯彻“绿水青山就是金山银山”的理念，全方位、全地域、全过程加强生态环境保护，打赢了蓝天保卫战、碧水保卫战、净土保卫战，形成了一系列生态文明建设的改革方案、配套制度、法律法规，使绿色、循环、低碳发展迈出坚实步伐，有效促进了人与自然和谐共生。正是在不断改善人与物、人与人、人与自然关系的过程中，中国式现代化不断“把人

---

① 习近平：《高举中国特色社会主义伟大旗帜　为全面建设社会主义现代化国家而团结奋斗——在中国共产党第二十次全国代表大会上的报告》，人民出版社2022年版，第23—24页。

的世界和人的关系还给人自己”[①]，从而摒弃了西方物质主义膨胀的现代化，于实践中切实促进了人的全面发展。

五、世界旨趣层面：“人类命运共同体”超越“霸权体系”

现代化是人类社会发展的时代潮流，是全人类的共同事业。现代化本身就是一个世界历史性概念，世界现代化洪流由各国现代化汇合而成，脱离世界现代化的民族现代化是不可能的，任何一个民族国家的现代化都应当具有世界格局和人类眼光，对人类共同命运予以关怀和积极回应。然而遗憾的是，西方模式虽然开启了世界现代化进程，创造了巨大的现代文明成果，使人类社会超越了传统性，拥抱了现代性，但同时也制造了世界性的矛盾和难题，其奉行的霸权体系将人类社会引入新的冲突和危机之中，背离了文明进步和全人类解放的终极追求。中国式现代化不仅关怀中国人民的利益，而且关怀世界各国人民的共同利益，在世界旨趣上突破了民族现代化的狭隘视界，以“人类命运共同体”超越了西方模式的霸权体系。

西方模式具有对外扩张的本性，“霸权主义”是西方列强的国际主张，“国强必霸”是西方模式的内在逻辑。对此，列宁曾明确指出：“‘世界霸权’是帝国主义政治的内容。”[②]为了争夺霸权，列强不惜发动世界战争，这给各国人民带来了深重灾难，两次世界大战就是最有力的证明。冷战结束后，以美国为首的西方国家从自身利益出发，强行制定国际规则，以推进垄断资本国际化为经济扩张的主要方式，同时进行政治欺诈、军事威胁和意识形态渗透，不断培育自身的经济霸

① 《马克思恩格斯全集》第一卷，人民出版社1956年版，第443页。

② 《列宁全集》第二十八卷，人民出版社2017年版，第125页。

权、政治霸权、文化霸权，逐渐垄断国际话语权，制造了“中心—边缘”的国际空间布局。处于国际空间布局中心位置的发达资本主义国家，利用其控制和支配的各种优势，剥削和压迫那些处于半边缘和边缘地带的广大发展中国家。由此可见，西方国家主导建立的国际秩序以西方文明为中心，强调世界向西方看齐，强制推行西方模式，本质上是资本关系在世界范围内布展而形成的霸权体系，这是一种不公平、不合理的国际秩序。

霸权体系是列强博弈形成的现行国际秩序的基本内容，在这一体系的主导下，整个国际社会处于利益与道义、进步与正义、发达与落后、中心与边缘、一元与多元、发展与安定、竞争与合作的深刻矛盾与尖锐冲突中，并且产生了治理、信任、和平、发展“四大赤字”，这既违背世界各国的共同利益诉求，也背离人类社会的长远发展要求，亟须在全球治理实践中进行变革。“世界命运应该由各国共同掌握，国际规则应该由各国共同书写，全球事务应该由各国共同治理，发展成果应该由各国共同分享。”①变革不合理的国际秩序，冲破西方模式的窠臼，在各国独立自主发展中构建平等、民主、公正、合理的新型国际关系，从而推动整个世界在合作共赢中走向“多元一体”和共同繁荣，理应成为当代国际社会的共同使命。

马克思在《关于费尔巴哈的提纲》中指出：“旧唯物主义的立脚点是市民社会，新唯物主义的立脚点则是人类社会或社会的人类。”②“人类社会”作为马克思主义的立论之基和求解人的解放这一终极命题的整体视界，其实构成了“中国式现代化在哲学层面的核心价值。如果

---

① 《习近平谈治国理政》第二卷，外文出版社2017年版，第540页。

② 《马克思恩格斯文集》第一卷，人民出版社2009年版，第502页。

说‘市民社会’是资本驱动的现代化的前提，那么以‘人类社会’为立足点的新唯物主义则是指导中国走向现代化的指南”[①]。这从哲学层面决定了中国式现代化内在包含着对“人类社会进步”和“全人类解放”的价值关怀，而这种价值关怀是以“市民社会”为根基的西方模式所不具备的。正是在这种价值关怀的内在引导下，中国不会像西方那样走侵略称霸、零和博弈之路，不会对外进行“模式输出”和“价值输出”，不会为了达到自己的私利而罔顾世界各国人民的共同利益和长远追求，而只会走自主发展、和平发展、共同发展之路。对于改变西方主导的不合理的国际关系秩序，应对当今世界存在的各种挑战，回答“人类社会向何处去”的重大时代课题，中国的方案是构建人类命运共同体。“人类命运共同体”是中国式现代化的人民性特质在世界旨趣层面的集中展现。

“人的本质是人的真正的社会联系”[②]，只有在“真正的共同体”中，才能建立“人的真正的社会联系”，实现人的自由全面发展。并且，只有在世界范围内超越西方主导的霸权体系，才能走向“真正的共同体”。应对百年变局，回答世界之问，优化国家关系，重建人类文明，推动人类社会朝着“真正的共同体”前进，必须构建人类命运共同体。人类命运共同体，以世界百年未有之大变局为时代背景，以西方困局、世界之问、现代化难题为问题域，以关系理性、辩证思维、实践观点为方法论，以全人类共同价值为核心理念，以建设持久和平、普遍安全、共同繁荣、开放包容、清洁美丽的世界为现实要求，以走向“真

---

① 赵义良：《中国式现代化道路的本质意蕴与价值追求》，《中国特色社会主义研究》2022年第1期。

② 《马克思恩格斯全集》第四十二卷，人民出版社1979年版，第24页。

正的共同体”、实现全人类解放为终极目标，不仅昭示着人类社会发展的正确方向，而且融汇了各国携手共创美好未来的联合力量，是指引人类文明更好发展的科学理念和推动人类文明进步的伟大实践。通过构建人类命运共同体，各国定能在逐渐消除霸道专行的单边主义、以邻为壑的利己主义、画地为牢的保护主义、冲突对抗的博弈思维的过程中，有效应对和最终破解“四大赤字”，探索建立一种公正合理、高效有序、自由联合的国际关系形式，从而超越西方模式构建的霸权体系，推动国际社会朝着和平安宁、普惠共赢、多元共治的方向发展。

问题29 如何理解中国式现代化是一种全新的人类文明形态

中国式现代化首先是一条通向现代化的道路，是印有中华民族标识的世界现代化道路谱系中的重要组成部分，是中华民族顺应世界现代化潮流、追赶现代化先发国家的必由之路，是中国共产党和中国人民在现代化的艰辛实践中自主探索出来的创新成果，既具有现代化的一般特征，也具有现代化的民族特点。一方面，中国式现代化追求工业化、市场化、科技化、国际化、信息化、数字化，努力向现代化的先进水平和国际标准靠拢，同样面对现代化的发展难题和现实困境。另一方面，中国式现代化强调党的领导、以人为本、共同富裕、全面协调、绿色发展、和平共处、独立自主，注重处理物质文明与精神文明之间的关系，在追赶世界现代化先进水平的过程中致力于实现民族复兴和人民幸福，内在具有现代化的社会主义特定性和以中国特色为话语表达的民族性。可以说，中国式现代化既遵循着现代化发展的一般规律，也创造着中国式现代化的民族内容，既承载着民族层面实现伟大复兴的特殊性要求，也蕴含着世界层面“构建人类命运共同体，创造人类文明新形态”的普遍性要求，这种双重性的目标设定和丰富性的过程呈现构成了中国式现代化的实践主题。对此，习近平总书记在学习贯彻党的二十大精神研讨班开班式上发表重要讲话指出：中国式现代化是一种全新的人类文明形态。这至少可以从三个方面进行理解。

一、中国式现代化体现了一种全新的制度文明要求

制度文明是文明形态的重要层面，中国式现代化内在蕴含着社会主义制度文明的伟大创造。中国特色社会主义制度由中国共产党带领中国人民在长期实践探索中自主建立，具有显著优越性和强大生命力，是人类制度文明史上的伟大创造。这一制度“保障我国创造出经济快速发展、社会长期稳定的奇迹，也为发展中国家走向现代化提供了全新选择，为人类探索建设更好社会制度贡献了中国智慧和中国方案”①。

17、18世纪，英国、法国等相继发生资产阶级革命，建立起资本主义制度，人类社会由封建时代进入资本主义时代，资本主义制度成为人类社会的主要制度形式。资本主义制度建基于市场经济之上，体现了工业文明的发展要求，带来了社会的深刻变革和生产力的巨大进步，使人类在追求现代化的道路上高歌猛进，较封建制度而言，这一制度形式无疑具有伟大的文明进步意义。但是，这一制度绝非尽善尽美，在本质上是资本主导的社会关系的结构化、制度化，与封建制度一样，都是以私有制经济为基础，以少数人剥削和压迫多数人为特征，是资产阶级为了维护和实现自身利益而建立的特权制度，是造成现代社会经济危机、阶级对抗、社会冲突、精神异化的制度根源，存在着无法克服的内在矛盾——生产社会化和生产资料私人占有之间的矛盾。“历史终结论”“西方中心论”“社会主义失败论”等论调将资本主义制

① 习近平：《坚持、完善和发展中国特色社会主义国家制度与法律制度》，《求是》2019年第23期。

度神圣化、完美化、绝对化，把资本主义制度推崇为人类社会的至善制度、普适制度、终极制度，主观地认为人类制度文明将止步于此，再无任何发展的可能和空间，这既严重违背客观实际，也不利于人类制度文明的进一步发展。

马克思主义批判了资本主义生产方式，揭露了资本主义制度的狭隘性、局限性，指明了资本主义制度必将被更高级社会制度所取代的历史命运，人类制度文明的发展不断在实践中印证着马克思主义的科学论断。1917年，俄国爆发十月社会主义革命，建立起人类历史上第一个社会主义国家，打破了资本主义制度一统天下的局面，人类正式进入社会主义制度和资本主义制度并存发展的“两制时代”。第二次世界大战后，社会主义国家从苏联一国发展到多国，社会主义制度迅速发展并在全球建立起来。虽然苏联解体、东欧剧变宣告了以苏联为首的社会主义阵营的失败，现今仍然实行社会主义制度的国家仅有5个，但苏联能够在短短15年时间内走完主要资本主义国家用近百年才能走完的路，能够在短时间内从落后的农业国发展为强大的工业国并与老牌资本主义强国分庭抗礼；中国能够在几十年时间里走完发达资本主义国家几百年才能走完的路，迅速成长为经济体量世界第二、综合国力世界前列的强大社会主义国家；越南、朝鲜等国能够进行具有本国个性的现代化建设并取得一定成就，在强国林立的国际舞台上站稳脚跟并发光发热。这无疑都有力地说明，社会主义制度具有资本主义制度所不具备的优势，只要运用得好，就可以取得比资本主义制度更为理想的现代化成果，广大发展中国家完全可以通过建立和发展具有本国特色的社会主义制度来追求实现自身现代化。

“衡量一个社会制度是否科学、是否先进，主要看是否符合国情、是否有效管用、是否得到人民拥护。”[①]先进社会制度的选择与构建应坚持以下原则：一是有利于解放和发展生产力。生产力发展是文明进步的根本尺度，社会制度好不好，从根本而言要看是否有利于解放和发展生产力，抛开生产力而空论社会制度，不符合历史唯物主义原则，忽视生产力发展的制度建设无法取得成功。二是有利于维护和实现人民利益。制度好不好，人民说了算。制度的选择和设计应当站稳人民立场，从广大人民利益而非少数特权阶层利益出发，以维护和实现人民利益为出发点、立足点，不能代表广大人民利益的社会制度不是好制度。三是有利于社会和谐稳定。没有稳定就没有发展，好的社会制度一定能最大限度地化解社会矛盾、优化社会关系，使整个社会保持安定与和谐，利于社会和谐稳定是制度构建需要遵循的重要原则。人类文明新形态内蕴的制度文明有效贯彻了以上原则，在实践中推动了生产力发展，使我国成为世界第二大经济体，从而解决了生产力落后的突出问题；维护了广大人民利益，使人民生活水平得到显著提高，从而回应了人民对美好生活的向往；保证了社会和谐稳定，使我国成为世界上最安全的国家之一，从而创造了社会长期稳定的奇迹。这充分体现了中国特色社会主义制度的科学性、先进性，充分说明了中国特色社会主义制度作为中国式现代化的制度内容，是中国式现代化对人类制度文明进步的重要贡献，为人类探索更好的社会制度提供了中国方案。

二、中国式现代化体现了一种全新的文明秩序要求

人类文明进步是全世界的共同追求，推动人类文明不断发展是各

① 习近平：《坚持、完善和发展中国特色社会主义国家制度与法律制度》，《求是》2019年第23期。

个国家和民族的共同事业。当今世界正经历百年未有之大变局，在重建人类文明中实现人类文明新的发展，是各国必须直面的时代课题。中国在现代化进程中“不断为人类文明进步贡献智慧和力量，同世界各国人民一道，推动历史车轮向着光明的前途前进”[①]，不断为人类文明重建作出中国贡献。

在全球治理中重建文明秩序。“文明”具有非常广泛的内涵，既可指总体形态的文明，如资本主义文明、社会主义文明；也可指具体形式的文明，如物质文明、精神文明；还可指作为秩序的文明，如行为理性、交往规则，这里我们探讨的“文明秩序”就是意指“文明”的第三种内涵。治理方式反映并决定文明秩序，文明秩序集中体现为治理的逻辑，重建文明秩序必然要求优化治理体系。当代国际治理体系仍然由西方国家主导，当今世界文明秩序仍然以西方文明为中心，无论治理体系还是文明秩序都遵循资本的逻辑，奉行西方式话语，广大发展中国家处于世界舞台的边缘和治理体系的外围，在现行文明秩序中处于被动地位，这导致了世界范围内的先进与落后、进步与正义、发展与稳定、竞争与合作的对立和冲突。推动全球治理体系朝着更加公正合理的方向发展，重建人类文明秩序，是世界历史发展的大势所趋。“我们要推进国际关系民主化，不能搞‘一国独霸’或‘几方共治’。世界命运应该由各国共同掌握，国际规则应该由各国共同书写，全球事务应该由各国共同治理，发展成果应该由各国共同分享。”[②]坚持共同商讨国际问题、共同应对全球挑战、共同解决世界难题、共同享

① 《中国共产党第十九届中央委员会第六次全体会议文件汇编》，人民出版社2021年版，第98—99页。

② 《习近平谈治国理政》第二卷，外文出版社2017年版，第540页。

有文明成就、共同治理国际社会、共同推动历史进步，是中国推进全球治理体系变革和文明秩序重建的基本倡议，是中国式现代化对于优化文明治理模式、重建当代人类文明的可行方案和积极贡献。

在应对变局中引领文明进步。推进全球治理体系变革，重建文明秩序，关键是要在应对百年变局、回答世界之问中提出科学有效的方案，引领人类文明的进步。当今世界正经历百年未有之大变局，其“变”主要体现在地缘经济与政治方面的“东升西降”，即以中国为代表的新兴国家的群体性崛起和西方发达国家的相对衰落；科学技术与产业方面的“新陈代谢”，即新一轮科技革命和产业变革正在袭来；国际关系和治理方面的“治理赤字”，即全球治理体系与国际形势变化的不适应、不对称前所未有，这使得人类再次站到了历史的十字路口，面临着“向何处去”的“世界之问”。发展中国家要想在人类文明重建的时代关口有所作为，必须直面并回答好“世界之问”。中国式现代化蕴含着中国对人类文明发展问题的基本立场、价值理念和实践方案。具体而言，当代中国倡导创新、协调、绿色、开放、共享的新发展理念，主张实现共同发展；倡导共商、共建、共享的全球治理观，致力优化国际关系；倡导平等相待、互尊互信的国家交往观，强调增进各国互信；倡导共同、综合、合作、可持续的新安全观，坚决维护世界和平；倡导平等、互鉴、对话、包容的文明观，积极重建文明秩序，在应对“四大赤字”中回答了“世界之问”，在应对百年变局中引领了文明进步，从而为人类文明重建作出了中国贡献。

三、中国式现代化推动构建人类命运共同体

在当今世界，“各国相互联系、相互依存的程度空前加深，人类生

活在同一个地球村里，生活在历史和现实交汇的同一个时空里，越来越成为你中有我、我中有你的命运共同体”[①]。人类命运共同体内蕴着全人类的共同价值追求，是指引人类文明发展的科学理念和促进人类文明进步的伟大实践，中国式现代化为构建人类命运共同体贡献了中国智慧。

中国式现代化是中国特色社会主义的现代化，其现代文明指向与西方国家创造的资本主义文明存在显著差异，具有诸多资本主义文明所不具备的特性和优势，它站在真理和道义的制高点上，扬弃了西方文明，与时俱进地反映了人类文明进步和国际社会发展的大趋势、总要求。具体而言，中国式现代化在国际关系主体结构上强调“主体间性”，以“交互式主体”超越了资本主义文明的“单子式主体”，凸显了文明发展的关联性、共同性；在现代国家生存理念上强调“命运与共”，以“和谐共存”超越了资本主义文明的“冲突对抗”，凸显了文明发展的互利性、合作性；在文明发展价值取向上强调“以人为本”，以“人民至上”超越了资本主义文明的“资本至上”，凸显了文明发展的属人性、全面性；在国际社会发展观念上强调“共同繁荣”，以“多元—复杂”发展观超越了资本主义文明的“单极—线性”发展观，凸显了文明发展的多样性、差异性。中国式现代化蕴含的包容、和谐、人本、共荣等人类文明进步理念同时也是人类命运共同体的价值要求，人类命运共同体的“共同”性蕴涵就是中国式现代化内在理念的集中展现，将中国式现代化与人类命运共同体相结合，既能凸显中国式现代化的世界向度，也能彰显人类命运共同体的文明意涵。

---

① 习近平：《论坚持推动构建人类命运共同体》，中央文献出版社2018年版，第5页。

人类命运共同体的实质是为世界谋大同，是中国式现代化在世界层面的价值彰显，其“共同”性蕴涵主要有五方面内容。一是追求“共同价值”。理念是行动的先导，价值认同是行为一致的前提，人类命运共同体以共同价值为基础，这个价值就是和平、发展、公平、正义、民主、自由的全人类共同价值。二是强调“共同建设”。共同的价值唯有通过共同的行为才能转化为现实，这要求各国共同参与、共同行动、共同建设，单靠一国或几国无法构建人类命运共同体。三是坚持“共同发展”。发展是各国共建人类命运共同体的内在动力和基本目标，人类命运共同体关注各国发展利益，强调各国共同发展、共同繁荣，是各国实现更好发展的必由之路。四是坚持“共同安全”。发展是目标，安全是保障，人类命运共同体不仅关注各国发展要求，而且关切各国安全诉求，倡导共同、综合、合作、可持续安全，是确保世界长期安全和稳定的必然选择。五是主张“共同享有”。共识、共建、共进、共治的基础是共同利益，人类命运共同体从根本而言是一个利益共同体，坚持共同享有文明进步的成就，努力实现互惠和多赢，是人类命运共同体对国际利益关系的基本主张。

人类命运共同体以世界变局、西方困局、国际大局为问题域，以共同体理论、辩证思维、实践理性为方法论，以全人类共同价值为核心理念，以国际社会更好发展和人类文明更好进步为目标追求，以建设持久和平、普遍安全、共同繁荣、开放包容、清洁美丽的世界为基本要求。中国式现代化强调中华文明对世界文明的伟大贡献，以广阔的世界胸怀把中华文明与世界文明联系起来，将中国置于世界的问题域；强调马克思主义的指导意义，以科学的思维方式把马克思主义与当代文明实践联系起来，为构建人类命运共同体提供了理论支撑；倡导和平、发展、公平、正义、民主、自由的全人类共同价值，以合理的价值规范找到了世界各国利益关切的最大公约数，为构建人类命运共同体奠定了价值基础；着眼世界大局和人类文明发展未来，以深刻的文明关切将各国利益提升为世界整体利益，为构建人类命运共同体指明了前进方向；强调世界各国在人类文明发展中积极作为，以科学的实践主张明确了人类命运共同体的基本内容，为构建人类命运共同体提出了具体要求。总之，人类命运共同体是中国式现代化之文明意蕴的世界彰显，中国式现代化蕴含的文明主张、体现的文明情怀、产生的文明影响，对人类命运共同体的构建具有重要推动作用，为构建人类命运共同体贡献了中国智慧。

问题30 如何理解中国式现代化拓展了发展中国家走向现代化的路径选择

现代化没有固定的模式，各国都应自主探索适合本国的现代化之路。“经典现代化理论”认为，现代化就是资本主义化，就是后发落后国家向西方看齐、整个世界趋于同一的过程，发展中国家要实现现代化，除走西方道路之外别无选择。事实上，西方模式并非普遍适用，实现现代化也绝非西方模式这一条道路。“伴随欧洲的扩张而来的，并不是一种而是几种实际上也是世界性的体系，这些体系并不是来自同一个中心，而是来自多元的或多极的中心，每一个体系都会形成自己的动态过程和自己对其他体系所做反应的方式。”[①]随着现代化实践的全球展开和现代化理论的不断创新，现代化道路的多样性已被学界广泛认知。道路形式决定文明形态，现代化道路的不确定性决定了文明形态的多样性，走出适合本国发展的现代化道路、创造具有民族特色的文明新形态，既是可能的，也是必要的。超越西方模式和西方文明，丰富世界现代化道路谱系和现代文明形态，理应成为世界各国特别是广大发展中国家的实践任务和时代使命。

第二次世界大战以后，一大批国家和地区先后获得独立并走上现

① [以色列] S.N.艾森斯塔特：《历史传统、现代化与发展》，载谢立中、孙立平主编《二十世纪西方现代化理论文选》，上海三联书店2002年版，第365页。

代化道路，世界现代化发展进入新的阶段。经过近半个世纪的摸索，发展中国家的现代化建设取得了明显成就，个别国家如韩国、新加坡等更是成功实现了从发展中国家向发达国家的转变。同时我们也要看到，发展中国家普遍存在着科技创新不足、经济增长缓慢、债务负担沉重、社会不够稳定等问题，很多发展中国家依然处于落后状态。究其原因，从根本而言，是这些国家没能在妥善处理传统与现代、历史与现实、国家与世界的关系中走出一条科学有效的现代化之路。就时下的发展状况而言，广大发展中国家明显面临以下几方面的现代化难题：一是“独立自主难”。后发国家要适应现代化潮流，缩小与先发国家的差距，必须向先发国家学习，而先发国家基于自身的优势地位和利益目的，往往会“利用”后发国家，使其“依附”自己，成为自己谋取高额利润、转移国内矛盾的场地，这势必导致后发国家丧失发展的独立性和自主性。二是“高效发展难”。后发国家起步晚、基础差、经验缺乏，往往不具备优越的制度条件、技术条件、人文条件，且很难在短时间内形成科学高效的发展模式，故而难以迅速实现现代化的“腾飞”。三是“正常发声难”。现行的国际政治经济体系是由发达国家建立的，要求遵循西方话语逻辑，发展中国家身处世界舞台的边缘地带，既缺乏事务权，也没有话语权，难以进行正常发声。四是“实现赶超难”。由于存在对发达国家的依附，没有形成适合自身发展的现代化道路，发展中国家往往在国际体系中处于被动不利的地位，处处遭受发达国家的排挤、利用、误导和打压，难以实现对先发国家的赶超，只会陷入“发达者更发达，落后者更落后”的循环怪圈中。

一百年来，中国共产党带领中国人民在艰辛探索中走出了一条有别于西方模式和苏联模式的社会主义现代化新路——中国式现代化道路，在此实践基础上创造了人类文明新形态，以巨大的文明成就和成功的实践经验为发展中国家走向现代化提供了有益遵循。第一，要坚持走自己的路。“人类历史上没有一个民族、一个国家可以通过依赖外部力量、照搬外国模式、跟在他人后面亦步亦趋实现强大和振兴。那样做的结果，不是必然遭遇失败，就是必然成为他人的附庸。”①在改革开放四十多年实践中，我们坚持走自己的路，开辟和发展了中国特色社会主义，使党和国家事业取得历史性成就、发生历史性变革，顺利完成第一个百年奋斗目标，成功开启社会主义现代化强国建设新征程，广大发展中国家也可以通过“走自己的路”实现现代化目标。第二，要坚持守正和创新。现代文明是传统文明的延续，人类文明新形态是中华传统文明在现时代的创新发展。“不忘历史才能开辟未来，善于继承才能善于创新。”②发展中国家在推进现代化的过程中既要“守传统之正”，不能妄自菲薄，割断历史，抛弃传统，也要“创时代之新”，不能故步自封，落后时代。第三，要坚持全面协调发展。现代文明理应是全面协调发展的文明，中国式现代化既把解放和发展生产力作为根本任务，又把改革和完善生产关系作为关键任务；既强调经济建设的中心地位和经济基础的决定意义，又强调社会各领域建设的重要地位和上层建筑的反作用；既注重国内现代性因素的培育，又注重国外现代性条件的运用，在物质文明、政治文明、精神文明、社会文明、生态文明的全面协调发展中创造了人类文明新形态。全面协调发展是

① 《中国共产党第十九届中央委员会第六次全体会议文件汇编》，人民出版社2021年版，第97页。

② 《习近平谈治国理政》第二卷，外文出版社2017年版，第313页。

当代中国文明创造的基本方式，为广大发展中国家进行现代化建设提供了有益经验。第四，要坚持走合作共赢之路。在全球化时代，任何国家都不可能独善其身，合作共赢才是正确的发展之道。中国在现代化过程中始终注重发展同各国的友好关系，坚持走合作共赢之路，这为中国式现代化道路的开拓和人类文明新形态的创造赢得了有利的外部环境条件，合作共赢是广大发展中国家既好又快实现现代化目标的必然选择。

中国式现代化道路丰富了世界现代化道路谱系。现代化起始于资本主义国家，迄今仍然深植在资本逻辑之中，“资本至上、资本驱动、资本主导”是西方式现代化的基本特征。苏联的现代化实践没有取得最终成功，没有打破“西方模式是现代化唯一模式”的“神话”。中国式现代化道路理性地对待资本并有效驾驭资本，使人的逻辑能够支配和引导资本逻辑，从而在资本逻辑向人的逻辑回归的过程中确立起资本运作的理性形式，在合理运用资本的过程中走出了一条超越资本逻辑的新式的社会主义现代化之路。[①]习近平总书记强调：“历史条件的多样性，决定了各国选择发展道路的多样性。”[②]中国式现代化道路是党带领中国人民独立探索出来的具有鲜明民族特色的社会主义现代化之路，它既不同于西方模式，也不同于苏联模式，真正突破了现代化发展的固有模式，丰富了世界现代化的道路谱系，成功开辟出不受西方现代化模式规定的现代化道路。中国式现代化道路作为新式现代化道路的独特创造主要体现在制度设计、主体作为和发展理念三个方面：中国式现代化道路在制度设计上坚持社会主义制度，以先进制度牵引生产

① 参见毕国帅、张琳：《中国现代化道路对资本逻辑的超越》，《理论视野》2020年第9期。

② 《习近平谈治国理政》第一卷，外文出版社2018年版，第29页。

发展；中国式现代化道路在主体作为上充分发挥人的主动作用，以先进政党驱动社会发展；中国式现代化道路在发展理念上强调自主、和平、协调，克服了现代化的依附性、扩张性和失衡性。中国式现代化道路的成功实践有力证明了现代化道路的多样性，拓展了发展中国家走向现代化的路径选择。

后 记

恰值习近平总书记在庆祝中国共产党成立100周年大会上正式提出“中国式现代化”两周年之际，拙作《中国式现代化——何谓与何为》顺利成稿。“中国式现代化”是一个新问题、大问题、难问题，对其研究既具有十分重大的意义，也存在相当大的难度。我们将继续积极学习、深入探索，不断结合中央提出的新思想、新观点、新论断推进对中国式现代化的研究。

本书顺利出版，离不开大有书局和多位专家学者的大力支持。山东省高校当代中国马克思主义研究院院长、山东师范大学原党委书记商志晓教授为本书作序，中共中央党校出版社原社长兼总编辑胡建华编审为本书出版提供专家建议，大有书局李瑞琪主任和李盛博编辑对本书出版提出了一些有价值的修改建议，在此一并表示郑重感谢。在本书的撰写过程中，我们学习和借鉴了许多专家学者的相关成果，有的成果未在参考文献中一一列出，在此诚挚表达我们的感激之情。

由于问题十分重大，作者研究水平有限，本书难免存在不足之处，敬请各位读者朋友批评指正！

作 者

2023年6月